रेणु का है अन्दाजे-बयाँ और

रेणु का है अन्दाजे-बयाँ और

भारत यायावर

राजकमल प्रकाशन
नई दिल्ली पटना इलाहाबाद कोलकाता

ISBN : 978-81-267-2574-8

मूल्य : ₹ 300

पहला संस्करण : 2014

प्रकाशक : राजकमल प्रकाशन प्रा. लि.
1-बी, नेताजी सुभाष मार्ग, दरियागंज
नई दिल्ली-110 002

शाखाएँ : अशोक राजपथ, साइंस कॉलेज के सामने, पटना-800 006
पहली मंज़िल, दरबारी बिल्डिंग, महात्मा गांधी मार्ग, इलाहाबाद-211 001
36 ए, शेक्सपियर सरणी, कोलकाता-700 017

वेबसाइट : www.rajkamalprakashan.com
ई-मेल : info@rajkamalprakashan.com

आवरण : महेश्वर

मुद्रक : बी.के. ऑफसेट
नवीन शाहदरा, दिल्ली-110 032

RENU KA HAI ANDAZE-BAYAN AUR
by Bharat Yayawar

प्रिय मित्र राजा खुगशाल
के लिए
जिनका व्यक्तित्व
रेणु की तरह ही पारदर्शी
सरल, तरल और आत्मीय है

दो शब्द

हिन्दी के प्रसिद्ध कवि भवानी प्रसाद मिश्र ने लिखा है : ''हिन्दी भाषा और देश के भविष्य में जिसे थोड़ी भी रुचि है, वह श्री रेणु के लेखन और तदनुसार संघर्षशील जीवन से भली-भाँति परिचित है। 'मैला आँचल' और 'परती : परिकथा' में उन्होंने मातृभूमि की मर्मभेदी पीड़ा को, जिस संयम से सँभालकर ठीक अनुपात में तीव्रता के साथ कथा के माध्यम से प्रस्तुत किया, वह संसार के साहित्य में भी दुर्लभ है। मेरा खयाल है पूरी दुनिया में बिहारी, गालिब और रेणु को छोड़कर इतना कम लिखकर इतना सटीक किसी और ने नहीं लिखा।''

बिहारी, गालिब और रेणु! बिहारी और गालिब दो पंक्तियों की कविता लिखने वाले विलक्षण प्रतिभा के कवि थे। इनकी पहचान है अभिव्यक्ति की सर्वथा नूतन और अद्‌भुत शैली। गालिब का यह शे'र बार-बार उद्धृत किया जाता रहा है :

वैसे तो हैं जहाँ में सुखनवर बहुत अच्छे
कहते हैं कि गालिब का है अन्दाजे-बयाँ और

कथाकारों में रेणु हैं, जिनका अन्दाजे-बयाँ और है। इसलिए उनकी विशिष्ट पहचान है। हिन्दी में रेणु जैसे कथाशिल्पी बहुत कम हैं।

1977 ई. में जब रेणु का देहावसान हुआ, उसके बाद मैं उनके कथा-साहित्य को बेहद मनोयोग से पढ़ने लगा। धीरे-धीरे मैं रेणु के रंग में पूरी तरह रँग गया। उनका 'अन्दाजे-बयाँ' कभी हँसाता, कभी रुलाता, कभी एक अजीब बेचैनी से भर देता। एक गहरे यथार्थ-बोध और भाव-बोध से मैं सम्पन्न होता गया। जीवन में गहरे धँसने और उसे व्यापकता में जानने-बूझने की प्रक्रिया आरम्भ हुई। रेणु की अनुपलब्ध रचनाओं की खोज में कहाँ-कहाँ नहीं भटका। कलकत्ता से लेकर राजस्थान तक। एक कवि के रूप में मेरी पहचान बन रही थी, पर वह अधूरी रह गई। मैं रेणु की रचनाओं की खोज के साथ-साथ महावीर प्रसाद द्विवेदी की रचनाओं की खोज भी कर रहा था। इनका समग्र साहित्य बाद में मेरे सम्पादन में छपा। पर हिन्दी के लोग मुझे 'रेणु के खोजी राम' के रूप में ही जानते रहे। यही मेरी पहचान बन गई। रेणु के साहित्य में एक प्रकार का सम्मोहन है, जादू है। किन्तु उनका जीवन भी कम आकर्षक नहीं है। मैं उनकी जीवनी लिखने की तैयारी वर्षों से करता रहा हूँ।

बीच-बीच में उन पर काफी कुछ लिखता भी रहा हूँ। रेणु पर लिखे गए आलेखों में कुछ का चयन पहली बार एक पुस्तक रूप में यहाँ प्रस्तुत कर रहा हूँ।

रेणु पर बहुत-कुछ कहा जाना, लिखा जाना बाकी है। तैयारी चल रही है। बीच में अपने सबसे चहेते आलोचक नामवर सिंह पर दो पुस्तकें लिखी हैं। 'नामवर होने का अर्थ' पुस्तक को हिन्दी साहित्य में जितना मान मिला, वह मेरे लिए उत्साहवर्द्धक है। आशा है, रेणु की जीवनी शीघ्र ही पूरी होगी।

यह पुस्तक उस दिशा में पूर्व-पीठिका है। मैंने इसमें संकलित आलेखों में रेणु के जीवन और साहित्य पर विभिन्न दृष्टिकोण से विचार किया है। रेणु के प्रेमी पाठकों के लिए इसमें बहुत सारी नई जानकारियाँ मैंने पहली बार प्रस्तुत की हैं। रेणु के जीवन और साहित्य की विशेषताएँ क्या हैं, महत्त्व क्या है, उनका अन्दाजे-बयाँ क्या है? इसे जानने के लिए इस पुस्तक से गुजरना आवश्यक है।

रेणु के कथा-साहित्य में अपने समय और समाज की धड़कन हमें सुनाई देती है। साथ ही उसमें अतीत और भविष्य की अन्तर्ध्वनियाँ भी हैं। रेणु का कथा-शिल्प लोक और शास्त्र के द्वन्द्व से निर्मित है। उसमें नवाचार है। खड़ी बोली हिन्दी में लोक-जीवन और उसकी भाषा की अद्वितीय अभिव्यक्ति है। भाव-प्रवणता, रसमयता, संगीतात्मकता, प्रकृति और मनुष्य की रंग-बिरंगी चित्र-छवियाँ रेणु के कथा-साहित्य को अद्वितीय बनाती हैं। उसके हर पाठ में पुनर्नवता और ताजगी हम पाते हैं। इस पुस्तक में रेणु की इन सभी विशेषताओं को उद्घाटित करने का प्रयास किया गया है।

रेणु के कथा-रिपोर्ताजों पर यहाँ पहली बार इतने अधिक विस्तार से विचार किया गया है। उपन्यास और कहानी विधा के बाद रेणु का सबसे अमूल्य योगदान कथा-रिपोर्ताज विधा में ही है। इस विधा में भी उन्होंने लगातार प्रयोग किए हैं।

इस पुस्तक के परिशिष्ट में रेणु की संक्षिप्त जीवनी दी गई है एवं उनकी पुस्तकों का ब्योरा भी है। साथ ही हिन्दी के महान लेखकों के कुछ अमृत वचनों को भी संकलित किया गया है, जो रेणु की विशेषताओं को उद्घाटित करते हैं। साथ ही, हाल-फिलहाल में प्राप्त उनकी दो रचनाएँ 'जै गंगा' और 'डायन कोसी' को भी रेणु के पाठकों के समक्ष प्रस्तुत किया गया है।

'रेणु का है अन्दाजे-बयाँ और' पुस्तक के प्रेरक अशोक महेश्वरी हैं, जो रेणु पर मेरे किए गए खोज-कार्य के प्रारम्भ से ही प्रशंसक रहे हैं। उन्होंने बड़े ही लगाव के साथ इस पुस्तक को प्रकाशित करने की स्वीकृति दी और शीघ्र ही प्रकाशित करने की मंशा जाहिर की। मैं उनके प्रति अपना हार्दिक आभार प्रकट करता हूँ।

18 फरवरी, 2013

—भारत यायावर

अनुक्रम

रेणु का भूत

रेणु के देहावसान के बाद उनके साथ होने का अवसर मुझे मिला और धीरे-धीरे मैं इस तरह रेणु-मय होता चला गया कि बरसों मुझे यह होश नहीं रहा कि मैं रेणु से परे या अलग हूँ। कोई ऐसा दिन नहीं, जब रेणु की चर्चा न करता। भूत-प्रेतों पर अविश्वास करनेवाले, जिनमें मैं भी हूँ—विश्वास अवश्य करेंगे! रेणु का भूत जो मुझ पर सवार हुआ, अब तक जमा है। उतरने का नाम ही नहीं लेता। मैंने बार-बार कोशिश की पर यह असम्भव लगा। मेरे मित्रों ने, शुभ-चिन्तकों ने बार-बार समझाया—रेणु के भूत से पीछा छुड़ाओ और अपना कोई मौलिक रचनात्मक लेखन करो! रेणु के पीछे पागल मत बनो। मेरे निन्दकों ने मुझ पर रेणु को लेकर तरह-तरह के इलजाम लगाए, परेशान किया। मैंने रेणु के भूत से बस इतना ही कहा, ज्यादा कहते नहीं बना—'तुम्हारे लिए मैंने लाखों के बोल सहे'। यही बात रेणु ने अपने प्रथम कहानियों के संग्रह 'ठुमरी' के समर्पण में लिखी है, और यही बात मैंने रेणु के भूत से कही। वह ठठाकर हँसा और बोला—जिससे प्रेम करोगे और प्रेम ऐसा जिसमें तन-मन-धन सब अर्पित तो लाखों के बोल तो सुनने ही पड़ेंगे। और सच कहूँ, जो यह मेरी छवि बन गई है—'रेणु के खोजी भारत यायावर' उससे स्वयं को विलग करना अब इस जीवन में असम्भव है। कुछ और होने की लालसा भी नहीं, फिर भी यहाँ रेणु के विषय में जो भी कह रहा हूँ, उनके भूत से अन्तरंग होकर।

जैसा कि रेणु को जाननेवाले सभी जानते हैं, रेणु का जन्म पूर्णिया जनपद के औराही-हिंगना ग्राम में 4 मार्च, 1921 को हुआ। उस वक्त पूर्णिया को बिहार का कालापानी कहा जाता था। कोशी कवलित भूमि—जहाँ के लोग एक तरफ बाढ़ और अकाल जैसी विपदाओं से हर वर्ष जूझते, दूसरी ओर हैजा, मलेरिया, प्लेग, काला आजार जैसी बीमारियों से आक्रान्त होते। अस्तित्वरक्षण की इन विषम परिस्थितियों ने उनमें जीवटता, संघर्षशीलता और अदम्य जिजीविषा का संचार किया। मिथिला और बँगला की संयुक्त संस्कृति ने विषम परिस्थितियों में भी उन्हें हँसने, मुस्कुराने और गाते रहने को उत्प्रेरित किया।

रेणु के रचनाकार-मन का निर्माण इसी लोक-भूमि में हुआ था। उनके पिता शिलानाथ मंडल कांग्रेस से जुड़े थे। असहयोग आन्दोलन से जुड़े स्थानीय नेताओं का आना और ठहरना उनके घर में होता। पूर्णिया क्षेत्र में राष्ट्रीय चेतना पैदा

करनेवाले और रेणु के गुरु रामदेनी तिवारी 'द्विजदेनी' उनके घर आते, रेणु से हिन्दी और बँगला रामायण का सस्वर पाठ सुनते। इन्होंने उसी समय घोषणा कर दी थी– यह बालक विलक्षण प्रतिभा का निकलेगा और इस दलित-पिछड़ी भूमि का गौरव बनेगा।

शिलानाथ मंडल राजनीति के साथ ही साहित्य में भी गहरी रुचि रखते थे। वे उस समय की महत्त्वपूर्ण पत्र-पत्रिकाएँ और पुस्तकें मँगवाते। सरस्वती, सुधा, माधुरी, चाँद, हिन्दूपंच, वेंकटेश्वर समाचार, विशाल भारत आदि पत्रिकाएँ नियमित उनके घर आतीं। रेणु जब दस-बारह वर्ष के थे, तभी से वे नियमित इन पत्रिकाओं को पढ़ते। कविता करने की शुरुआत भी यही से हुई। 'द्विजदेनी' जी ने उनके घरौवा नाम 'रिनुवा' को परिवर्तित कर 'रेणु' कर दिया था। रेणु ने तुकबन्दियाँ करनी शुरू की– 'कवि रेणु कहे, कब रैन कटे, तमतोम हटे...।' सिमरबनी स्कूल से निकलनेवाली पत्रिका 'खंगार सेवक' में उनकी कविताएँ 1932 से ही प्रकाशित होने लगीं। उस समय की एक महत्त्वपूर्ण घटना, जिससे उनकी ख्याति उनके पूरे इलाके में फैल गई, रेणु की जुबानी ही बयान कर रहा हूँ–

यह घटना सन् 1931-32 की है, मेरी उम्र जब दस वर्ष के लगभग रही होगी और मैं फारबिसगंज हाई स्कूल का विद्यार्थी था। वहीं हॉस्टल में रहता और सप्ताह में छुट्टी के दिन गाँव आ जाता। फारबिसगंज से एक स्टेशन सिमराहा। वहाँ गाड़ी से उतरकर पाँव-पैदल औराही-हिंगना, यानी अपने गाँव! पिताजी किसान थे और इलाके के स्वराज्य आन्दोलन के प्रमुख कार्यकर्ता। खादी पहनते थे, घर में चर्खा चलता था। 'तिलक स्वराज्य-फंड' वसूलते थे और दुनिया-भर की पत्र-पत्रिकाएँ मँगाया करते थे।

एक दिन अचानक ही थाने के दारोगा-पुलिस को अपने दरवाजे पर उपस्थित पाकर हम लोग 'अचरज' में पड़ गए, मैं भी फारबिसगंज से गाँव आया हुआ था और उन दिनों किसी गाँव में दारोगा-पुलिस का पहुँचने का मतलब होता था पूरे गाँव के लोगों का 'अंडर-ग्राउंड' हो जाना, यानी लोग अपने-अपने घरों के दरवाजे भीतर से बन्द कर छिप जाते थे–पता नहीं किसे बाँधकर दारोगा-पुलिस चालान कर दे।

दारोगा दरवाजे पर आकर सीधे पिताजी के सामने रुके और बोले–हमें खबर मिली है कि आपके पास 'चाँद' का 'फाँसी अंक' आया है। आप उसे तुरन्त मेरे हवाले कर दो, नहीं तो बेकार में हमरा के खानातलासी करे के पड़ी।

पिताजी घबराए नहीं, बड़ी ही निश्चिन्तता के साथ ही उन्होंने कहा–आया तो था जरूर! और 'चाँद' का फाँसी अंक ही क्यों, 'हिन्दूपंच' का बलिदान अंक तथा 'भारत में अंग्रेजी राज' पुस्तक भी मेरे पास थी। कोई कुटुम्ब-सम्बन्धी पढ़ने को ले गए हैं। आप खानातलाशी ले लीजिए।

पिताजी साफ झूठ बोल गए। मैं वहीं खड़ा था। पिताजी को इस तरह झूठ बोलते कभी नहीं देखा था, लेकिन मुझे समझते देर नहीं लगी कि वे क्यों झूठ बोल रहे हैं। उपरोक्त पत्रिकाओं के अंक और 'भारत में अंग्रेजी राज' नाम की पुस्तक एक झोले में लपेटकर उनके बिछावन के सिरहाने रखी है, इस बात की जानकारी मुझे थी, पिताजी ने फिर से अपने वाक्य दुहराए–'चाँद' के फाँसी अंक के अलावा अन्य पत्रिका-पुस्तक की जानकारी आप लोगों को मैंने इसलिए दे दी कि आज न कल आपको फिर खबर मिलेगी कि वह सब भी मेरे यहाँ आया है और आपको नाहक दौड़ना पड़ेगा। चलकर खानातलाशी ले लीजिए।

मैं वहाँ से खिसका। पिताजी के कमरे में आया और उनके सिरहाने से पुस्तक-पत्रिकाओं वाली झोली बगल में दबाई, दरवाजे पर आकर छाता लगाया और चलने लगा। दारोगाजी ने देखा तो पूछा–ऐ बाबू, हऊ बगलिया में का बा हो? मैंने बिना घबराए उत्तर दिया–सिमराहा जा रहा हूँ, फारबिसगंजवाली गाड़ी पकड़ने। स्कूल का समय होने को है।

दारोगाजी जैसे मेरे उत्तर से सन्तुष्ट हो गए–उन्हें यह भी याद नहीं रहा कि अभी फारबिसगंज जानेवाली कोई गाड़ी नहीं है। मैं दिन-भर पिताजी के एक मित्र के यहाँ टिका रहा। शाम को वापस आया तो लोग मेरी चालाकी पर दंग थे। 'चाँद' का फाँसी अंक न पाकर दारोगाजी ने बड़े ही निराश स्वर में पिताजी से कहा था–हऊ पतरिका हमरो पढ़ने का ढेर मन है।

रेणु के जीवन के इस संस्मरण से यह स्पष्ट है कि बहुत कम उम्र में ही वे बेहद परिपक्व हो गए थे। इतना कि प्रतिबन्धित पत्रिकाओं के अंक और पुस्तक का घर से पुलिस द्वारा बरामद होना कितना खतरनाक है और उसका अंजाम क्या हो सकता है तथा उससे उबरने की तत्क्षण कोशिश किस तरह की जा सकती है, इससे पूरी तरह वाकिफ थे। रेणु के बचपन की दूसरी अविस्मरणीय घटना, जिसने उन्हें स्वाधीनता-संग्राम से जोड़ा, उसका उल्लेख भी मैं करना चाहूँगा। रेणु अररिया हाई स्कूल के विद्यार्थी थे, जब महात्मा गांधी की गिरफ्तारी की खबर मिलते ही बाजार बन्द हो गया था और स्कूल के सभी छात्र बाहर निकल आए थे। दूसरे दिन भी सभी छात्र हड़ताल पर रहे। रेणु चूँकि खद्दरधारी थे, इसलिए हड़ताल के साथ 'पिकेटिंग' भी कर रहे थे। अतिरिक्त उत्साह में उन्होंने असिस्टेंट हेड मास्टर साहब को भी रोका। दूसरे दिन स्कूल पहुँचने पर मालूम हुआ कि हर हड़ताली छात्र को आठ आने जुर्माने की सजा होगी। दो-तीन घंटी की पढ़ाई होने के बाद हेडमास्टर साहब का नोटिस निकला–कल जो विद्यार्थी नहीं आए थे, उन्हें आठ आने जुर्माने के और जो बीमार थे या अन्य किसी कारण से स्कूल नहीं आ सके, उन्हें दरखास्त लिखवाकर देना होगा...और जो लोग अपनी गलती स्वीकार कर माफी माँगना चाहें, वे भी दरखास्त दें। इस नोटिस के अन्त में विशेष रूप से रेणु

का नाम लिखकर कहा गया था कि असिस्टेंट हेडमास्टर साहब के साथ अशोभनीय बरताव के लिए सारे स्कूल के छात्रों के सामने पाँचवीं घंटी के बाद इस लड़के को दस बेंत लगाए जाएँगे। नोटिस निकलने के बाद ही रेणु अचानक 'हीरो' हो गए। ऊँचे दर्जे के विद्यार्थी उन्हें ढाढ़स बँधाते, शाबाशी देते और कोई-कोई तरस खाकर कहता–माफी माँग लो, लेकिन रेणु ने जलियाँवाला बाग कांड और मदन गोपाल आदि क्रान्तिकारियों की कहानी पढ़ी थी। कई शिक्षकों ने भी समझाया-डराया-धमकाया, लेकिन माफी माँगने को तैयार नहीं हुए। नियत समय पर सभी वर्ग के छात्र मैदान में आकर एकत्रित हो गए। सिक्स्थ मास्टर साहब, तुर्की टोपी और शेरवानी पहने हाथ में बेंत घुमाते हुए मैदान के बीच में आए। सभी शिक्षक सिर झुकाकर खड़े थे। रेणु के नाम की पुकार हुई और वे रिंग में जाकर खड़े हो गए, ठीक विवेकानन्दीय मुद्रा में–दोनों बाँहों को समेटकर। बेंत मारने के पहले, मास्टर साहब ने अंग्रेजी में कुछ कहा, फिर चिल्लाए–'स्ट्रेच योर हैंड!' रेणु ने जवाब दिया–'व्हिच हैंड! लेफ्ट और राइट!' भीड़ से कई आवाजें एक साथ आईं–'शाबाश!' मास्टर साहब ने जब 'राइट' कहा, तभी रेणु ने हाथ पसारा। मास्टर साहब ने शुरू किया–'वन'! रेणु ने नारा लगाया–बन्देमातरम! एकत्रित छात्रों ने भी दुहराया–बन्देमातरम! 'टू!' रेणु ने नारा लगाया–'महात्मा गांधी की जय!' अब सड़क, कचहरी और बाजार के लोग दौड़े–नारा लगाते–'महात्मा गांधी की जय!' 'थ्री-ई-ई।' 'जवाहरलाल नेहरू की जय!' अब भीड़ तरह-तरह के सुराजी नारे लगाने लगी। हेड मास्टर साहब ने 'केनिंग' रुकवा दी। छुट्टी की घंटी बजवा दी गई। लेकिन, भीड़ बढ़ती ही गई और नारे बुलन्द होते रहे। सारा कस्बा उमड़ पड़ा। इसके बाद रेणु को किसी ने कन्धे पर चढ़ा लिया और लोग जुलूस बनाकर निकल पड़े। दूसरे दिन भी बाजार बन्द रहा और स्कूल के सभी छात्र हड़ताल पर रहे। इस घटना के बाद रेणु छात्रों के, 'हीरो' हो गए। उन्हें चौदह दिनों की सजा हुई और पूर्णिया जेल में वे बन्द कर दिए गए। अररिया स्कूल से उन्हें निकाल दिया गया।

इस तरह रेणु के बचपन की कई प्रेरक घटनाएँ हैं, जिन्हें मैं छोड़ रहा हूँ और उनके बचपन के एक साहित्यिक प्रसंग की चर्चा कर रहा हूँ। जैसा कि मैंने पहले ही बताया, रेणु बचपन से ही तुकबन्दियाँ करने लग गए थे। साथ ही उस इलाके के विभिन्न साहित्यिक एवं सुराजी गतिविधियों में शामिल होते। इस कारण कभी-कभी स्कूल से अनुपस्थित रहते। एक बार उनके शिक्षक ने स्कूल नहीं आने का कारण पूछा। रेणु ने इसका तुकबन्दी में जवाब दिया–

वाटर रेनिंग झमाझम
पैर फिसल गया
गिर गए हम
देअरफोर सर
आई कुडनॉट कम!

रेणु की इस बहानेबाजी और तुकबन्दी पर पूरी कक्षा के छात्र ही नहीं, उनके शिक्षक भी हँस पड़े। वे प्राय: अपनी कक्षा के छात्रों के सामने विभिन्न महत्त्वपूर्ण लोगों एवं शिक्षकों का केरिकेचर किया करते। ब्लैकबोर्ड पर उनके कार्टून बनाया करते। गढ़कर तरह-तरह की कहानियाँ सुनाया करते। तरह-तरह की चुहलबाजियाँ भी किया करते। इन प्रवृत्तियों के साथ ही उनके भीतर मानवीयता की, करुणा की भावधारा भी बहती रहती। उन्होंने अपने जीवन की पहली कहानी 1935-36 के आसपास 'परीक्षा' शीर्षक से लिखी थी, और अपनी कक्षा के मित्रों को सुनाई थी। उस कहानी में एक विद्यार्थी के अनथक परिश्रम के बावजूद असफलता का मार्मिक चित्रण था। उस कहानी को सुनते हुए कई छात्रों की आँखों में आँसू भर आए थे। रेणु के साथ पढ़नेवाले मित्रों को आज भी उस कहानी की याद है।

रेणु चाय पीने के बेहद शौकीन थे पर किशोर उम्र में चाय नहीं पीते थे। उनके गुरु द्विजदेनीजी चाय के शौकीन थे। पूर्णिया में आयोजित एक समारोह में उन्होंने रेणु से चाय पीने की जिद्द की, पर वे इनकार करते रहे। इस पर द्विजदेनीजी ने एक दोहा बनाया, जिसे पूर्णिया-जनपद में आज भी लोग चाय-प्रसंग पर सुनाते हैं। दोहा इस प्रकार है–

दूध-चीनी-चाय डाली, केतली गरमा-गरम
एक प्याला पी लो रेणु, सर्वरोग विनाशनम।

1936 में नक्षत्र मालाकार के साथ मुजफ्फरपुर में आयोजित विराट किसान-सम्मेलन में भाग लेने रेणु आए और यहाँ से उनका सम्पर्क जयप्रकाश नारायण, आचार्य नरेन्द्र देव, राममनोहर लोहिया, रामवृक्ष बेनीपुरी आदि प्रमुख समाजवादियों से हुआ। किशोर रेणु के मन पर उनकी गहरी छाप पड़ी। 1937 में वे विराटनगर में स्व. कृष्ण प्रसाद कोइराला द्वारा स्थापित 'आदर्श विद्यालय' में पढ़ने चले गए। कोइराला-भाइयों में तीसरे तारिणी प्रसाद कोइराला से उनकी घनिष्ठ मित्रता हो गई। 'कोइराला-निवास' में इन दोनों का नाम 'यार-दोस्त' रख दिया गया। ये दोनों साहित्य-कला-संस्कृति पर लगातार बातें करते। दोनों कविताएँ-कहानियाँ लिखते। तारिणी प्रसाद कोइराला बाद में नेपाली के प्रमुख कवि-कथाकार के रूप में उभरे, कोइराला-भाइयों के बीच रेणु की राजनीतिक एवं साहित्यिक चेतना प्रखर होती गई। तारिणी के साथ ही उन्होंने 1939 में वाराणसी से मैट्रिक की परीक्षा पास की और आई.ए. में दाखिला लिया। बनारस में रेणु पढ़ाई कम और छात्र-राजनीति ज्यादा करते। उस वक्त उन्होंने 'अवाम' शीर्षक एक लम्बी मुक्तछन्द की राजनीतिक कविता लिखी थी, जो वहाँ के छात्रों में मशहूर थी। स्टूडेंट फेडरेशन के वे सचिव थे। बनारस के छात्र-आन्दोलन में वे धीरे-धीरे इतना लिप्त होते गए कि साहित्य पर उनसे कोई बात करना चाहता, तो फुरसत नहीं है, कहकर टाल देते। रेणु कई भाषाओं के जानकार थे। नेपाली, बँगला, मैथिली, भोजपुरी आदि उनकी मातृभाषा जैसी थी।

उन्हें कम्युनिस्ट ग्रुप अपनी ओर करना चाहते, कभी सोशलिस्ट ग्रुप, बंगाली लोग उन्हें फॉरवर्ड ब्लॉक में शामिल करना चाहते। धीरे-धीरे उन्हें तीनों वामपंथी संगठनों का सदस्य बना दिया गया। इस तीनों संगठनों की खींचातानी में उनकी बहुत दुर्गति हुई। 1945 में रेणु ने 'पार्टी का भूत' शीर्षक कहानी लिखी, जिसमें बनारस के उनके राजनीतिक जीवन का खुलासा है। धीरे-धीरे वे इन तीनों पार्टियों से इस तरह ऊब गए कि कोई उनसे पूछ बैठे कि आप किस पार्टी में हैं, तो घबराने लगते। उसी समय उन्होंने एक शेर लिखा, जिसे 'पार्टी का भूत' कहानी के प्रारम्भ में रखा–

यारों की शक्ल से अजी डरता हूँ इसलिए
किस पारटी के आप हैं? ये पूछ न बैठें

पार्टियों से ऊबने के बावजूद आचार्य नरेन्द्रदेव से बराबर मिलते रहे और उनके विचारों का गहरा असर उनमें अन्त तक बना रहा। 1941 में रेणु ने आई.ए. की परीक्षा पास की। बी.ए. में दाखिला लिया और एक वर्ष बाद बनारस छोड़कर घर चले आए और पूर्णिया के आजाददस्ता में शामिल हो गए। 42 का आन्दोलन शुरू होने के पूर्व ही पूर्णिया के क्रान्तिकारी युवकों के साथ उग्रविद्रोही आन्दोलनों में हिस्सा लिया। अंग्रेजी प्रशासकों के विरोध में रेलवे पटरी उखाड़ी, राइफल, गोली, बारूद लूटा। नक्षत्र मालाकार उस वक्त के उनके प्रमुख सहकर्मी थे। उस वक्त की एक प्रमुख घटना का जिक्र मैं करना चाहूँगा। पुलिस को मालूम हुआ कि रेणु एक गाँव में छुपे हुए हैं। उसने गाँव का चारों ओर से घेराव कर लिया। रेणु ने एक नई दुल्हन की लाल साड़ी पहनी, दुल्हन के सभी शृंगार किए और बैलगाड़ी पर बैठकर, घुँघट किए हुए उस गाँव से बाहर की ओर निकल पड़े। साथ में दुल्हन को विदा करवाने वाले की भूमिका में कुछ युवक भी थे। पुलिस ने गाँव के बाहर बैलगाड़ी को रोका और तलाशी ली। दुल्हन का घुंघट उठाकर भी देखा, पर रेणु को नहीं पहचान पाए और रेणु फरार हो गए। ऐसी अनेक घटनाएँ हैं, जिन्हें मैं छोड़ रहा हूँ।

1942 के भारत छोड़ो आन्दोलन के प्रमुख सेनानी रेणु की गिरफ्तारी उनके गाँव में सितम्बर में हुई। पुलिस ने अन्य क्रान्तिकारियों के बारे में जुबान खुलवाने के लिए उन्हें कितनी ही यातनाएँ दीं, पर उन्होंने कुछ भी नहीं बताया। उनकी छाती पर चढ़कर बूटों से उन्हें रौंदा गया। उनके मुँह, नाक और कान से खून निकलने लगा, पर उन्होंने कुछ नहीं बताया। तब उनके दोनों हाथों में रस्सी बाँधकर घोड़ा से खींचते हुए लगभग बीस किलोमीटर दूर अररिया ले जाया गया। रेणु की मरनासन्न हालत हो गई थी, पर उन्होंने जुबान नहीं खोली। उन्हें वहाँ की अदालत ने ढाई साल की सजा सुनाई। दो-तीन महीने अररिया जेल में रखने के बाद उन्हें पूर्णिया जेल भेज दिया गया। पूर्णिया जेल से हजारीबाग सेंट्रल जेल। जयप्रकाश नारायण ने जब हजारीबाग जेल से पलायन की थी, रेणु वहीं थे। हजारीबाग सेंट्रल जेल से उन्हें फिर

भागलपुर सेंट्रल जेल में भेज दिया गया। यहीं उनके गुरु रामदेनी तिवारी 'द्विजदेनी' और बँगला के प्रसिद्ध लेखक सतीनाथ भादुड़ी भी थे। रेणु द्विजदेनीजी को 'शेखर : एक जीवनी' पढ़कर सुनाया करते। रेणु ने कविता-कहानी (जो बीच में लगभग छूट गई थी) फिर से लिखना शुरू किया। उनकी रचनाओं पर नैतिकतावादी नाक-भौं सिकोड़ते। एक बार उन्होंने कस्तूरबा की मृत्यु के बाद महात्मा गांधी की मनःस्थिति को चित्रित करते हुए एक लम्बी मुक्तछन्द की कविता लिखी-'आगा खाँ के राजभवन में'। इस कविता में एक स्थल पर गांधीजी प्रथम उद्दाम प्रेम के आवेग के मुहूर्त को याद कर कहते हैं-'प्रथम उस चुम्बन का आस्वाद...।' इस पर गांधीवादी वृद्ध श्रोताओं ने आपत्ति की थी-अश्लील और अशोभन बताकर। रेणु को बैठ जाना पड़ा था। वे उदास होकर अपने सेल में बैठे थे, तभी भादुड़ीजी ने आकर उनका हौसला बढ़ाया था। उन्होंने रेणु से पूछा-तो वे लोग क्या बोले, गांधीजी ने कभी कस्तूरबा का चुम्बन नहीं किया? भादुड़ीजी ने रेणु को कहानी लिखने के प्रति उत्साहित करते हुए कहा-'तुम गद्य...माने गल्प, कथा-कहानी आदि क्यों नहीं लिखते? कहानी तो देखता हूँ अच्छा जमा सकते हो।'

भादुड़ीजी अपने सेल में बैठकर 'जागरी' उपन्यास का लेखन करते और रेणु को सुनाते। रेणु ने भी नियमित कथा-लेखन जेल में ही शुरू किया। 1943 के अन्त में वे भीषण रूप से बीमार पड़े और उन्हें पटना कॉलेज मेडिकल हॉस्पिटल में ले जाया गया। अस्पताल में उनके पैरों में जंजीर पड़ी होतीं। लतिकाजी से प्रथम परिचय वहीं हुआ जो धीरे-धीरे प्रगाढ़ स्नेह में बदलता गया। 1944 के मध्य में रेणु स्वस्थ हुए और उनकी शेष सजा को माफ कर मुक्त कर दिया गया। घर लौटकर उन्होंने कहानियाँ लिखनी शुरू की। उनकी पहली कहानी 'बटबाबा' 26 अगस्त, 1944 के साप्ताहिक 'विश्वमित्र' में प्रकाशित हुई। फिर 'पहलवान की ढोलक', 'कलाकार', 'रखवाला', 'प्राणों में घुले हुए रंग', 'न मिटनेवाली भूख', 'पार्टी का भूत', 'इतिहास', 'मजहब और आदमी' आदि कहानियाँ लगातार साप्ताहिक 'विश्वमित्र' में ही प्रकाशित हुई। 1946 से रामवृक्ष बेनीपुरी ने साप्ताहिक 'जनता' का प्रकाशन पटना से प्रारम्भ किया, जो सोशलिस्ट पार्टी का मुखपत्र था। रेणु भी सोशलिस्ट पार्टी के सदस्य बने और पूर्णिया के कई किसान-मजदूर आन्दोलनों में भाग लिया। 'जनता' में उनके रिपोर्ताज लगातार प्रकाशित होते, जिनमें प्रमुख हैं-डायन कोसी, जै गंगा, हड्डियों का पुल आदि। पूर्णिया के शरणार्थी शिविर पर 1948 में उन्होंने 'एक-टू आस्ते-आस्ते' रिपोर्ताज लिखा, जिस पर सोशलिस्ट पार्टी में बहुत हंगामा हुआ। रेणु को पार्टी से निकाल देने की पेशकश भी हुई। अन्त में, जयप्रकाश नारायण ने रेणु की उस रचना के महत्त्व को स्थापित करते हुए उस विवाद को एक समारोह में समाप्त किया। इस बीच रेणु कोइराला बन्धुओं के साथ विराटनगर के विभिन्न कारखानों में कार्यरत मजदूरों के बीच यूनियन स्थापित कर रहे थे। 4 मार्च, 1947 से विराटनगर

के मजदूरों का पहला और ऐतिहासिक हड़ताल प्रारम्भ हुआ। रेणु ने एक लम्बा रिपोर्ताज वहाँ के मजदूरों पर लिखा और पुस्तक रूप में छपवाया–'विराटनगर की खूनी दास्तान', यह आन्दोलन कई महीनों तक चला। इस आन्दोलन को कुचलने के लिए नेपाल सरकार ने भारत की अंग्रेजी सरकार की भी सहायता ली। कई राउंड गोलियाँ चलाई गईं। कई मजदूर मारे गए। रेणु को घायल कर दिया गया। उन्हें गिरफ्तार कर पूर्णिया जेल में तीन महीनों तक रखा गया।

1949 में रेणु ने 'नई दिशा' नामक एक साप्ताहिक पत्र का सम्पादन-प्रकाशन शुरू किया। इसमें कई छद्म नामों से वे विभिन्न प्रकार की रचनाएँ लिखा करते। 1950 में उनके पिता शिलानाथ मंडल का देहान्त हो गया। पिता की मृत्यु के कुछ ही दिनों बाद उनके छोटे भाई महेन्द्र का देहान्त हो गया, जिसे रेणु ने 'परती : परिकथा' समर्पित की है। पिता और भाई की मृत्यु के पूर्व ही वे 'मैला आँचल' के लेखन में लग गए थे। नवम्बर, 1950 में वे पुनः नेपाल चले गए और फरवरी, 1951 तक 'नेपाली क्रान्ति' में शरीक हुए, जिसके बारे में रेणु को जाननेवाले सभी जानते हैं। 'जनता' में नेपाली क्रान्ति पर धारावाहिक रूप से उन्होंने 'हिल रहा हिमालय' नामक रिपोर्ताज लिखा, जिसका पुनर्लेखन 'नेपाली क्रान्तिकथा' के नाम से 1971 में किया। रेणु इसी बीच क्षयरोग से ग्रसित हुए और पटना अस्पताल में लम्बे समय तक जीवन-मृत्यु से संघर्ष करते रहे। रोग मुक्त होकर फरवरी, 1952 में उन्होंने लतिकाजी से विवाह किया और पटना में ही रहकर 'मैला आँचल' को पूरा किया। 1953 में उसकी पांडुलिपि लेकर प्रकाशकों के यहाँ दौड़ते रहे और अन्त में थक-हारकर पत्नी के गहने बेचकर खुद से छपवाना शुरू किया। एक वर्ष तक 'मैला आँचल' प्रेस में रहा। 9 अगस्त, 1954 को प्रकाशित होकर यह बाहर आया और उन्होंने अपने घर पर शिवपूजन सहाय, बेनीपुरी, नलिन विलोचन शर्मा, सुशीला कोइराला आदि को निमंत्रित कर एक गोष्ठी में 'मैला आँचल' का लोकार्पण किया। उसके बाद की रेणु की कथा से हिन्दी के प्रायः सभी पाठक परिचित हैं।

[अब मैं रेणु के साथ को और गहराई देने के लिए उनसे एक बातचीत प्रस्तुत कर रहा हूँ। मुझे माफ करें, यह बातचीत प्रामाणिक है और रेणु को जानने-समझने की एक कुंजी भी।]

प्रश्न : रेणुजी, सबसे पहले आप बताएँ कि कथा-लेखन की प्रवृत्ति आपमें कैसे आई?

उत्तर : बचपन से ही मुझे कथा-कहानी सुनने और गुनने का शौक रहा है। बुनने का शौक तो बहुत बाद में चलकर पैदा हुआ, और वह भी शायद इसलिए कि बचपन से ही इतने तरह के लोगों को नजदीक से देखने-समझने का मौका मिला कि बाद में चलकर मैंने महसूस किया–मेरा प्रत्येक परिचित अपने आपमें अनगिनत कहानियों की खान है। बस फिर क्या था, कलम उठाई और कथा बुनने में लग गया।

प्रश्न : आपसे एक सीधा-सरल प्रश्न पूछा जाए कि आप क्यों लिखते हैं? आपकी विचारधारा क्या है?

उत्तर : साहित्य के राजदार पंडित-कथाकार आलोचकों ने हमेशा नाराज होकर मुझे 'एक जीवनदर्शनहीन-अपदार्थ-अप्रतिबद्ध-व्यर्थ-रोमांटिक प्राणी' प्रमाणित किया है...सारे तालाब को गँदला करनेवाला जीव! इसके बावजूद कभी मुझसे इससे ज्यादा नहीं बोला गया कि अपनी कहानियों में मैं अपने को ही ढूँढ़ता फिरता हूँ। अपने को, अर्थात् आदमी को।

प्रश्न : यह अपने को, अर्थात् आदमी को ढूँढ़ने का मतलब क्या है?

उत्तर : देखिए, आप अपनी कथा के पात्र का नाम राम-श्याम-यदू रखिए, या हेरी-डिक-टॉम, बुझक्कड़ लोग उसको आपकी ही कहानी बूझेंगे। आपको ही अपनी कथा का पात्र मानेंगे। कथा-शास्त्रियों का कथन है, सभी कथा में एक जीवन-दर्शन होना आवश्यक है। हर कथाकार का जीवन-दर्शन होना चाहिए, कोई। सो, अपनी कथा का जीवन-दर्शन, सोदाहरण प्रस्तुत कर रहा हूँ।

अपनी गली की गूँगी बूढ़ी को मैंने इस कथा की पात्री के रूप में पेश किया है। तो, मैं ही यह गूँगी हूँ। उस बूढ़ी को सबसे अधिक सतानेवाला, गली का सर्वोच्च शैतान छोकरा सतना भी मैं हूँ। क्लाइमेक्स के आसपास, गूँगी बूढ़ी को चिढ़ाने-सताने में मशगूल सतना का प्यारा कुत्ता मोटर के नीचे कुचलकर मर गया जो, वह मैं ही था। वह चीख मेरे ही कंठ से निकली थी। कथा के अन्त में सतना रोया, मैं रोया। अपने सबसे बड़े दुश्मन के प्यारे कुत्ते की मौत पर बूढ़ी रोई, मैं रोया। बूढ़ी ने सतना की पीठ पर बड़े प्यार से अपनी हथेली रखी, मैंने अपनी पीठ पर अपना हाथ रखा!...मतलब यह कि हर कथा को लेखक की आत्मकथा होनी चाहिए। वरना, कथा असफल है...मेरे सामने समस्या है, अपनी कथा से अपने को कैसे बहिष्कृत करूँ? कैसे निकाल दू 'मैं' को? क्यों निकाल दूँ?

प्रश्न : अच्छा रेणुजी, आपको आंचलिक कथाकार कहा जाता है। इस बारे में आप क्या सोचते हैं?

उत्तर : देखिए, हिन्दी साहित्य में एक प्रकार से मुझ पर आंचलिकता का ठप्पा लगाकर खारिज किया गया। कहा गया कि यह आंचलिक लेखक रेणु, इसका तो सिर्फ पूर्णिया जनपद से सरोकार है, देश के अन्य जनपदों से इसका क्या लेना-देना! देश की समस्याओं से इसका क्या सरोकार? 'मैला आँचल' तक तो आंचलिकता का हौवा कम था, 'परती : परिकथा' के बाद तो उसकी लहर-सी उठी। आंचलिकता का एक बड़ा आन्दोलन शुरू हुआ। मैंने पूर्णिया जनपद का चित्रण किया था और एक-एक कर कई जनपद उठने लगे। इस पर जब हरिशंकर परसाई ने 'कल्पना' के 'और अन्त में' स्तम्भ में आक्रमण किया था, तो मुझे अच्छा लगा था। मैंने परसाई को इस पर एक लम्बा पत्र लिखा था और बधाई दी थी...मैं उपन्यास को उपन्यास,

कहानी को कहानी कहना ज्यादा पसन्द करता हूँ। ऐतिहासिक उपन्यास, यथार्थवादी उपन्यास या आंचलिक उपन्यास आदि कहना ठीक नहीं मानता। इस पर मुझे एक चुटकुला याद का रहा है, जिसे प्रयाग के कॉफी-हाउस में धर्मवीर भारती ने कभी सुनाया था।

चुटकुला इस प्रकार है–

साहित्यिक गुरु ने शिष्य से पूछा, ''वत्स, उपन्यास कितने प्रकार के होते हैं?'' शिष्य ने हकलाते हुए प्रश्नोत्तर देना प्रारम्भ किया, ''जी, गुरुजी, धार्मिक, ऐतिहासिक, सामाजिक, राजनीतिक...और...और आंचलिक!''

गुरु ने कहा, ''मूर्ख! एक नाम तो तुमने छोड़ दिया–धारावाहिक उपन्यास कहाँ गया?''

चुटकुला सुनकर मैं जी खोलकर हँसा था। आज भी हँसता हूँ। और सच कहूँ, 'मैंला आँचल' और 'परती : परिकथा' पर आंचलिकता का जो ठप्पा लगा, उसने मुझे आतंकित ही किया। बाद के लेखन में मैंने इससे उबरने की ही कोशिश की है।

प्रश्न : कुछ आलोचक आपको प्रेमचन्द की परम्परा का कथाकार मानते हैं, कुछ नहीं। रामविलास शर्मा तक ने यह पूरी शक्ति लगाई कि आप प्रेमचन्द की परम्परा के कथाकार नहीं है। इस पर आप किस तरह सोचते हैं?

उत्तर : प्रेमचन्द मेरे वरिष्ठ कथाकार हैं और आदरणीय भी। उनकी कथाकृतियों के केन्द्र में गाँव और किसान-जीवन रहा है और मेरे भी। इसीलिए मेरे कथा-साहित्य को प्रेमचन्द की परम्परा में रखकर आलोचना की जाती है। कितना मै प्रेमचन्द की तरह हूँ और कितना नहीं। देखिए, यदि साहित्यिक परम्परा की ही बात है तो मैं किसी एक कथाकार से प्रभावित नहीं हूँ। मैं मिखाइल शोलोखोव, बँगला के ताराशंकर बन्द्योपाध्याय और सतीनाथ भादुड़ी तथा प्रेमचन्द को अपना आदर्श और प्रेरक मानता हूँ। परन्तु मैंने अपना एक अलग रास्ता चुना। और मैं मानता हूँ हर कलाकार को, क्यों न वह कथाशिल्पीही हो, अनुकरण से बचना होता है।

प्रश्न : आपने अपने कथा-साहित्य में रंगों, गन्धों, ध्वनियों, गीतों के टुकड़ों, ऐन्द्रिक अनुभूतियों का विशद चित्रण किया है। ऐसा करने की अनिवार्यता क्या थी? क्या ये मूल कथा से विषयान्तर नहीं है?

उत्तर : देखिए, मैं किसी भी आदमी, पेड़-पौधा, चिड़िया, जानवर या वस्तु की कल्पना उसके रंग के बगैर नहीं कर सकता। फिर हर चीज की एक गन्ध होती है। तो, जब मैं लिख रहा होता हूँ तो रंगों और गन्धों के बारे में बताना भी जरूरी समझता हूँ। फिर उन रंगों और गन्धों का हमारी इन्द्रियों पर भी प्रत्यक्ष प्रभाव पड़ता है। वे प्रभाव किस प्रकार के हैं, इसे भी बताना होता है। ध्वनियों का चित्रण एक खास तरह की गीतात्मकता ही नहीं, कथा को गतिमयता में भी बदलता है। जिस तरह हर शब्द की ध्वन्यात्मकता होती है, प्रकृति की हर इकाई, जिसमें सक्रियता या गतिशीलता है,

उसकी ध्वनि भी है। और हर समय यह ध्वनि एक जैसी नहीं होती। उसमें बदलाव होता रहता है। मैं जब लिखने बैठता हूँ तो पूरे परिवेश पर मेरा ध्यान होता है। एक असली कथाकार में चित्रकार और संगीतकार की आत्मा भी पैठी होती है। फिर आप देखेंगे कि हर आदमी, भले ही वह गाँव का ही क्यों न हो, उसकी भाषा में एक अलग तरह की लय होती है, उसके उच्चारण के आरोह-अवरोह अलग होते हैं। मेरे जितने भी कथा-पात्र हैं, उनके बोलने का ढंग अलग है। और कभी-कभी ऐसा होता है कि एक ही डायलॉग में वह पात्र पूरी तरह उभरकर आ जाता है। ये तमाम चीजें आपको विषयान्तर लग सकती हैं, पर ये मूल कथावस्तु की संवेदना को ज्यादा जाग्रत् और प्रगाढ़ बनाती हैं। और स्पष्ट शब्दों में कहूँ, विषय को जाननेवाला ही विषयान्तर से अपने विषय को स्पष्ट करता है। और ये विषयान्तर ही उसकी निजी पहचान के वाहक बनते हैं।

मुक्तियोद्धा रेणु

फणीश्वरनाथ रेणु ने अपनी कोई व्यवस्थित आत्मकथा नहीं लिखी, पर उनकी आत्म-संस्मरणात्मक रचनाओं से उनके जीवन एवं साहित्य को जानने-समझने की एक दृष्टि अवश्य मिलती है। रेणु ने अपनी आत्मकथा लिखने की रूपरेखा बनाते हुए लिखा है–"अपने बारे में अथवा आत्म-परिचय देनेवाले लेख में, जहाँ भी मैंने किसी बात या घटना को जरा भी तोड़ा या मरोड़ा कि वे सभी–जो जहाँ हैं–मुझे गालियाँ देंगे। और कई दोस्तों से हार-जीत की बाजी लगाकर प्रतिज्ञाबद्ध हूँ–अपने बारे में जब भी लिखूँगा–बेपर्द होकर लिखूँगा।" 'वे सभी' यानी रेणु के मित्र, जो 'किसानी' करते हैं, गाड़ीवानी करते हैं, पहलवानी करते हैं, ठेकेदार हैं, पान की दुकान चलाते हैं, शिक्षक हैं, एम.एल.ए. हैं, भूतपूर्व क्रान्तिकारी और वर्तमान के सर्वोदयी हैं, वकील हैं, मुहर्रिर हैं, चोर और डकैत हैं। यानी समाज के हर वर्ग और पेशे के लोग। और, उनसे एकाकार रेणु! इसीलिए रेणु की जीवन-कथा जब चित्रगुप्तजी ने लिखने की प्रस्तावना तैयार की, तो कहा, "अहो! इस शैतान-सन्त की जीवन-कथा अवश्य ही मद-मधु और हलाहल में बारी-बारी से लेखनी बोरकर लिखने योग्य है!" उन्होंने आगे रेणु की विशेषता बताते हुए कहा, "जो एक ही साथ सुर और असुर, सुन्दर और असुन्दर, पापी और विवेकी, दुरात्मा और सन्त, आदमी और साँप, जड़ और चेतन–सब कुछ होगा।"

रेणु हिन्दी के उन बिरले लेखकों में हैं, जो अपने बारे में इतना बेबाक होकर लिखते हैं। वे अपने अन्तर्विरोधों की, जो अन्ततः हमारे समाज के अन्तर्विरोध हैं, खुलकर चर्चा करते हैं। वे तुलसीदास की तरह–'मो सम कौन कुटिल खल कामी' कहकर अतिशय विनम्रता के साथ आत्मालोचन करते हैं। मुक्तिबोध की तरह–'ऐ मेरे आदर्शवादी मन!/ऐ मेरे संकल्पवादी मन!/अब तक क्या किया?/जीवन क्या जिया?'–कहकर धिक्कारते हैं। रेणु आज के उन छद्म क्रान्तिकारी लेखकों से भिन्न और महत्त्वपूर्ण हैं, इस मायने में, जो जीवन में अवसरवादी, तमाम गड़बड़ियों से भरे होकर भी अपनी रचनाओं में अपना विद्रोही या क्रान्तिकारी स्वरूप लिये उपस्थित होते हैं।

यह देखा गया है कि जितना बड़ा रचनाकार होता है, वह अपने और समाज के अन्तर्विरोधों का चित्रण उतना ही खुलकर करता है। हिन्दी लेखकों में प्रेमचन्द,

निराला, मुक्तिबोध और रेणु हार, पराजय, त्रासदी और तनाव का चित्रण ज्यादा करते हैं। ऐसा कर वे अपने समय के यथार्थ को गहराई में जाकर चित्रित करते हैं। प्रेमचन्द का होरी भी जीवन की लड़ाई में लगातार हारता है, निराला बार-बार कहते हैं–'मैं रण में गया हार!' या 'हारता रहा मैं स्वार्थ-समर!' मुक्तिबोध भी हार, दहशत और तनाव का चित्रण करते हैं, पर उनमें यह आस्था है कि 'हमारी हार का बदला चुकाने आएगा/संकल्पधर्मा चेतना का रक्तप्लावित स्वर!' रेणु के जीवन और उनके प्रमुख पात्रों में भी इस पराजय, टूटन और तनाव को हम देखते हैं। आजाद भारत के लिए जो उन्होंने संघर्ष किया था, जनता की मुक्ति का जो सपना देखा था, वह लगातार टूटता-बिखरता गया। ठीक प्रेमचन्द के होरी और निराला-मुक्तिबोध की तरह तनाव में उनकी मृत्यु होती है। अपनी मृत्यु के पूर्व की उनकी मन:स्थितियों को देखें, तो उनके मानसिक तनाव का बोध होगा–"सारा देश जेल हो गया है। एक-एक साँस कैद है। बहते आँसू सूख नहीं पा रहे हैं। आहों और यातनाओं के इस दौर में मैं हास्य लिखूँ?...वह भी कोई प्रजातंत्र है? कलम बन्द! जुबान बन्द, पर आँखें खुलीं! इस अवस्था में आदमी पागल नहीं होगा तो क्या होगा! मानसिक उद्वेग को कैसे शान्त करेगा! मेरे जैसा आदमी या तो पागल हो जाएगा या आत्महत्या कर लेगा!...आज (16 नवम्बर, 1976) जब मैं फारबिसगंज स्टेशन आया, तो स्टेशन के बाहर रामदेनी तिवारी जी की मूर्ति के सामने खड़ा हो गया। गुरुदेव! यह क्या हो रहा है? तभी अचानक अस्वस्थता के कारण मुझे खून की उलटी हो गई। वहीं गुरुदेव के सामने खून उगल डाला। देखनेवालों ने समझा कि पान की पीक फेंक रहा हूँ। पर गुरुदेव देख रहे हैं–उनका रेणु आज खून उगल रहा है।" ऐसी भीषण मानसिक यंत्रणा के बीच रेणु की मृत्यु हुई थी। रेणु के पात्र–वामनदास हो, पवित्रा या बेला गुप्त, हीरा या हीराबाई, पंचकौड़ी मिरदंगिया, 'तॅबे एकला चलो रे' के किशन महराज या 'जलवा' कहानी की फातमादि–ये सभी अपने जीवन में अभिशप्त हैं, ये क्रमशः टूटते हैं, पराजित होते हैं। इनका पूरा संघर्ष अन्ततः धराशायी होता है। इनकी त्रासद परिणति विद्रोह पैदा करनेवाली करुणा में होती है। यह करुणा समाज एवं व्यवस्था के तल तक हमें ले जाती है और हम उसका विश्लेषण कर इस निष्कर्ष पर पहुँचते हैं कि जिस व्यवस्था में हमारी साँसें कैद हैं, वह कितनी गलत है! उसे बदलना ही होगा।

रेणु मानते हैं कि अपनी रचनाओं में आग और बारूद लेकर उपस्थित होनेवाले अग्निबोधजी ('अग्नि संचारक' कहानी का पात्र) और सब कुछ को नकार देनेवाले अगिनखोजी समाज में अराजकता ही फैलाते हैं। वे जानते हैं कि कोई भी क्रान्ति शब्दों के बम फोड़ने और कविता में गोली दागने से कभी सम्भव नहीं हुई। रूस की जनता को दीक्षित करने का काम पुश्किन, गोगाल, तॉल्सतॉय, दॉस्तोवस्की, चेखव, गोर्की ने किया था, ठीक उसी तरह हमारे देश के बंगाल में रवीन्द्र और

शरत् ने किया। ऐसी उर्वर भूमि पर वामपंथ का विकास इसीलिए सम्भव हो सका। हमारे हिन्दी प्रदेशों की जनता उस तरह प्रेमचन्द, निराला, यशपाल, मुक्तिबोध, रेणु को अभी तक ठीक से आत्मसात् नहीं कर पाई है। ये लेखक कभी भी तोप और बन्दूक दागने का काम अपनी रचनाओं में नहीं करते। जबकि यशपाल और रेणु ने तो आजादी की लड़ाई में बन्दूक उठाने का काम (अपने वास्तविक जीवन में) भी किया था। ये साधारण जन-जीवन के साधारण संघर्षों का चित्रण करते हैं और व्यापक जन-समाज में हमारी चेतना को विलीन करने का काम करते हैं। ये लेखक गहरे मानवीय राग से मनुष्य को पूरित करते हैं। रेणु का मानना है कि एक सच्चा लेखक मनुष्य को सामाजिक और समाज को मानवीय बनाकर मुक्ति का पंथ प्रशस्त करता है। वह अपनी कमजोरियों, बुराइयों की भी चर्चा कर समाज की एक साधारण इकाई के रूप में स्वयं को प्रदर्शित करता है। जबकि एक छद्म लेखक अपने को अतिमानवीय गुणों से भरा-पूरा महाक्रान्तिकारी के रूप में प्रस्तुत करता है। ऐसा कर वह अपने असली मनुष्य को तो छुपाता ही है, मनुष्य के वास्तविक संघर्ष पर भी परदा डालता है। इस तरह, वह यथार्थ की एक बड़ी छवि का दर्शन न कराकर, एक वायवीय दृश्य-फलक का निर्माण करता है।

क्या कारण है कि दुनिया के बड़े विद्रोही और वामपंथी कवियों ने ज्यादातर प्रेम-कविताएँ लिखीं, साथ ही उनकी रचनाओं में अत्यन्त संवेदनशील, छटपटाता हुआ हृदय उभरकर सामने आता है, कोई नारा या अतिशयोक्ति भरी बातें नहीं? मूसा जलिल और नाजिम हिकमत ने जेल में जो कविताएँ लिखीं हैं, वे हमें बेहतर इनसान बनाती है। जीवन में इतने बड़े योद्धा रह चुके, इतनी यातनाओं के बीच जीनेवाले ये कवि भीतर से इतने कोमल, संवेदनशील, मानवीय प्रेम में पगे रहे हैं—यह आश्चर्य लगता है। पर यही सब उनमें एक अदम्य युयुत्सा का संचार करता है, इसीलिए उनके अन्दर एक मुक्तियोद्धा का निर्माण हो सका। रेणु भी ऐसे ही मुक्तियोद्धा थे। आजादी की लड़ाई में उग्रवादी गतिविधियों में भाग लेना, कई किसान और मजदूर आन्दोलनों की अगुवाई करना, नेपाल की क्रान्तिकथा का सहनायक होना, और फिर कई बार जेल-यातना का शिकार होना, पुलिस की बर्बरता झेलना—ये तमाम बातें उनके मुक्तियोद्धा होने के प्रमाण हैं और इसीलिए उनके साहित्य में मानवीयता की, संवेदना की, करुणा की, मानवीय राग और प्रेम की एक अन्तःसलिला धारा बहती रहती है। कठोर-कुलिश जीवन के यथार्थ के बीच यह धारा प्रमाणित करती है कि जीवन बिलकुल सूख नहीं गया है, बल्कि उसकी प्राणवत्ता अब भी कायम है।

रेणु का एक ही साथ सुर और असुर, सुन्दर और असुन्दर, पापी और विवेकी, दुरात्मा और सन्त होना दरअसल पूरे समाज का ऐसा होना है। रेणु अपने को समाज

में व्यक्तित्वान्तरण कर ऐसा कहते हैं। इसीलिए रेणु ने 'मैला आँचल' की भूमिका में स्वीकारा है–''इसमें फूल भी हैं शूल भी, धूल भी है गुलाल भी, कीचड़ भी है चन्दन भी, सुन्दरता भी है कुरूपता भी है–मैं किसी से दामन बचाकर निकल नहीं पाया।'' यह समाज के अस्तित्व को उसकी समग्रता में, उसके जटिल अन्तर्विरोधों के साथ स्वीकारना है, किसी से भी दामन बचाकर निकल जाना रेणु जैसे महत्त्वपूर्ण लेखक के वश की बात नहीं और यही बात उन्हें श्रेष्ठ लेखकों की पंक्ति में ला खड़ा करती है।

अब परेशानियों से परेशान नहीं होता!

पत्र संवाद का एक महत्त्वपूर्ण साधन रहा है। जब संचार के साधन सीमित थे, पत्र ही दूरस्थ दो व्यक्तियों के बीच संवाद का माध्यम बनता था। और आज भी यह स्थिति बरकरार है। पत्रों में पत्र-लेखक जिसे सम्बोधित कर बातें कह रहा होता है, उससे धीरे-धीरे खुलता है। अपनी दिनचर्या, स्वास्थ्य, मनःस्थिति–इन सबका बयान वह संक्षेप में करता है और मूल बात जिसे सम्प्रेषित करना है, उसे विस्तार से बताता है। फिर अपने कार्यक्रमों की, योजनाओं की सूचना और जिसे सम्बोधित है, उसके बारे में जिज्ञासा। पत्र जितने व्यक्तिगत होते हैं, उतना ही वे औरों के बारे में भी कहते हैं। पत्रों से उसके निजी आस्था-विश्वास का पता तो चलता ही है, उसकी विचारधारा, उसके कार्यों के लेखे-जोखे का भी पता चलता है। पत्र कहीं डायरी का काम करते हैं, कहीं कोई संस्मरण प्रस्तुत करते हैं। पत्र का वाचन एक आत्मीय प्रक्रिया है। इससे पत्र-लेखक के प्रति अन्तरंगता कायम होती है।

कहना न होगा कि रेणु के पत्रों की भी ये सब खूबियाँ हैं। रेणु की सर्जनात्मक प्रतिभा की चमक उनके पत्रों में भी दिखलाई पड़ती है। वे अपने पत्रों में कभी कोई संस्मरण सुनाते हैं, कभी अपना रोजनामचा। कभी अपनी मनःस्थिति रखते हैं, कभी अपनी जीवन की दुःस्थितियों को। कभी अपनी आस्था और विश्वास को व्यक्त करते हैं और कभी कोई हास्य-प्रसंग तो कभी कारुणिक स्थिति। अपने कथा-साहित्य में जिस तरह वे कम शब्दों में बड़ी बात कह जाते हैं, वैसा ही पत्रों में भी।

रेणु की जीविका का मुख्य साधन कृषि था। वे किसानी करते थे और साहित्य की तरह ही उसे गम्भीरता से लेते थे। यहाँ तक कि देश-दुनिया को भी वे एक किसान के नजरिए से देखते थे। उनके कथा-साहित्य में भी उनका यही किसानी मन और दृष्टिकोण उजागर हुआ है। रेणु खेती-बाड़ी, फसल, किसानी-जीवन, गाँव-देहात की बातें अपने अधिकांश पत्रों में करते हैं। हिन्दी में रेणु इस तरह के पहले लेखक हैं। ग्राम-जीवन को आधार बनाकर लिखनेवाले लेखकों के साथ रेणु की चिट्ठियों का अवलोकन किया जाए, तो रेणु में ग्राम-जीवन के प्रति तन्मयता का जो भाव है, खेती-किसानी के प्रति सिर्फ लगाव ही नहीं, लगन भी है, उन्हें विशिष्ट लेखक बनाता है और एक अलग तरह की छवि निर्मित करता है।

बिरजू बाबू, जो फारबिसगंज के उनके मित्र थे, उनको एक पत्र में वे लिखते हैं–"और, गाँव–घर, खेत–खलिहान अभी बेपानी हो रहा है। मड़ुवा का आँव एक रुपया सात आना किलो, तीस रुपए मन पाट–खेत में पानी नहीं, नहरी इलाका होने के बावजूद हम सभी इन्द्र महाराज के आसरे बैठे हैं। पता नहीं क्या होगा?" एक बार गाँव से पटना आकर अपने चचेरे भाई उपेन्द्रजी को पत्र लिखा–"आने को तो मैं पटना आ गया हूँ मगर मैं औराही में ही हूँ।" और इसी पत्र के अन्त में–"गेहूँ का समाचार शीघ्र लिखकर भेजो।" फिर इसी पत्र के 'पुनश्च' में–"गेहूँ में पानी दिया गया या नहीं, लिखो।" अपने दूसरे चचेरे भाई नगेन्द्र को बम्बई से उन्होंने लिखा–"इस बार मुझे जिस मकान में टिकाया गया है, वह समुद्र से दस रस्सी ही दूर है, सामने वाली खिड़की से दूर, बहुत दूर तक–जहाँ तक आँखें जाती हैं–उत्ताल तरंगें और भीषण गर्जन। रात में इसकी खिड़की पर खड़ा होता हूँ तो कभी–कभी भय होने लगता है। शायद बम्बई में मेरा मन कभी लगेगा नहीं। इतनी सहूलियतें यानी यदि प्रेस और पत्रों की बात ही लो, समझो कि पूरा टाइम्स ऑफ इंडिया में अपने लोग भरे पड़े हैं–धर्मयुग, माधुरी, सारिका आदि में। व्यक्तियों की बात लो: फिल्म जगत् के प्रसिद्ध से प्रसिद्ध व्यक्तियों से मित्रता स्थापित हो गई है। निवास? इस फ्लैट का मासिक भाड़ा है पूरे पाँच सौ रुपए! सर्वाधिक साज–सरंजाम से लैस! यानी, पावरोटी भी बिजली की सहायता से सेंकी जाती है। नल में हमेशा गरम और ठंडा जल रहता है। रेफ्रिजरेटर है और कमरे को ठंडा करने के लिए गुलमर्ग कूलर लगा है। तीन तल्ले से उतरने और चढ़ने के लिए लिफ्ट है और उतरते ही नीचे फियट गाड़ी लगी हुई रहती है।" रेणु 26 जून, 1966 को बम्बई से यह पत्र लिख रहे थे। 'तीसरी कसम' के फिल्मांकन के सन्दर्भ में उनकी यह अन्तिम बम्बई यात्रा थी। गाँव का आदमी जिन सुख–सुविधाओं के लिए शहर की ओर भागता है, रेणु का मन उन सुख–सुविधाओं में रहते हुए गाँव की ओर भागता है। इसलिए यह पत्र लिखते हुए उनका मन उदास और उचाट हो गया, आँखें छलछला आईं। कारण–"जी हमेशा अपने टूटे–फूटे झोंपड़े में, उजड़े हुए गाँव में पड़ा रहता है। नींद आती है, तो गाँव और घर के सपने देखता हूँ। सुबह जगता हूँ तो मन विषाद से भर जाता है। काम में जुट जाता हूँ तब तक ठीक रहता हूँ, काम खत्म और सिर पर उदासी सवार। किसी बच्चे को देखा और अपने बच्चों की याद आ गई। किसी कुत्ते को देखा–अपनी नौमी अपने छन्दू की याद आई।..."

पर ऐसा नहीं है कि गाँव में रहते हुए रेणु का मन प्रसन्न रहता हो, हर समय। नामवर सिंह को एक पत्र में उन्होंने लिखा–"हाँ, मैं अपना उपन्यास पूरा करने के लिए ही आया था। अब तक गाँव में हूँ। देखता हूँ कि तीन–चार महीने में 'हरिभजन' कम और 'कपास ओटन' ज्यादा हुआ।" इसका कारण क्या है? उनका लिखना गाँव में क्यों मन्द पड़ गया? इसी पत्र के अन्त में वे नामवर जी को सूचित करते हैं–"स्वस्थ हूँ। प्रसन्न नहीं। खेती सूख रही है। कहीं एक बूँद पानी नहीं।"

स्वस्थ होते हुए भी मन प्रसन्न नहीं है, क्यों? क्योंकि पानी के बगैर फसल बरबाद हो रही है। ऐसा देखकर मन कलप रहा है। भला ऐसे में लिखना कैसे हो? हाँ, फसल जब अच्छी हो, किसान के 'बखार' में अन्न का भंडार हो तो फिर मन में आनन्द की हिलोरें उठती हैं, लेखन-कार्य भी जोरों से होता है। सुवास कुमार को पटना से एक पत्र में वे सूचित करते हैं–''मैं पटना आ गया–'लरमा-रोजो' का चार 'शीष' लेकर। 'ठाकुर' को समर्पित करके निश्चिन्त हूँ। मुझे जो कुछ करना था–खाद, पानी और संरक्षण–कर दिया। अब तो एक-एक पौधा स्वयं आकाश को हाथ उठाकर प्रार्थना कर रहा होगा। और मैं–यहाँ बैठकर कागज पर रोज एक 'शीष' आँकता हूँ, रंग भरता हूँ।'' रेणु अपने अधिकतर पत्रों में गाँव, किसानी, खेत-खलिहान की चर्चा करते हैं। वे कहीं भी रहें, मन उनका इसमें ही रमता है।

रेणु के अधिकांश पत्र असंकलित हैं। आधे से अधिक नष्ट हो गए। उन्होंने जिन लोगों के नाम पत्र लिखे, उन्होंने इन्हें प्रकाशित नहीं करवाया, न इस खोजीराम को दिए। इसीलिए इनके पत्र बहुत कम संख्या में हैं। 1946 का लिखा वाणेश्वर जी के नाम एक महत्त्वपूर्ण पत्र रेणु ने लिखा है। वाणेश्वर जी रेणु के मित्र थे। रेणु तब पटना मेडिकल कॉलेज अस्पताल में भर्ती थे। यह उनका इसी अस्पताल के इसी बेड नं. 1 पर दूसरी बार भर्ती होना था। इस पत्र में अस्पताल के जीवन के चित्र और अपनी मनःस्थिति वे मार्मिकता से उद्‌घाटित करते हैं। ''डॉक्टर और नर्सों की अलग-अलग जूते और जूतियों की आवाज-खट्-खट्...खुट्-खुट्...। ड्यूटी की आवाज, ड्यूटी की चाल, जैसे एक संगीत हो, एक ताल हो। रोगियों की कराहने की, विभिन्न तरह के दर्द को अपने-अपने ढंग और तकलीफ के अन्दाज से प्रकट करने के अपने-अपने निराले ढंग–जैसे अपना-अपना छन्द हो। कोई मरते-मरते जी जाता है, कोई जीते-जीते मर जाता है। दिन भर में मौत न जाने कितने रूप में आती है। कभी-कभी ऐसा मालूम होता है एक तूफान, एक बवंडर चल गया है, आसमान टूट पड़ा है और कभी-कभी उसकी पगध्वनि भी किसी को नहीं सुनाई पड़ती।''

इसी पत्र में रेणु आगे लिखते हैं–''मैं इन लोगों को कैसे समझाऊँ कि मैं आदमी नहीं हूँ–कलम हूँ, पेंसिल हूँ, कार्बन पेपर हूँ, जैसे उस बेड नं. 26, एक इंजीनियरिंग के स्टूडेंट को मैं पिस्टन और हैंडिल कहता हूँ।...यह लिखना तो मेरे दिल का लिखना है। मगर मुझे बेदिल का लिखना भी लिखना-पढ़ना है। मशीन की तरह बिना सोचे, बिना समझे। सचमुच मैं कलम बनाकर ही रखा गया...।''

इस पत्र में रेणु की सर्जनात्मकता उभरकर आई है। अस्पताल का माहौल, रोगियों की मनोदशा और डॉक्टरों-नर्सों की गतिविधियों का जो जीवन्त चित्र है, वह रेणु के मन में बीज के रूप में वर्तमान रहता है और उसे पुष्पित-पल्लवित कर वे कई रचनाएँ लिखते हैं–बीमारों की दुनिया में, एक रात, स्टिल लाइफ और रेखाएँ-वृत्तचक्र नामक दो कहानियाँ–एक 1947 में एवं दूसरी 1970 में। इनमें 'बीमारों की

दुनिया में' प्रकाशित हुई थी–दिसम्बर, 1946 के मासिक 'विश्वमित्र' में। इस कहानी के कई परिदृश्य का संक्षिप्त अंश इस पत्र में है। इसका मुख्य पात्र वीरेन रेणु का ही प्रतिरूप है। इस कहानी की कुछ पंक्तियाँ यहाँ उद्धृत करना विषयान्तर नहीं होगा–''उसने बीमार होकर देखा है कि दुनिया में राय देनेवालों का ही बाहुल्य है। बीमार होने का अर्थ है, कड़वी दवा की तरह दूसरों की गलत-सही बातों को पीते जाना। एक बीमार को अपनी राय जाहिर करने का कोई हक नहीं, क्योंकि वह कमजोर है, निष्क्रिय है, निस्तेज है, करवटें लेता है, कराहता है। वह समाज का एक सड़ा हुआ अंग है, जिसे समाज अपनी भलाई के लिए काटकर अलग कर देना पसन्द करता है। उसके पीछे चलनेवाले साथी आज उसे गोली मारने को तैयार हैं, क्योंकि वह चलने में असमर्थ है।''

1970 में रेणु एक बार फिर पटना अस्पताल में भर्ती हुए थे। ठीक होने के बाद कमलेश्वर को उन्होंने एक पत्र लिखा, जिसमें कुछ इसी तरह की बातें हैं–''मैं 25/2 को अस्पताल से डेरे पर 'चला' आया हूँ। चला आया हूँ, मगर डेरे और अस्पताल में कोई विशेष अन्तर नहीं पा रहा हूँ।...बीमार आदमी दुनिया में सबसे 'हीन' प्राणी है। उसे, चाहे तो घर की कुतिया भी डाँटकर उपदेश पिला सकती है–फिर शुरू कर दिया सिगरेट पीना। रोटी में अचार छिपाकर खा रहे थे, ठहरो! तुमको जोर-जोर से हँसना-बोलना मना है न?'' फिर आगे वे इस पत्र में पटना मेडिकल कॉलेज अस्पताल की विशेषता बयान करते हैं–''बहरहाल, पटना मेडिकल कॉलेज अस्पताल दवा-दारू, पथ्य-पानी ठीक-ठाक दे या न दे–रोगियों को गंगाजी की शुद्ध और पवित्र हवा देता है।...हवा के अलावा मैं लेटे-लेटे अपने कॉटेज के कमरे की एक रंगीन काँच पर दिन भर गंगा में होनेवाली हरकतों को–स्टीमर और नावों के चलचित्र देखा करता था। कभी अघाया नहीं। मेरा खयाल है, गंगा के तट पर कहीं कोई अस्पताल नहीं है, पटना के सिवा।''

और फिर इसी अस्पताल में चौथी बार वे 1 दिसम्बर, 1976 को मरनासन्न स्थिति में भर्ती होते हैं। पन्द्रह-बीस दिनों बाद फिर जी जाते हैं और 31 दिसम्बर को लिखने-पढ़ने लायक हो जाते हैं। वे उसी समय एक कविता लिखते हैं–'इमर्जेंसी', जिसमें एक दोहरी त्रासदी का भाव निहित है। इसी तिथि को अपने बड़े पुत्र वेणु को एक लम्बा पत्र लिखते हैं–वह पत्र एक दस्तावेज की तरह है।

रेणु ने 1942 की जन-क्रान्ति में पुलिस के द्वारा पकड़े जाकर भीषण अत्याचार झेला था। उन्हें इतना पीटा गया था, जख्मों पर सिगरेट जलाकर दागा गया था, कीलों वाले बूट से छाती को रौंदा गया था कि उनका शरीर और स्वास्थ्य जर्जर हो गया था। फिर जेल में ही वे खून वमन करने लगे तो उन्हें पटना मेडिकल कॉलेज अस्पताल में भर्ती करवाया गया। अस्पताल में उन्हें बेड नं. 1 मिला था। एक हाथ बेड के साथ हथकड़ी से बँधा हुआ–अंग्रेजी राज के उग्रवादी-आतंकवादी रेणु!

यहीं लतिका जी से उनका प्रथम परिचय और परिणय की कथा। रेणु स्वस्थ होकर रिहा हुए, फिर 1946 में इसी अस्पताल के इसी बेड पर। 1951 में फिर वे इसी अस्पताल में मरते-मरते जी गए। 1969 के अन्त में फिर वही दशा और 1976 के दिसम्बर में फिर। रेणु का शरीर जितना रोगग्रस्त था, मन उतना ही कोमल–करुणा और प्रेम से पगा। किन्तु, विद्रोही। अन्याय, अत्याचार के दिव्य प्रतिवाद से ज्वलित जीवन। यही कारण है कि उन्होंने आन्दोलन करते हुए, कई बार जेल-यात्रा की। 1932 में, 1942 में, 1947 में और फिर 1974 में। 15 अगस्त, 1974 को जब देश में स्वाधीनता दिवस मनाया जा रहा था, रेणु पूर्णिया जेल में बन्द थे। उसी दिन उन्होंने लतिका जी को एक पत्र लिखा–"तुम्हारी याद आती है, तो बेचैन हो उठता हूँ। लेकिन तुम थोड़ा भी विचलित मत होना।...कष्ट तो होगा, मगर मुझे विश्वास है कि तुम हँसते हुए यह सब सह लोगी। अगर तुम नहीं होती, तो मेरे लिए कुछ भी करना सम्भव नहीं होता। तुम्हारे ही पुण्य-प्रताप से मेरा सारा कार्य पलक झपकते हो जाता है।"

लतिका जी रेणु से मिलने पटना से पूर्णिया जेल आती हैं। लौट जाने के बाद 30 अगस्त, 1974 को ही पूर्णिया जेल से रेणु ने फिर उन्हें पत्र लिखा–"तुम्हारे जाने के बाद अकेला अपने सेल में बैठकर तुम्हारे सकुशल पटना पहुँचने के लिए देर तक प्रार्थना करता रहा।...क्या तुम्हें याद नहीं–हमारी पहली मुलाकात मेरी बन्दी-अवस्था में हुई थी। इतने दिनों बाद–एक युग के बाद–भी मुझे लगता है पिछले दिन की ही बात है। हममें परिवर्तन नहीं आया, तुम्हें क्या लगता है?" रेणु अपनी पत्नी लतिका जी को जो भी पत्र लिखते, अन्त में 'गहरा प्रेम रहा' या रानी! मेरा प्राण तड़प रहा है। जल्द आ रहा हूँ। गहरा प्रेम रहा।' और लतिका जी को लिखित अन्तिम पत्र में–"मैं कैसा हूँ, कैसा था, कैसा रहूँगा–यह लिखकर नहीं समझाया जा सकता। इसलिए मुलाकात में ही सारी बातें होंगी। इतना ही कहूँगा, असीम कष्ट में तुम्हारी याद ही मेरी रक्षा करती रही। अनन्त और गहरा प्रेम रहा। इति–"

1974 में रेणु की जेल-यात्रा की पूर्व-पीठिका का विवरण जयप्रकाश नारायण के नाम लिखे उनके पत्र में है। यह पत्र लम्बा और संस्मरणात्मक है। 12 अगस्त, 1974 को पूर्णिया मंडल कारा से लिखा रेणु का यह पत्र जब 'दिनमान' में प्रकाशित हुआ तो पूरे देश में इसकी तीखी प्रतिक्रिया हुई। रेणु की रिहाई के लिए उस समय के अधिकांश पत्रों में लेखकों-बुद्धिजीवियों की अपील छपी। 'दिनमान' के कई अंकों में रेणु पर पाठकों के पत्र छपते रहे। रघुवीर सहाय एवं सर्वेश्वरदयाल सक्सेना की कई टिप्पणियाँ छपीं। जयप्रकाश नारायण के नाम लिखा रेणु का यह पत्र कई जगह छप चुका है और रेणु के प्रेमी-पाठक कई बार उसे पढ़ चुके हैं, जिन्होंने नहीं पढ़ा है, वे इसे फिर पढ़ें। रेणु जैसा अब कोई लेखक कहाँ, जो कहे–"हम तो जुलूस लेकर आगे बढ़ेंगे, आप लाठी चलाएँ या गोली!"

रेणु का जीवन बेहद कष्टमय और यातनापूर्ण रहा था। उन्होंने लगातार कई आपदाएँ झेली थीं। सगे-सम्बन्धियों की मृत्यु उनके भावुक और संवेदनशील मन को क्षत-विक्षत करती रही थी। फिर प्राकृतिक आपदाएँ और उनका अपना ही शरीर रोगग्रस्त, जर्जर! 1950 में जब वे भूख से तड़फड़ाकर मरते हुए लोगों का चित्रण करते हुए 'हड्डियों का पुल' लिख रहे थे–उनके पिता भी घर में मौत से संघर्ष कर रहे थे। 26 नवम्बर, 1950 को उन्होंने अपने पिता की मृत्यु की सूचना पद्मा जी के पिता यानी अपने श्वसुर को दी–"लिखते हुए हृदय फट रहा है! बाबूजी हम लोगों को छोड़कर चले गए। त्रयोदशी, बुधवार को सायंकाल करीब आठ बजे हम अनाथ हो गए। यों तो सभी के पिता मरते हैं, और वृद्धावस्था की तकलीफों से मृत्यु श्रेयस्कर होती है, लेकिन मैं तो अब अपने को एकदम अनाथ समझता हूँ। महेन्द्र की अवस्था अब और चिन्ताजनक हो रही है, हरि को दुनियादारी की दृष्टि है नहीं–और मुझे न तो दुनियादारी का ज्ञान है और न घर-गृहस्थी का। अथाह समुद्र में तूफानों के बीच, बगैर नाविक की नाव की तरह मेरे परिवार की हालत है। किसका सहारा लें? मेरा दिमाग स्थिर नहीं। कुछ सोच नहीं सकता। क्या करें, कैसे करें–समझ में नहीं आ रहा है।"

यह है रेणु का मन! पिता की मृत्यु पर रोता हुआ, कलपता हुआ! जब तक पिता थे, किसी बात की चिन्ता नहीं थी। घर-गृहस्थी का कोई झमेला रौंदता नहीं था। और, पिता की मृत्यु के पन्द्रह दिनों बाद अपने सबसे छोटे भाई महेन्द्र की चिता की अग्नि भी रेणु को सुलगानी पड़ी। महेन्द्र की मृत्यु का शोक पिता की मृत्यु से भी बढ़कर था। उन्होंने अपने शिक्षक श्री गणेश प्रसाद विश्वास को एक पत्र में लिखा–"महेन्द्र भी आपका शिष्य था, पुत्र था। वह मेरी गोद में दम तोड़ते हुए जब 'भैया' कहकर पुकार रहा था–तो मैं अपनी आँखों के आँसू को बर्फ बना चुका था। अद्वितीय पिता का सहारा सिर्फ पन्द्रह दिन पहले छूट गया था–आशा का चिराग मेरे हाथों में बुझा पड़ा था। उसके बाद मेरी मानसिक अवस्था प्रायः विक्षिप्तावस्था के दायरे में ही रही है। दुहरे शोक को कलेजा फैलाकर सँभालना बड़ा कठिन होता है। फलस्वरूप, मैंने खुद अन्तिम यात्रा की तैयारी कर ली। जीवन इतना नीरस, इतना दुखद और इतना बेमतलब का मालूम होने लगा कि जीने और मरने में कोई फर्क ही नहीं।"

रेणु जब ऐसी मानसिक यंत्रणा झेल रहे थे, उसी समय नेपाल में राणाशाही के खिलाफ क्रान्ति का बिगुल बजा। और बी.पी. कोइराला का पत्र उन्हें मिला–"तुम्हारे पिताजी और छोटे भाई की मृत्यु एक ही पखवाड़े में हुई और इस दोहरे दुख को तुम झेल रहे हो, मालूम हुआ। तुम्हारे दुख को अनुभव कर रहा हूँ। किन्तु इस तरह शोक में डूबे रहने से कैसे काम चलेगा? फिर इससे कोई लाभ भी तो नहीं। अभी तो जाने कितने शोक-संवाद मिलेंगे–यहाँ आकर देखो–कितने लोग मरने के लिए आए हुए

हैं। इस वर्ष का अन्त होते-होते तक पता नहीं तुमको और कितने प्रियजनों की मृत्यु के समाचार सुनने और सहने को मिलें। पत्र पाते ही यहाँ आ जाओ। एक बार यहाँ आओ तो सही। फिर, न हो तो, वापस चले जाना। तुम्हारा, सांदाज्यु।''

रेणु विराटनगर गए। नेपाली क्रान्ति में पी.आर.ओ. होकर पर्चे लिखना, 'मुक्ति-सन्देश' नामक बुलेटिन निकालना, रेडियो स्टेशन स्थापित कर उसके प्रसारण की पूरी व्यवस्था करना और कभी-कभार रायफल भी पकड़ना। वहाँ से 4 मार्च, 1951 को घर लौटे। नेपाली क्रान्ति पर 'हिल रहा हिमालय' नाम से धारावाहिक रूप में रिपोर्ताज लेखन करते रहे। उनके फेफड़ों को राजयक्ष्मा के जीवाणु धीरे-धीरे कुतर रहे थे। उनकी मृत्यु धीरे-धीरे करीब आ रही थी। उन्हें पटना अस्पताल में फिर भर्ती किया गया। वे बच गए। लतिकाजी की सेवा! लतिकाजी उन्हें अस्पताल से अपने डेरे पर ले आईं। फिर शादी। वहीं रहकर 'मैला आँचल' का लेखन। 1954 के अगस्त महीने में 'मैला आँचल' प्रकाशित हुआ। उसके बाद रेणु का जीवित बचा इकलौता छोटा भाई हरि रोगग्रस्त होकर पटना। रेणु उसका इलाज करवाते रहे, पर हरि को भी काल ने ग्रस लिया। अपने चचेरे भाई उपेन्द्र नाथ मंडल को पटना से 2 जनवरी, 1955 को उन्होंने लिखा–''हरि की मृत्यु ने-महेन्द्र से भी ज्यादे झकझोर दिया है।...जिन्दगी भर जो नहीं समझा–सो उसने पटने आकर समझा दिया। यदि वह पटने नहीं आता तो उसकी मृत्यु और भी दुखपूर्ण होती। जब वह रोता था, मचलता था...मुझे लगता था–दो वर्ष का छोटा हरि रो रहा है। मैंने अपने जानते अपनी पहुँच और औकात से ज्यादे उसका इलाज करवाया। इसका मुझे सन्तोष है–किन्तु सबसे ज्यादा दुख भी है कि...वह मेरी ही सेवा में मरा। मुझी को दोनों भाइयों की लाश देखनी पड़ी।...'' और रेणु अपनी उस समय की अवस्था के बारे में बताते हैं–''मेरी हालत ठीक उसी पेड़ की तरह है जिसके ऊपर से एक तूफान गुजर चुका है तुरत–और भी तूफानों की सम्भावना के लिए–डाल पसार खड़ा हूँ। आओ! ओ तूफान! जब तक मुझे जड़ से नहीं उखाड़ फेंकोगे–मैं तुम्हारा मुकाबला करता रहूँगा।''

रेणु पर इस तरह की आपदाएँ आती रहीं और उन्हें जड़ से हिलाती रहीं। फिर भी वे जी गए। उसका कारण था। 'मैला आँचल' प्रकाशित होकर प्रशंसित हो रहा था। उसी पत्र में वे इसे भी अभिव्यक्त करते हैं–''मुझे देखो न! दुख और सुख दोनों की खबरें रोज आती हैं? पारिवारिक समस्याओं तथा अन्य दुख-संकट की कथा सुनकर दिल बैठने लगता है तो दिल्ली अथवा इलाहाबाद वगैरह से उपन्यास की सफलता पर बधाइयाँ आ रही हैं। 'सरिता' मासिक पत्रिका के जनवरी अंक में प्रसिद्ध विद्वान मन्मथनाथ गुप्त ने 'मैला आँचल' को स्पष्ट रूप में लिख दिया है–यह उपन्यास, प्रेमचन्द के 'गोदान' के बाद बस एक ही है। यह छोटी बात नहीं। डॉ. धर्मवीर भारती–इलाहाबाद विश्वविद्यालय के प्रोफेसर ने लिखा–''मिथिला की

भूमि ने दूसरा विद्यापति पैदा किया...।'' यानी 'मैला आँचल' की सर्वस्वीकृति बन रही थी। इसे रेणु ने स्वयं छपवाया था। किन्तु इसके छपने के बाद ही राजकमल प्रकाशन ने वितरण के लिए इसकी सभी प्रतियाँ खरीद लीं। वैसे इसके मुद्रण का कार्य चल रहा था, तभी राजकमल के प्रबन्ध निदेशक ओमप्रकाश जी से इसके वितरण के लिए उनका अनुबन्ध हो चुका था। अपने ग्रामीण इलाके के एक भाई जी के नाम उन्होंने 10 फरवरी, 1954 को एक पत्र लिखा था, जिसमें इस तथ्य की पुष्टि होती है। इसमें वे लिखते हैं–''सारा बोझ अकेले सँभाले चल रहा हूँ। राजकमल प्रकाशन ने सोल एजेंसी स्वीकार कर ली है। वह हमें वही कमीशन देंगे, जो 'बलचनमा' पर दिया है। और 30 प्रतिशत कीमत पहले ही चुका देंगे। राजकमल एक तगड़ी प्रकाशन संस्था है। सारे भारत में उसकी पहुँच है। 'प्रकाशन समाचार' निकालकर वह अपनी किताबों का जोरदार वैज्ञानिक प्रचार भी करता है। 'आलोचना' त्रैमासिक उसी की है और हिन्दी का एक बेजोड़ पत्र समझा जाता है।'' 'मैला आँचल' के प्रकाशन के पूर्व रेणु ने एक फोल्डर भी छपवाया था, इसकी सूचना भी इसी पत्र में मिलती है। वे आगे लिखते हैं–''फोल्डर छापने के लिए कुछ लोगों की राय का संग्रह कर लिया है : बतौर 'रिव्यू' के। नागार्जुन, नलिन विलोचन शर्मा, दिवाकर प्रसाद विद्यार्थी, नर्मदेश्वर प्रसाद, अनूप आदि की राय मिल चुकी है। नर्मदेश्वर जी ने बहैसियत सोशियोलोजी के हेड ऑफ दि डिपार्टमेंट लिखा है–''किताब समाजविज्ञान के विद्यार्थियों के लिए भी उपयोगी है।''

अक्टूबर, 1955 में ओमप्रकाश जी ने इलाहाबाद में 'मैला आँचल' पर एक परिचर्चा गोष्ठी आयोजित की। मधुकर गंगाधर को 3 नवम्बर, 1955 को लिखे पत्र में इसका विवरण–''चाय पार्टी में करीब दो सौ निमंत्रित 'लेडीज एंड जेंटलमैन' थे। सर्वश्री वासुदेवशरण अग्रवाल ने तुम्हारे भैया की तारीफ शुरू की और पूरे पन्द्रह मिनटों तक बोलते रहे। भगवतशरण उपाध्याय जी का नम्बर दूसरा था। बोले– जीवन में पहली बार मेरा मोहभंग हुआ। किसी किताब को एक ही बैठक में समाप्त कर फिर तुरन्त प्रथम पृष्ठ से शुरू करना...। डॉ. भारती, गंगाप्रसाद पांडेय, प्रकाशचन्द्र गुप्त आदि ने भी काफी तारीफ की। दूसरे दिन बड़े-बड़े 'हेड लाइन' लगाकर पत्रों ने भगवतशरण उपाध्याय के कथन को छापा–Portrayal better than Premchand... etc. । मुझे लगा, मुझे पिटवाने की व्यवस्था तो नहीं हो रही?''

और रेणु की यह आशंका निर्मूल नहीं थी। किसी नए कथाकार की प्रथम कृति को एकदम 'गोदान' के बाद का सर्वाधिक महत्त्वपूर्ण उपन्यास मान लेना, प्रेमचन्द के चित्रण से भी बढ़कर उसके चित्रण को महत्त्व देना और वह भी वरिष्ठ लेखकों-विचारकों के द्वारा, यह रेणु को पिटवाने की ही व्यवस्था हो रही थी। इसी समय रेणु परती : परिकथा लिख रहे थे। 'मैला आँचल' को खारिज करनेवाले लेखों की बाढ़-सी आ गई। प्रेमचन्द की परम्परा पर पहली बार बहस शुरू हुई। रेणु ने गौरा एम.ए.

के नाम से 'मैला आँचल' पर एक लेख लिखा, जिसमें उनका एक इंटरव्यू भी था, और बहुत सारे विवादों को दूर करने की चेष्टा की। फिर जब यह भेद उनके निकटस्थ कुछ लोगों ने खोला कि गौरा रेणु का ही छद्म नाम है, तो रेणु के लिए दूसरी मुसीबत। गौरा असली लेखिका है, इसे स्थापित करने के लिए तब उन्हें फिर प्रपंच करना पड़ा। फिर आई यह बारी कि 'मैला आँचल', 'ढोंढ़ाईचरित' का अनुवाद है, मौलिक कृति नहीं। इस प्रसंग ने तो मानो रेणु को बेपानी ही कर दिया। इस अवधारणा को स्थापित करनेवाले लेखक थे मुजफ्फरपुर के रमणजी। उन्होंने पटना से प्रकाशित 'आवाज' पत्र में इसे स्थापित कर रेणु पर चोरी का इलजाम लगाया। उन्होंने रमण जी को लिखा–"आप मेरे अग्रजों में हैं, आप मुझे हर तरह की गालियाँ दे सकते हैं। अधिकार है आपको, किन्तु चोरी का इल्जाम? चार्जशीट भेजिए, कृपा कर। मैं अपनी सफाई देने की चेष्टा करूँगा। आप सन्तुष्ट न हों, साहित्य-संसार के चौराहे पर खड़ा कर कोड़े लगवाइए। 'मैला आँचल' के सम्बन्ध में बहुत सारी बातें कही जाती हैं, सुनी जाती हैं, सुनाई जाती हैं, फैलाई जाती हैं, किन्तु कुछ लिखकर क्यों नहीं दी जातीं–मुझे इस बात पर आश्चर्य हो रहा है। इस तरह अँधेरे में किसको जवाब दिया जाए और किस बात का जवाब दिया जाए? आप शायद नहीं जानते कि मैं बहुत छोटी उम्र से श्री सतीनाथ भादुड़ी जी के साथ हूँ। वे मेरे साहित्यिक गुरु हैं। जो कुछ भी हूँ, उन्हीं का बनाया हुआ। बिगड़ा हूँ दूसरों के कूचे में...। मैं जरा भी नहीं घबड़ा रहा हूँ। भीम है मेरे अन्दर!" अन्त में, सतीनाथ भादुड़ी ने बयान दिया कि रेणु पर लगाया गया यह इल्जाम गलत है।

इधर साहित्यिक जगत् में रेणु को अपदस्थ करने की कोशिश हो रही थी, उधर उनके अंचल के कई लोग उनके खिलाफ षड्यंत्र रच रहे थे। 'मैला आँचल' के पात्रों ने रेणु पर मानहानि का मुकदमा दायर कर दिया। रेणु ने अपने गाँव से वाचस्पति पाठक को एक पत्र लिखा–"तहसीलदार विश्वनाथ का भूत (!) ऐसे मौके पर चुपचाप बैठा रहे?–'खर्च की क्या बात, एक वकील मैं रख दूँगा...लेकिन मामला हो जरा संगीन। रेप-टेपवाला केस हो तो सारे मुकदमे का खर्चा मेरा...और लड़की तैयार नहीं होगी? कोशिश करो...फिर देखो, यह सारी 'लेखकी' निकल जाती है कि नहीं।' सुना-पन्द्रह दिनों तक चेष्टा की, लेकिन कोई कुमारी लड़की के बाप-भाई तैयार नहीं हुए। माँएँ तो तैयार हो गईं।...लेकिन कुमारी लड़की ही चाहिए संगीन रेप-केस के लिए...।" फिर 'हरिजन-कानून' के नाम पर रेणु पर मुकदमा दायर किया गया। रेणु इस केस में लम्बे समय तक उलझे रहे। 1957 के मध्य में उन्होंने 'परती : परिकथा' पूरी की और सितम्बर में इसका प्रकाशन हुआ। 'परती : परिकथा' पर 'मैला आँचल' से भी कटु आलोचनाएँ छपीं। श्रीपत राय ने तो 'कल्पना' में लिखी समीक्षा में इसे उपन्यास तक नहीं माना। नलिन विचोचन शर्मा ने भी 'परती : परिकथा' को खारिज करनेवाली समीक्षा लिखी। रामविलास शर्मा ने 'मैला आँचल'

की कुछ बातों की तारीफ की, किन्तु 'परती : परिकथा' की गलीज कृति के रूप में व्याख्या की। रेणु को दृष्टिहीन लेखक कहा गया, जिसकी कोई विचारधारा नहीं, जिसका कोई जीवन-दर्शन नहीं, जिसकी कोई राजनीति नहीं। फिर आंचलिकता को लेकर भी रेणु की कम थुक्का-फजीहत नहीं हुई। मुझे आश्चर्य लगता है, रेणु के लेखन में दम था, उनमें कुछ बात थी, इसलिए टिक गए, वरना दूसरा लेखक लिखना ही छोड़ देता या आत्महत्या कर लेता। वरना इतना विरोध झेलकर...!

भागलपुर के डॉ. विष्णु किशोर बेचन को उन्होंने 27 जून, 1958 को एक पत्र में लिखा—"अविचल आस्थावादी मुझको नैराश्यवादी, जीवन-विरोधी, प्रतिक्रियाशील, पलायनवादी आदि साबित करने के लिए शास्त्र-मन्थन कर रहे हैं। मैं अविचल हूँ। जीवन-दर्शन-शून्य तो कह ही रहे हैं। भाई साहब, मुश्किल यह है कि कलम पकड़ते ही लेखक और लेखक होते ही दार्शनिक का परम पद हमें स्वयं प्राप्त हो जाता है। बिना किसी जिज्ञासा के ही हमें उत्तरमाला मिल जाती है। बिना किसी जीवन-जिज्ञासा के जीवन-दर्शन जिन्हें लोकता है, वे महान हैं। मैं लंडूरा ही भला...। क्यों देखूँ किसी के उपनेत्र से? कोई जबर्दस्ती है? मैं जानता हूँ, इस बात पर भी ललकारने वाले मिल जाएँगे—ठीक बात। जरा अपनी जीवन-जिज्ञासाएँ ही फरमाइए हजरत!"

फिर इन बातों को स्पष्ट करते हुए और आगे बढ़ते हैं—"मैं उन्हें नहीं समझा सकूँगा कि शिल्पी और मिस्त्री में फर्क होता है, कि हर शिल्पी की तरह मेरी भी जिज्ञासाएँ हैं, जो पुरानी हैं...मनुष्य की हैसियत से मनुष्य के अस्तित्व का क्या मूल्य है इस पृथ्वी पर? क्यों हम जिन्दा हैं? जीवित रहने की युक्ति ढूँढ़कर कैसे पा लेते हैं हम? इतनी व्यर्थताओं के बीच भी मैं (मुनष्य मैं), रेतकण से भी नगण्य मैं, क्यों नहीं इतने अन्याय, अविचार, अनाचार के बीच आत्महत्या कर लेता हूँ? मृतप्राय होकर भी जीवित रहने का आनन्द कैसे प्राप्त कर लेता हूँ, कहाँ से? प्रश्न पुराने हैं, उत्तर नए हो सकते हैं। या नहीं हो सकते। पता नहीं, वह क्या समझेगा? लेकिन, आधा दर्जन मित्रों को अवश्य लिख देगा—अब उपन्यासकार-प्रवर आत्महत्या की बात सोच रहे हैं। अथवा वैसा ही कोई आन्दोलन चलाना चाहते हैं साहित्य द्वारा।" रेणु इस पत्र के अन्त में लिखते हैं—"गाँव में रहता हूँ, कम-से-कम ताल ठोंककर ललकारने नहीं आता कोई।"

निस्सन्देह रेणु जीवन में गहरे धँसे हुए लेखक थे, लोक-जीवन में उनकी जड़ें बेहद गहरी थीं, इसीलिए वे उखड़ नहीं सके। जीवन-दर्शन से अधिक महत्त्व जीवन-जिज्ञासा को देते थे और कथा-साहित्य में बहुत सारे मिस्त्री टाइप कथाकारों से भिन्न 'शिल्पी' थे। इसीलिए आत्महत्या की बात सोचते तक नहीं। यही कारण है कि उनके कथा-साहित्य के पात्र कभी आत्महत्या नहीं करते! वे प्रबल जिजीविषा से भरे और अपनी मिट्टी से गहरे प्यार करनेवाले मनुष्यों की जीवन-गाथा में स्वयं को समाहित करते हैं। बाद में तो वे इस तरह की बातों को, आक्षेपों को कुछ और ही

तरह से लेते थे। उन्होंने राजेन्द्र यादव जी को 13 नवम्बर, 1963 को लिखा–"अब परेशानियों से परेशान नहीं होता। आनन्द ले रहा हूँ।" यानी एक समय के बाद परेशानियाँ रेणु के मन को उस तरह उद्वेलित नहीं करतीं, जिस तरह पहले करती थीं। बेचन जी को लिखे पत्र में रेणु का उद्वेलित मन जिस तरह दिखाई पड़ता है, वैसा बाद में नहीं।

रेणु के पत्रों में सर्जनात्मक भाषा जगह-जगह दिखलाई पड़ती है। राजेन्द्र यादव को 29 जनवरी, 1964 को जो पत्र उन्होंने लिखा है, उसके प्रारम्भ में ही लिखते हैं– "हाथ में दर्द है। मौसम सर्द है।...कनकनी और शीत लहरी में पुराना दर्द उभर जाता है लोगों का। नए दर्दवालों की तो मौत ही समझिए।" डॉ. बालगोविन्द विश्वास को 28 अगस्त, 1968 को लिखे पत्र में उन्होंने पूर्णिया से पटना तक की यात्रा का दस-बारह पंक्तियों में चित्र खींचा है, वह अद्‌भुत और दिलचस्प है। इसकी कुछ पंक्तियों को यहाँ उद्धृत कर रहा हूँ–"गाड़ी कटिहार से जब डेढ़ घंटे लेट होकर चली तभी मैं बरौनी के कनेक्शन से निराश होकर–'तब क्या होगा?'–सोचने लगा। घड़ी में समय देखते, गाड़ी की रफ्तार को परखते और हिसाब लगाते हुए अन्ततः एक समय ऐसा आया कि गाड़ी के ड्राइवर की ईमानदारी को दाद देनी पड़ी। यानी डेढ़ घंटे के अन्तराल को उसने पूरा कर लिया बेगुसराय पहुँचते-पहुँचते। बल्कि दो मिनट 'बिफोर टाइम' आने के कारण आउटर सिगनल पर गाड़ी को अटकाने की जरूरत हुई।...किन्तु, हाय हन्त! (मैं बेगुसराय लिखते वक्त यह एकदम भूल गया हूँ कि 'बेगु' या 'बेगू' क्या है? यों, बेगुसराय के विद्यार्थियों ने अपने को बेकूफसराय का रहनेवाला बतलाया) सो उस 'सराय' के बाद जो चेन-पुलिंग शुरू हुई कि कदम-कदम पर–छानी हुई बछेड़ी की तरह–गाड़ी चलती भई। आखिर बरौनी पहुँचे तो सभी प्लेटफॉर्म साफ–यानी हर जगह सन्नाटा–जानेवाली गाड़ियाँ कब की चली गई थीं। टैक्सी से मोकामा भागा।...और टैक्सी? ग्यारह पैसेंजर को ठूँसने के बाद भी ड्राइवर 'एक सवारी मोकामा' चिल्लाने लगा तो मैंने दोनों हाथ जोड़कर उससे प्रार्थना की–"भैया, मुझे कम-से-कम अपनी गाड़ी से बाहर निकालने की कृपा करो। मैं मरा...मेरी चिड़िया पिंजड़े-सहित...?"–जरा कल्पना कीजिए कि चार दाएँ और चार बाएँ के बीच में इस गरीब की क्या हालत हुई होगी! मेरी आर्त पुकार पर सभी ठठाकर हँसे और मुझे अगली सीट पर बैठाया गया। हमें मोकामा में 'जनता' पकड़ना था। सो, जब हमारी टैक्सी (यानी छकड़ा गाड़ी!) लदी-फँदी मोकामा स्टेशन पर पहुँची तो जनता एक्सप्रेस छुक-छुक करती प्लेटफॉर्म छोड़कर पटना की ओर जा रही थी। अन्ततः दानापुर-शटल–जो हर स्टेशन पर रुकती हुई मोकामा से दानापुर जाती-आती है–पकड़ी। गनीमत यह कि बैठने के दस मिनट बाद ही गाड़ी खुली। क्योंकि यह गाड़ी गृहस्थों की कम भिखारियों, बाबा जी लोगों की ज्यादा है।...दस बजे पटना पहुँचा।" यह उद्धरण थोड़ा लम्बा हो गया, किन्तु रेणु का यह

यात्रा-विवरण दिलचस्प और मजेदार है, इसीलिए। फिर रेणु पटना पहुँचकर अपने कार्यों की सूची पेश करते हैं–''टेबल पर 'डाक' का अम्बार। छोटे-मोटे कामों की भीड़–गोर्की सेंटेनरी के अवसर पर निकलनेवाली अन्तर्राष्ट्रीय पत्रिका के लिए एक लेख देना है, वर्किंग जर्नलिस्ट एसो. का चुनाव निकट है, वार्षिक अधिवेशन-राष्ट्रभाषा परिषद् के कई उलाहने...। सर्वोपरि लतिकाजी के लिए पटना के किसी विद्यालय में व्यवस्था करना।''

कहना न होगा, रेणु के पत्रों में उनके जीवन के कई संस्मरण, उनके कार्यों की सूची, उनकी मन:स्थिति, उनका घर-परिवार, गाँव-घर, मित्र, लेखन-कार्यों का ब्योरा आदि-आदि भरा पड़ा है। इन पत्रों के द्वारा जीते-जागते, बोलते-बतियाते रेणु को हम देखते हैं–एक पारदर्शी व्यक्तित्व–सरल, तरल, आत्मीय। बेलाग और ठोस बातें करता हुआ। जीवन को हर रंग में भरपूर जीता हुआ। इन पत्रों में मितकथन ज्यादा है, अतिकथन कम। कई जगह शब्दों के बीच 'विराम', लेकिन उन विरामों को पढ़ने के लिए ज्यादा माथापच्ची करने की जरूरत नहीं।

शैलेन्द्र, रेणु और तीसरी कसम

1

हिन्दी सिनेमा को जिन कुछ गीतकारों ने गरिमा और गहराई प्रदान की है, उनमें शैलेन्द्र प्रथम स्थानीय हैं। उनका योगदान अविस्मरणीय है। उनके गीत आज भी ताजा और बेमिसाल हैं। समय की धूल भी उन्हें धूमिल नहीं कर पायी।

जनकवि नागार्जुन ने शैलेन्द्र की स्मृति में एक कविता लिखी है–

गीतों के जादूगर का मैं छन्दों से तर्पण करता हूँ।
सच बतलाऊँ तुम प्रतिभा के ज्योतिपुत्र थे, छाया क्या थी,
भली-भाँति देखा था मैंने, दिल ही दिल थे, काया क्या थी।
जहाँ कहीं भी अन्तरमन से, ऋतुओं की सरगम सुनते थे,
ताजे कोमल शब्दों से तुम रेशम की जाली बुनते थे।
जन-मन जब हुलसित होता था, वह थिरकन भी पढ़ते थे तुम,
साथी थे, मजदूर पुत्र थे, झंडा लेकर बढ़ते थे तुम।
युग की अनुगूँजित पीड़ा ही घोर घनघटा-सी गहराई
प्रिय भाई शैलेन्द्र, तुम्हारी पंक्ति-पंक्ति नभ में लहराई।
तिकड़म अलग रही मुस्काती, ओह, तुम्हारे पास न आई,
फिल्म जगत् की जटिल विषमता, आखिर तुमको रास न आई।
ओ जन-मन के सजग चितेरे, जब-जब याद तुम्हारी आती,
आँखें हो उठती हैं गीली, फटने सी लगती है छाती।

शैलेन्द्र की लोकप्रियता का राज यह है कि वे जीवन और समय की नब्ज पर हाथ रखनेवाले गीतकार थे। वे सामान्य मनुष्य की पीड़ा को अभिव्यक्त करते थे। उनके गीतों की भाषा में अलंकार नहीं मिलेगा। सीधे-सादे शब्द। सरल वाक्य-संरचना। बातचीत या संवाद की शैली। दो-टूक कहने का अन्दाज। फिर भी अर्थ-गरिमा और भाव-गाम्भीर्य से भरा कथन। दिल को छू लेनेवाला। जनता के भावों को अभिव्यक्ति देनेवाला।

शैलेन्द्र अपने एक गीत में अपनी अभिलाषा को उजागर करते हैं–

सुनसान अँधेरी रातों में, जो घाव दिखाती है दुनिया
उन घावों को सहला जाऊँ, दुखते दिल को बहला जाऊँ
सुनसान मचलती रातों में, जो स्वप्न सजाती है दुनिया
निज गीतों में छलका जाऊँ, फिर मैं चाहे जो कहलाऊँ।
बस मेरी यह अभिलाषा है।

इसी अभिलाषा के कारण शैलेन्द्र महान गीतकार हो सके, जनकवि बन सके। सिनेमा में–जहाँ हर प्रकार की कला बिकती है या कहें कि कहानी, गीत, संगीत आदि कलाओं का यह एक बहुत बड़ा बाजार है–शैलेन्द्र के गीत अपनी साहित्यिकता और गरिमा बरकरार रख सके। उन्होंने जन–जीवन के स्वप्न, आकांक्षा और पीड़ा को ऐसी वाणी दी, जो आज भी अमर हैं।

राज कपूर ने शैलेन्द्र के विषय में सही लिखा है–"उन्होंने पैसों के लोभ में गीत कभी नहीं लिखे।...जब तक उनके अपने अन्तर्भावों की गूँज नहीं उठती, तब तक वे नहीं लिखते थे।" अर्थात् शैलेन्द्र के गीत व्यावसायिकता के एक बड़े क्षेत्र में अन्तरात्मा की आवाज थे। उनमें चिन्तन है, मनन है, दर्शन है, विचार है, आध्यात्मिकता है, कम शब्दों में बड़ी बात कहने की कला है। मर्म को छूनेवाली हृदय की बात है। सच्चाई, सफाई, ईमानदारी और सादगी है।

2

शैलेन्द्र दिल की बात कहते थे और उसे संवेदनशील मनुष्य ही सुन सकता था, ग्रहण कर सकता था। झूठ, फरेब से उन्हें घृणा थी। सच पर मर मिटने की जिद। भले ही अनाड़ी या मूर्ख समझ लिये जाएँ, यह स्वीकार है। उनका काम है दर्द बाँटना, लोगों के लिए प्यार रखना–यही वास्तविक रूप में जीने की कला है। जीना इसी का नाम है। यही कारण है कि शैलेन्द्र आम जनमानस में अपनी जगह बना सके। उन्होंने हिन्दुस्तानी दिल की पहचान की और उसे अभिव्यक्ति दी।

शैलेन्द्र के पिताजी केसरीलाल दास बिहार के रहनेवाले थे। वे फौजी थे। वे जब रावलपिंडी में पदस्थापित थे, तब वहीं 30 अगस्त, 1923 को शैलेन्द्र का जन्म हुआ। उन्होंने शैलेन्द्र का नाम रखा शंकरलाल दास। जब उनका पाठशाला में नामांकन हुआ तो नाम लिखा गया–शंकरलाल केसरीलाल दास। अवकाश प्राप्ति के बाद शैलेन्द्र के पिताजी मथुरा में रहने लगे। शैलेन्द्र का बचपन, शिक्षा–दीक्षा सब मथुरा में ही हुआ। वे स्कूली जीवन से ही कविता लिखने लग गए थे। उन्होंने अपना कवि–नाम शैलेन्द्र रखा। अब पूरा नाम हो गया शंकरलाल केसरीलाल दास शैलेन्द्र। बाद में अपना दो शब्दों का नाम रखा–शंकर शैलेन्द्र।

मैट्रिक की परीक्षा पास करने के बाद 1942 ई. में रेलवे में इंजीनियरिंग सीखने वे बम्बई आए। 1942 ई. के अगस्त क्रान्ति में वे शरीक हो गए और जेल गए। जेल से बाहर आने के बाद वे रेलवे में नौकरी करने लगे और इप्टा के थियेटर में काव्य-पाठ।

1947 ई. में राज कपूर एक बार अपने पिता पृथ्वीराज कपूर के साथ इप्टा के थियेटर में गए और उन्होंने शैलेन्द्र को काव्य-पाठ करते सुना। शैलेन्द्र सुमधुर कंठ से गा रहे थे–''मोरी बगिया में आग लगा गयो रे गोरा परदेशी...''

राज कपूर उनसे बेहद प्रभावित हुए। उस वक्त राज कपूर अपनी पहली फिल्म बना रहे थे–'आग'। उन्होंने शैलेन्द्र से अपनी इस फिल्म के लिए गीत लिखने को कहा, लेकिन शैलेन्द्र ने इन्कार कर दिया। उन्होंने राज कपूर से दो-टूक शब्दों में कहा, ''मैं पैसे के लिए नहीं लिखता।''

राज कपूर को शैलेन्द्र का यह अन्दाज लुभा गया। उन्होंने शैलेन्द्र को कहा कि अच्छी बात है, कभी इच्छा हो तो मेरे पास आइएगा।

उस जमाने में भी लोग फिल्मों में जाने के लिए लालायित रहते थे, पर एक नौजवान कवि का पैसे के लिए नहीं लिखने की प्रतिज्ञा, मामूली बात नहीं थी। उस समय शैलेन्द्र में विद्रोही चेतना थी। अन्तर्मन में आग थी। जनवादी ओजस्विता थी। उनके गीत वामपंथी तेवर के थे। कुछ को बानगी के तौर पर उन्हें यहाँ प्रस्तुत किया जा रहा है–

वे अन्न-अनाज उगाते
वे ऊँचे महल उठाते
कोयले-लोहे-सोने से
धरती पर स्वर्ग बसाते
वे पेट सभी का भरते
पर खुद भूखों मरते हैं।

यह श्रमजीवी वर्ग के जीवन की त्रासदी को अभिव्यक्त करनेवाली पंक्तियाँ हैं। दूसरी कविता भगत सिंह को सम्बोधित–

भगत सिंह इस बार न लेना काया भारतवासी की
देशभक्ति के लिए आज भी सजा मिलेगी फाँसी की
यदि जनता की बात करोगे तुम गद्दार कहाओगे
बंब-संब की छोड़ो, भाषण दोगे, पकड़े जाओगे।

'आजादी' पर लिखी कविता की बानगी देखिए–

उनका कहना है : यह कैसी आजादी है
वही ढाक के तीन पात हैं, बरबादी है
तुम किसान मजदूरों पर गोली चलवाओ
और पहन लो खद्दर, देश भक्त कहलाओ।

रेलवे कर्मचारियों की हड़ताल को जोर देने के लिए उन्होंने कविता लिखी थी– ''हर जोर-जुल्म की टक्कर में हड़ताल हमारा नारा है''–जो देश भर में एक नारे या स्लोगन के रूप में आज तक प्रयुक्त हो रही है। 1974 के आन्दोलन में रेणु जी ने 'हड़ताल' शब्द की जगह 'संघर्ष' शब्द रखकर इस नारे को और अधिक व्यापक रूप दे दिया था। इस कविता की प्रारम्भिक पंक्तियाँ इस प्रकार हैं–

हर जोर-जुल्म की टक्कर में हड़ताल हमारा नारा है!
मत करो बहाने संकट है, मुद्रा प्रसार इन्फ्लेशन है
इन बनियों और लुटेरों को क्या सरकारी कन्सेशन है?
बँगलें मत झाँको, दो जवाब, क्या यही स्वराज तुम्हारा है
मत समझो हमको याद नहीं, हैं जून छियालिस की घातें
जब काले-गोरे बनियों में चलती थी सौदे की बातें
रह गई गुलामी बरकरार, हम समझे अब छुटकारा है।

प्रगतिवादी परम्परा में शैलेन्द्र की कविताएँ बहुत-कुछ जोड़ती हैं। उन्हें एक धार देती हैं। ''खून-पसीने से लथपथ पीड़ित-शोषित मानवता की दुर्दम हुंकारें'' शैलेन्द्र की कविताओं में बार-बार सुनाई पड़ती हैं। उनमें प्रतिबद्धता है–सामान्य जन के प्रति एवं तीव्र आक्रोश है–शोषक वर्ग के प्रति।

शैलेन्द्र का एकमात्र काव्य-संगह–'न्यौता और चुनौती' जो मई 1955 ई. में पीपुल्स पब्लिशिंग हाउस, बम्बई से प्रकाशित हुआ था, प्रगतिवादी कविता का एक स्वर्णिम दस्तावेज है।

3

तो ऐसी थी शैलेन्द्र की साहित्यक चेतना। वे पच्चीस वर्ष की उम्र में ही हिन्दी के लोकप्रिय गीतकारों में अपना स्थान बना चुके थे। देश भर में कहीं भी कवि-सम्मेलन हो रहा हो, उन्हें निमंत्रित किया जाता। लेकिन लोकप्रियता पाने के चक्कर में उन्होंने कभी भी अपनी रचनाशीलता को सतही नहीं बनाया। फिल्मों में जो सतही और भदेस गीति-रचना होती थी, उससे उन्हें घृणा थी। इसीलिए राज कपूर को उन्होंने गीत लिखने से इन्कार कर दिया। इस बीच वे शादी कर चुके थे। घर-गृहस्थी का खर्च काफी बढ़ गया था। एक बार उन्हें कुछ रुपयों की सख्त जरूरत पड़ी। कहीं से भी जुगाड़ होना मुश्किल था। तब उन्हें राज कपूर की याद आई। वे राज कपूर के पास गए।

आगे का विवरण राज कपूर के ही शब्दों में–'' 'आग' बन गई। 'बरसात' शुरू हुई। उस समय हमारा ऑफिस फेमस महालक्ष्मी में था। ऑफिस में बैठा था कि चपरासी ने आकर खबर दी–कवि शैलेन्द्र आपसे मिलना चाहते हैं। मुझे 'इप्टा'

वाली घटना याद आ गई। शैलेन्द्र कुछ निराशा, कुछ चिन्ता और कुछ क्रोध का भाव लिये बेधड़क मेरे कमरे में चले आए। आते ही बोले–याद है आपको, आप एक मर्तबा मेरे पास आए थे फिल्मों में गाना लिखवाने के लिए? मैंने कहा था–याद है। वे तपाक से बोले–मुझे पैसों की जरूरत है। पाँच सौ रुपए चाहिए। जो मुनासिब समझें, काम करवा लीजिएगा। किसी से दबकर या बात को घुमा-फिराकर कुछ कहना तो उन्होंने सीखा ही नहीं था।''

फिर शैलेन्द्र ने राज कपूर की 'बरसात' फिल्म के लिए उसका शीर्षक गीत लिखा–'बरसात में हमसे मिले तुम सजन, तुमसे मिले हम, बरसात में।' यह 1949 की सबसे ज्यादा व्यावसायिक लोकप्रियता ग्रहण करनेवाली फिल्म थी एवं शैलेन्द्र का लिखा यह पहला फिल्मी गीत इतना लोकप्रिय हुआ कि शैलेन्द्र की माँग फिल्मी दुनिया में अचानक बढ़ गई। 'आग' फिल्म के बाद राज कपूर की फिल्मों में शैलेन्द्र एवं हसरत के ही सिर्फ गीत हुआ करते थे, उसमें भी ज्यादातर शैलेन्द्र के ही। फिर राज कपूर की 'आवारा' 1951 ई. में प्रदर्शित हुई। इसका शीर्षक गीत–'आवारा हूँ या गर्दिश में हूँ आसमान का तारा हूँ' ने भी लोकप्रियता का कीर्तिमान स्थापित किया। 'श्री 420' का शीर्षक-गीत–'मेरा जूता है जापानी, ये पतलून इंगलिस्तानी, सर पे लाल टोपी रूसी, फिर भी दिल है हिन्दुस्तानी' तो कालातीत हो गया। राज कपूर की जिन अन्य फिल्मों में शैलेन्द्र ने यादगार गीत लिखे, उनमें 'जिस देश में गंगा बहती है', 'बूट पॉलिश', 'अनाड़ी', 'संगम' आदि प्रमुख हैं। इनके कुछ प्रमुख गीत हैं–

नन्हे-मुन्ने बच्चे तेरी मुट्ठी में क्या है!
मुट्ठी में है तकदीर हमारी। –बूट पॉलिश (1954)

इसी फिल्म का दूसरा गीत अपनी भाव-गर्भिता में एवं बच्चों को सम्बोधित अविस्मरणीय रचना है–

तू बढ़ता चल
तू रुक न कहीं, तू झुक न कहीं, तेरी है जमीं
तू बढ़ता चल
तारों के हाथ पकड़ता चल
तू एक है प्यारे लाखों में, तू बढ़ता चल
ये रात गई
वो सुबह नई!

यह रात भारत की गुलामी की थी और नई सुबह आजादी की है, जिसे हमारे बच्चों को नई आस्था, विश्वास और श्रम के साथ आगे बढ़ते हुए हासिल करना होगा, यह बात शैलेन्द्र कितने ओजस्वी, प्रभावपूर्ण एवं मार्मिक ढंग से रख रहे थे। 'श्री 420' का गीत 'दिल का हाल सुने दिलवाला' फिल्मी गीतों में एक नई शैली की

गीति-रचना है। इसमें शैलेन्द्र ने भारत की भूखी-नंगी, दुखी-विपन्न जनता को अपनी वाणी दी है–

छोटे-से घर में, गरीब का बेटा
मैं भी हूँ माँ के नसीब का बेटा
रंजो-गम बचपन के साथी
आँसुओं से जली जीवन-बाती
भूख ने है बड़े प्यार से पाला
दिल का हाल सुने दिलवाला
गम से अभी आजाद नहीं हूँ
खुश हूँ, मगर आबाद नहीं हूँ
मंजिल मेरे पास खड़ी है
पाँव में मेरे बेड़ी पड़ी है
टाँग अड़ाता है दौलतवाला
दिल का हाल सुने दिलवाला!

'जागते रहो' फिल्म में मोतीलाल पर चित्रित किया गया और मुकेश के द्वारा गाया गया यह गीत एक नया जीवन-दर्शन प्रस्तुत करता है–

''जिन्दगी
ख्वाब है
ख्वाब में झूठ क्या!
और भला सच है क्या!''

यह गीत अपने ढाँचे में नई कविता की तरह है। 'अनाड़ी' फिल्म का शीर्षक-गीत–'सब कुछ सीखा हमने, न सीखी होशियारी, सच है दुनियावालों कि हम हैं अनाड़ी!' जब मुकेश की आवाज में स्वर-बद्ध हुआ तो राज कपूर आधी रात को शैलेन्द्र के घर गए एवं उन्हें जगाकर गले से लगा लिया और कहा, ''शैलेन्द्र! मेरे दोस्त! गाना सुनकर रहा नहीं गया। क्या गीत लिखा है?'' उसी फिल्म में जीवन के अपने उद्देश्य को स्पष्ट करती शैलेन्द्र की ये पंक्तियाँ हर संवेदनशील मनुष्य को प्रभावित कर लेती हैं–

किसी की मुस्कुराहटों पे हो निसार
किसी का दर्द मिल सके तो ले उधार
किसी के वास्ते हो तेरे दिल में प्यार
जीना इसी का नाम है!
रिश्ता दिल से दिल के ऐतबार का
जिन्दा है हमीं से नाम प्यार का
कि मरके भी किसी को याद आएँगे

किसी के आँसुओं में मुस्कुराएँगे
किसी को हो न हो, हमें है ऐतबार
जीना इसी का नाम है!

शैलेन्द्र के गीतों में जो आज भी ताजगी है, उनमें कहीं भी बासीपन की बदबू नहीं, इसका मुख्य कारण है उनका जीवन-दर्शन, जीवनादर्श और जिजीविषा से भरे हुए शब्द। जो हर युग में जीवन्त बने रहेंगे। 'जिस देश में गंगा बहती है' फिल्म का शीर्षक-गीत अपने देश की महानता, आदर्श और दुर्लभ विशेषता को इन शब्दों के द्वारा अभिव्यक्त करता है–

हम कल क्या थे, हम आज हैं क्या, इसका ही नहीं अभिमान हमें
जिस राह पे आगे चलना है, है उसकी भी पहचान हमें
अब हम तो क्या सारी दुनिया, सारी दुनिया से कहती है
हम उस देश के वासी हैं, जिस देश में गंगा बहती है!

कुछ लोग जो ज्यादा जानते हैं, इनसान को कम पहचानते हैं
हम पूरब हैं, पूरबवाले हर जान की कीमत जानते हैं
जो जिसको मिला सीखा हमने, गैरों को अपनाया हमने
मतलब के लिए अन्धे बनकर रोटी को नहीं पूजा हमने
हिल-मिल के रहो और प्यार करो, एक चीज यही तो रहती है
हम उस देश के वासी हैं जिस देश में गंगा बहती है!

हृषिकेश मुखर्जी द्वारा निर्देशित फिल्म 'आशिक' (1962) में शैलेन्द्र का यह गीत–'तुम जो हमारे मीत न होते, गीत हमारे गीत न होते!' सर्वाधिक लोकप्रिय हुआ, किन्तु उनका दूसरा निम्नलिखित गीत उनकी आस्था-विश्वास एवं जीवनादर्श का एक मर्मस्पर्शी आख्यान है–

तुम आज मेरे संग हँस लो
तुम आज मेरे संग गा लो
और हँसते-गाते इस जीवन की उलझी राह सँवारो
दुख में जो गाए मल्हारें वो इनसान कहलाए
जैसे बंसी के सीने में छेद हैं फिर भी गाए
गाते-गाते रोए मयूरा, फिर भी नाच दिखाए रे
फिर भी नाच दिखाए!

'बरसात' से लेकर 'संगम' तक राज कपूर की सभी फिल्मों में शैलेन्द्र ने गीत लिखे। राज कपूर की टीम में गीतकार के रूप में शंकर शैलेन्द्र एवं हसरत जयपुरी, संगीतकार–शंकर एवं जयकिशन, पटकथा लेखक–ख्वाजा अहमद अब्बास, छायाकार–राधू कर्मकार, गायक–मुकेश और मन्ना डे, कला-निर्देशक–एच.आर.

अचरेकर आदि महान प्रतिभाशाली लोग थे। इन सभी के एकल प्रभाव से राज कपूर के महिमामंडित एवं लोकप्रिय छवि का निर्माण हुआ था। पर शैलेन्द्र की प्रतिभा से दूसरे निर्माता–निर्देशक भी प्रभावित थे। विमल राय ने अपनी कई फिल्मों में उनसे गीत लिखवाए थे। देवानन्द एवं विजयानन्द ने 'गाइड' फिल्म में उनसे गीत लिखवाए थे। राज कपूर की फिल्मों से बाहर जाकर अन्य फिल्मों के लिए जो उन्होंने उल्लेखनीय एवं बेहतरीन गीत लिखे, उनमें से कुछेक की चर्चा करने से अपने को नहीं रोक पा रहा हूँ–

धरती कहे पुकार के
गीत बिछा ले प्यार के
मौसम बीता जाए...
अपनी कहानी छोड़ जा
कुछ तो निसानी छोड़ जा... –(दो बीघा जमीन)

तू प्यार का सागर है
तेरी इक बूँद के प्यासे हम
लौटा जो दिया तुमने
चले जाएँगे जहाँ से हम... –(सीमा)

काँटों से खींच के ये आँचल
तोड़ के बन्धन बाँधी पायल
कोई न रोके दिल की उड़ान को
दिल ये चला...आ आ आ आ...
आज फिर जीने की तमन्ना है
आज फिर मरने का इरादा है... –(गाइड)

शैलेन्द्र को तीन गीतों के लिए फिल्मफेयर पुरस्कार मिला। 'यहूदी' के गीत–'ये मेरा दीवानापन है या मोहब्बत का सुरूर' के लिए 1958 में। 'अनाड़ी' के गीत–'सब कुछ सीखा हमने ना सीखी होशियारी/सच है दुनियावालों कि हम हैं अनाड़ी' के लिए 1959 में एवं 1968 में 'ब्रह्मचारी' फिल्म के इस गीत के लिए–'तुम गाओ मैं सो जाऊँ', मृत्योपरान्त।

4

1960 तक शैलेन्द्र अपने गीतों की लोकप्रियता के कारण हिन्दी फिल्म–जगत् में बड़े गीतकारों की श्रेणी में पहली पायदान पर पहुँच चुके थे। उन्होंने इतना नाम–यश अर्जित कर लिया था, जिसे बहुत कम कलाकार लम्बा जीवन जीकर भी नहीं पा

सके। वे अब अपनी निर्धनता से भी मुक्त हो चुके थे। उन्होंने खार में अपना मकान भी बनवाया और अपनी पहली फिल्म 'बरसात' की स्मृति में नाम रखा–'रिमझिम'। अपने घर के पास ही उन्होंने एक छोटा–सा फ्लैट खरीदा था, जिसमें शाम को अपने मित्रों के साथ बैठक करते। 1959 ई. में बिमल राय प्रोडक्शन में 'परख' नामक फिल्म बन रही थी। शैलेन्द्र 'परख' के लिए गीतों के साथ–साथ संवाद भी लिख रहे थे। उस फिल्म से जुड़े नवेन्दु घोष, बासु भट्टाचार्य, बासु चटर्जी, बी.आर. इशारा आदि शाम को शैलेन्द्र के पास जुड़ते और गपशप होती। उस गपशप में फिल्मों के अलावा साहित्यिक चर्चा भी होती। उसी समय मोहन राकेश के सम्पादन में राजकमल प्रकाशन से 'पाँच लम्बी कहानियाँ' नामक पुस्तक छपी थी, जिनमें एक कहानी 'तीसरी कसम अर्थात् मारे गए गुलफ़ाम' भी थी। इसे सबसे पहले नवेन्दु घोष ने पढ़ा और अत्यधिक प्रभावित हुए। उन्होंने बासु भट्टाचार्य को वह पुस्तक दी तथा इस कहानी का बांग्ला भाषा में अनुवाद करने को कहा। बासु भट्टाचार्य 1960 ई. में विमल राय प्रोडक्शन से अलग हो गए थे और स्वयं कोई फिल्म बनाने की सोच रहे थे। उन्होंने शैलेन्द्र को वह कहानी सुनाई। शैलेन्द्र को वह कहानी इतनी पसन्द आई कि उस पर वे फिदा हो गए और उसके फिल्मीकरण का संकल्प लिया।

'तीसरी कसम' का हीरामन ही सिर्फ गुलफ़ाम नहीं था, रेणु दूसरे गुलफ़ाम थे और तीसरे शंकर शैलेन्द्र। परदे पर दिखनेवाले गुलफ़ाम राज कपूर थे, पर परदे के बाहर वे एक सफल व्यावसायिक फिल्म–निर्माता थे। लेकिन 'तीसरी कसम' से राज कपूर की जो छवि निर्मित होती है–देहाती, भोला–भाला, पवित्र मन का और फूल की तरह का निर्दोष, स्निग्ध चेहरा, एक आम भारतीय जन की जीती–जागती छवि–वह अविस्मरणीय है। हिन्दी फिल्मों के इतिहास में यह दुर्लभ है। यह वास्तव में रेणु और शैलेन्द्र के भावों का प्रकटीकरण एवं प्रस्तुतीकरण था। जिस समय शैलेन्द्र ने 'तीसरी कसम' कहानी पढ़ी, उसी समय वह गुलफ़ाम मारा गया। उन्होंने बासु भट्टाचार्य से कहानी सुनते ही फणीश्वरनाथ रेणु को 23 अक्टूबर, 1960 को एक पत्र लिखा–"बन्धुवर फणीश्वरनाथ, सप्रेम नमस्कार। 'पाँच लम्बी कहानियाँ' पढ़ी। आपकी कहानी मुझे बहुत पसन्द आई। फिल्म के लिए उसका उपयोग कर लेने की अच्छी पॉसिबिलिटीज (सम्भावनाएँ) हैं। आपका क्या विचार है? कहानी में मेरी व्यक्तिगत रूप में दिलचस्पी है। इस सम्बन्ध में यदि लिखें तो कृपा होगी। धन्यवाद। आपका–शैलेन्द्र।"

5

अब यहाँ थोड़ा ठहरकर दूसरे गुलफ़ाम अर्थात् फणीश्वरनाथ रेणु के जीवन के विषय में संक्षेप में कुछ चर्चा कर लेना आवश्यक है। रेणु शैलेन्द्र से उम्र में दो साल बड़े थे,

किन्तु उन्हीं जैसा रूप-रंग और हृदय। दोनों शब्द-शिल्पी थे और दोनों का लोक-हृदय था। शैलेन्द्र ने जिस तरह सन् बयालीस के आन्दोलन में भाग लिया था, वैसे ही रेणु ने भी। दोनों ने जेल की सजा काटी थी। शैलेन्द्र ने रेलवे मजदूरों की हड़ताल में सक्रिय रूप से भाग लिया था। रेणु ने भारत और नेपाल के कई मजदूर एवं किसान आन्दोलनों में भाग लिया था। रेणु बिहार के पूर्णिया जिले के औराही-हिंगना गाँव के रहनेवाले थे—एक मध्यमवर्गीय किसान परिवार के। खेती-किसानी ही उनकी जीविका का मुख्य साधन थी। किन्तु उनके पिताजी शिलानाथ मंडल जब तक जीवित रहे, उन्हें घर-परिवार की कोई विशेष चिन्ता नहीं थी। उनका प्रारम्भिक जीवन साहित्यिक, सामाजिक और राजनीतिक सक्रियताओं से भरा था। वे अपने जनपद के अधिकांश गाँवों में जाते, वहाँ के लोगों से उनका जीवन्त सम्पर्क था। बहुत कम उम्र से उन्होंने लिखना शुरू कर दिया था। पहले कविताएँ लिखा करते थे। बाद में उन्होंने कहानी एवं कथा-रिपोर्ताज लिखना शुरू किया। उनकी पहली परिपक्व कहानी 'बटबाबा' अगस्त, 1944 ई. के 'साप्ताहिक विश्वमित्र' (कलकत्ता) में छपी। फिर पहलवान की ढोलक, पार्टी का भूत, कलाकार, रखवाला, न मिटनेवाली भूख, प्राणों में घुले हुए रंग, धर्म, मजहब और आदमी, खँडहर, रेखाएँ-वृत्तचक्र, धर्मक्षेत्रे-कुरुक्षेत्रे नामक कहानियाँ पत्र-पत्रिकाओं में छपीं। 1946 ई. में श्रीरामवृक्ष बेनीपुरी ने पटना से 'जनता' नामक साप्ताहिक पत्र पुनः निकालना शुरू किया, जिसमें रेणु के अनेक कथा-रिपोर्ताज छपे, जिनमें प्रमुख हैं—डायन कोसी, जै गंगा, रामराज्य, घोड़े की टाप पर लोहे की रामधुन, एक-टू आस्ते-आस्ते, हड्डियों का पुल, हिल रहा हिमालय आदि। बनारस की 'जनवाणी' पत्रिका में उनका प्रसिद्ध कथा-रिपोर्ताज 'नए सवेरे की आशा' प्रकाशित हुआ। 1949-50 में रेणु ने पूर्णिया से एक साप्ताहिक पत्र का सम्पादन किया—'नई दिशा'। इसमें विभिन्न विधाओं की उनकी अनेक रचनाएँ प्रकाशित हुईं। 1951 में नेपाल के निरंकुश राणाशाही के खिलाफ आन्दोलन में वे कोईराला-बन्धुओं के साथ शामिल हुए, जिस पर उन्होंने 'नेपाली क्रान्तिकथा' नामक प्रसिद्ध रिपोर्ताज लिखा है। इसी वर्ष वे भीषण रूप से बीमार पड़े। स्वस्थ होने के बाद 1952 ई. में कालजयी उपन्यास 'मैला आँचल' की रचना की। 1954 ई. में वह प्रकाशित हुआ और देखते ही देखते रेणु हिन्दी के शीर्षस्थ कथाकारों की पंक्ति में शामिल हो गए। 1957 में उनका दूसरा सर्वाधिक महत्त्वपूर्ण उपन्यास 'परती : परिकथा' प्रकाशित हुआ। इस बीच छठे दशक में प्रकाशित उनकी कहानियों का संग्रह 'ठुमरी' 1959 ई. में प्रकाशित हुआ। इसी में रेणु की अमर कहानी 'तीसरी कसम अर्थात् मारे गए गुलफ़ाम' भी शामिल है, जो 1958 ई. में पटना से प्रकाशित एक लघु पत्रिका 'अपरम्परा' में पहली बार प्रकाशित हुई थी। 1958 ई. से रेणु आकाशवाणी, पटना में सेवारत थे। आकाशवाणी, पटना के पते पर ही रेणु को शैलेन्द्र का वह पहला पत्र मिला, जिसका उत्तर उन्होंने शैलेन्द्र को अपनी स्वीकृति

देते हुए लिखा। रेणु के लिए शैलेन्द्र का वह पत्र उनमें एक नया उत्साह भरनेवाला था। उसी समय टेलीविजन-स्क्रिप्ट-राइटर्स के प्रशिक्षण की ट्रेनिंग के लिए रेणु की दिल्ली में बुलाहट हुई। नवम्बर, 1960 के पहले सप्ताह में ही वे आकाशवाणी, दिल्ली चले गए और शैलेन्द्र को सूचित किया कि वे तत्काल आकाशवाणी, दिल्ली में ही सम्पर्क के लिए उपस्थित मिलेंगे।

दिल्ली के आकाशवाणी भवन में ही 1959 ई. में दूरदर्शन की स्थापना हुई थी एवं प्रारम्भ में इसकी नींव रखनेवालों में आकाशवाणी में कार्यरत कई प्रतिभाशाली लेखकों, कलाकारों का योगदान था। प्रसिद्ध कथाकार कमलेश्वर की नियुक्ति 1959 ई. में दूरदर्शन केन्द्र में ही हुई थी। प्रसिद्ध फिल्म निर्देशक शिवेन्द्र भी उसमें कार्यरत थे। और रेणु के अन्तरंग मित्र वीरेन्द्र नारायण भी वहाँ थे। पी.एल. देशपांडे टेलीविजन केन्द्र के प्रमुख प्रोड्यूसर थे। साथ ही शंकर शैलेन्द्र नामक एक दूसरे व्यक्ति भी उसमें कार्यरत थे।

रेणु से मिलने एवं 'तीसरी कसम' कहानी के फिल्मीकरण के अधिकार का अनुबन्ध करने शैलेन्द्र ने बम्बई से अपने साले सन्तोष ठाकुर को भेजा। दिल्ली के आकाशवाणी-भवन के टेलीविजन-सेक्शन के एक कमरे में बैठकर रेणु ने अनुबन्ध-पत्र पर हस्ताक्षर पाँच हजार रुपए लेकर किया। किन्तु बाद में शैलेन्द्र ने इस राशि को दस हजार रुपए कर दिया। दिसम्बर महीने में शैलेन्द्र ने रेणु को बम्बई बुलवाया। रेणु की यह पहली बम्बई-यात्रा थी, जिसे वे एक फिल्मी-यात्रा कहते थे। शैलेन्द्र ने रेणु को बड़े ही मान-आदर के साथ ठहराया। वहीं उनकी भेंट 'तीसरी कसम' फिल्म के निर्माण से जुड़े बासु भट्टाचार्य (निर्देशक), नवेन्दु घोष (पटकथा-लेखक), बासु चटर्जी एवं बाबूराम इशारा (सहायक निर्देशक) से हुई एवं 'तीसरी कसम' के फिल्मांकन की भावी रूपरेखा पर विस्तार से चर्चा हुई। तय किया गया कि ढाई-तीन लाख रुपए में अर्थात् कम बजट में इसका निर्माण कर लिया जाएगा। चूँकि बजट कम था, इसलिए इसे श्वेत-श्याम ही बनाने का निर्णय लिया गया, जबकि 1960 ई. तक हिन्दी की बहुतायत फिल्में रंगीन बनने लगी थीं। यह भी तय कर लिया गया कि पाँच-छह महीने में इसकी शूटिंग पूरी कर ली जाएगी। संवाद-लेखन की जिम्मेदारी रेणु को दी गई एवं तय किया गया कि गीत शैलेन्द्र के होंगे। अब यह तय करना था कि हीराबाई की भूमिका के लिए किस अभिनेत्री का चयन किया जाए एवं हीरामन की भूमिका के लिए किस अभिनेता का? इस प्रसंग को रेणु की जुबानी ही सुनिए–

शैलेन्द्रजी ने मुझसे पूछा था, "अच्छा! कहानी लिखते समय आपके सामने हीराबाई की कोई तस्वीर तो जरूर होगी। अब, जबकि फिल्म की बात हो रही है, तो फिल्म इंडस्ट्री में आपकी उस मूरत से कोई सूरत मिलती-जुलती नजर आती है? यानी, आप किसको इस भूमिका के लिए...।"

मैंने हँसकर जवाब दिया था, "भाई! हम लोग काननबाला, उमाशशि, यमुना, देविका रानी, सुलोचना और नसीम वगैरह के युग में सिनेमा देखा करते थे। अब तो सब चेहरे एक ही साँचे में ढले-से लगते हैं। किसका क्या नाम है, याद ही नहीं रहता।"

"यह तो बात को टालनेवाली बात हुई।" वे हँसे थे।

थोड़ी देर के बाद मैंने कहा था, "वह एक...'प्यासा' में माला सिन्हा के साथ कोई लड़की थी न...?"

शैलेन्द्र ने बासु भट्टाचार्य की ओर देखा और बासु के मुँह से एक किलकारी के साथ निकला था–'स्साला!' मैं जानता था, यह कोई गाली नहीं। बंगाली विद्यार्थी जब किसी बात पर खुश होते हैं, तो उनके मुँह से यह शब्द अनायास ही निकल पड़ता है। किन्तु मैं झेंप गया था। शायद मैं किसी गलत और सर्वथा 'मिसफिट' चेहरे की बात कह गया।

शैलेन्द्र 'ताड़' गए थे। बोले, "हमारे मन में भी उसी की सूरत है।...आप क्या सचमुच उसका नाम नहीं जानते?...वह वहीदा रहमान है।"

मैंने पूछा, "इन्द्राणी रहमान की कोई लगती है क्या?"

"नहीं जी! मगर नाचना जानती है।"

दूसरे या तीसरे दिन वे वहीदा रहमान को कहानी सुनाने गए। लौटे तो बहुत खुश नजर आए। सूचना दी, "साहब! हो गई आपके मन की हीराबाई! परसों हम एग्रीमेंट पर दस्तखत कराने जाएँगे।...कहानी सुनकर उनकी आँखें छलछला आईं।"

मैंने धीरे से पूछा था, "और हीरामन?"

शैलेन्द्र जी कोई जवाब देने के बदले मुस्कुराने लगे थे। बासु भट्टाचार्य को उन दिनों लोग 'आग निगलनेवाला' मानते थे। उसने कहा था, "शैलेन्द्र! तुम फिर सोचो...आमार एक्केबार आसल हीरामन चाय।..."

बासु के जाने के बाद मैंने पूछा था, "आप क्या राज कपूर साहब को लेने की बात सोच रहे हैं?...लेकिन, लेकिन...!"

तब तक मुझे 'जागते रहो' के राज कपूर की याद आ गई थी। मैंने कहा था, "राज साहब तो कर सकते हैं, लेकिन, करेंगे क्या? माने हीरामन की आत्मा में पैठ सकेंगे? सुना है अपनी तस्वीर के सिवा...!"

शैलेन्द्र ने कहा था, "आप अगर यह मानते हैं कि वे कर सकते हैं, तो समझ लीजिए 'करेंगे'।...आपने सुना है, देखा तो नहीं?"

फिर शैलेन्द्र राज कपूर के पास 'तीसरी कसम' की कहानी सुनाने पहुँचे। कहानी सुनकर राज कपूर बेहद प्रभावित हुए और सहर्ष इसमें काम करना स्वीकार कर लिया। फिर वे गम्भीरतापूर्वक बोले–"मेरा पारिश्रमिक एडवांस देना होगा।" शैलेन्द्र ऐसा सुनते ही मायूस हो गए। उन्हें राज कपूर से ऐसी अपेक्षा नहीं थी। शैलेन्द्र

के बुझे हुए चेहरे को देखते हुए तब राज कपूर ने कहा, "निकालो एक रुपया, मेरा पारिश्रमिक! पूरा एडवांस।"

फिर राज कपूर ने उन्हें समझाया कि फिल्म-निर्माण के चक्कर में तुम मत पड़ो। यह काम तुम्हें सूट नहीं करेगा। तुम कवि हो, कलाकार हो। लेकिन वे नहीं माने। राज कपूर ने दोस्त के नाते व्यापारिक सफलता के लिए कुछ गुर भी बताने चाहे, लेकिन शैलेन्द्र ने दृढ़ता से कहा, "यह मेरी फिल्म है, जैसा मैं चाहूँगा, वैसा ही बनेगी।" संवेदनशील कवि के लिए फिल्म-निर्माण के क्षेत्र में कदम रखना कितना घातक हो सकता था। वे शैलेन्द्र के भविष्य को लेकर आशंकित थे। तात्पर्य यह कि एक सच्चे शुभचिन्तक की तरह राज कपूर ने शैलेन्द्र को आगाह किया था और उन्हें मुसीबतों से बचाने के लिए ही समझाया था, किन्तु शैलेन्द्र अपनी जिद के पक्के थे—'तीसरी कसम' बनाने के लिए मर-मिटने को तैयार। राज कपूर ने उनके बोझ को हलका करने के लिए बगैर पारिश्रमिक इस फिल्म में काम किया। साथ ही आर.के. स्टूडियो से जुड़े अनेक कलाकारों ने भी शैलेन्द्र से पारिश्रमिक के तौर पर नहीं के बराबर ही लिया। शंकर-जयकिशन, मुकेश, हसरत आदि तो उनके राज कपूर की तरह ही अन्तरंग मित्र थे। बासु भट्टाचार्य, नवेन्दु घोष, बासु चटर्जी, बाबूराम इशारा आदि बिमल राय प्रोडक्शन से जुड़े लोग थे, जिनके साथ शैलेन्द्र का प्रायः उठना-बैठना होता था और इन सभी के साथ मिलकर ही शैलेन्द्र ने 'तीसरी कसम' के निर्माण का निर्णय लिया था। इनमें से कोई पैसे के लिए फिल्म से नहीं जुड़ा था। यहाँ तक कि वहीदा रहमान भी शैलेन्द्र से आत्मीय सम्बन्ध के कारण, बहुत कम पैसों में काम करने को तैयार हो गई थीं। ये सभी लोग एक महान कहानी पर एक ऐसी फिल्म का निर्माण करना चाहते थे, जो हिन्दी सिनेमा के इतिहास में एक अमर कलाकृति के रूप में सदियों तक अविस्मरणीय रहे। इस टीम के केन्द्र में थे शैलेन्द्र।

6

लेकिन इस फिल्म के निर्माण में जो परेशानियाँ शुरू हुईं तो अन्त तक बनी रहीं। इसमें पहला व्यवधान यह आया कि वहीदा रहमान ने इस फिल्म में काम करने से मना कर दिया। फिर इसकी 'नायिका' के लिए नए चेहरे की तलाश में यह टीम निकली, लेकिन असफलता ही हाथ लगी। फिर तय किया गया कि नूतन को 'नायिका' के तौर पर लिया जाए। लेकिन फिर बात नहीं बनी। पुनः वहीदा रहमान बेहद आग्रह-अनुग्रह पर तैयार हुईं, किन्तु उनकी अपनी शर्तें थीं। शैलेन्द्र ने तय किया कि फिल्म का मुहूर्त रेणु के अंचल में किया जाए। पूरी टीम पूर्णिया आई और 14 जनवरी, 1961 को इसका शुभारम्भ हुआ। रेणु ने बैलगाड़ियों की दौड़ प्रतियोगिता करवाई, जिसकी शूटिंग हुई। पूर्णिया के विभिन्न क्षेत्रों एवं दृश्यावलियों का भी

फिल्मांकन किया गया। 'तीसरी कसम' के कैमरामैन सुब्रत मित्र सत्यजित राय के पसन्दीदा कैमरामैन थे। पूर्णिया की शूटिंग एवं सुब्रत मित्र के विषय में रेणु के शब्द देखिए–"एक बात कह दूँ, मैं सुब्रत बाबू के कैमरे को सुब्रत बाबू की देह से भिन्न नहीं, उसका सजीव अंग मानता हूँ। मेरे दिल में इस व्यक्ति (कैमरा सहित) के लिए असीम श्रद्धा है। मुझे याद है, आज से तीन वर्ष पहले (1961 ई. में) जब आउट डोर के लिए 'लोकेशन' देखने और गुलाबबाग मेले की शूटिंग के लिए 'तीसरी कसम' की यूनिट पूर्णिया गई थी।...'पथेर पाँचाली', 'जलसाघर', 'अपराजितो', 'अपूर संसार' को सेल्यूलाइड पर अंकित करनेवाले व्यक्ति (और मशीन) को निकट से देखने का सुअवसर मिला था। हम करीब एक सप्ताह साथ रहे थे। वे मेरे गाँव, मेरे घर में कई दिन ठहरे ही नहीं थे, मेरी हवेली के अन्दर (कथांचल के लोगों के चलने-फिरने, बोलने-बतियाने के ढंग को चित्रबद्ध करने के लिए!) परिवार की महिलाओं का 'चलचित्र' लिया था।...तीन दर्जन बैलगाड़ियों की दौड़...आम के बाग की ढलती हुई छाया...सिन्दूरी-साँझ की पृष्ठभूमि में उड़ते हुए बगुलों की पाँतियाँ...इन सारे दृश्यों को 'ग्रहण' करते समय सुब्रत बाबू के चेहरे पर एक अद्भुत चमक खेल आती थी।..." 'तीसरी कसम' को यथार्थव्यंजक एवं प्रभावशाली बनाने में सुब्रत मित्र एवं उनके कैमरे की महत्त्वपूर्ण भूमिका थी।

रेणु और शैलेन्द्र के ये अच्छे दिन थे। रेणु नियमित कहानियाँ, उपन्यास और रिपोर्ताज लिख रहे थे। शैलेन्द्र फिल्मों के लिए एक-से-एक बेहतरीन गीत लिख रहे थे। वे बार-बार मुस्कराते हुए एक दूसरे को देखा करते थे। 'तीसरी कसम' में एक कव्वाली है, जिसकी पंक्तियाँ वे जब साथ होते तो साथ गाते और न होते तो अपने पत्रों में उसका उल्लेख करते। रेणु ने 'तीसरी कसम' की शूटिंग को लेकर एक रचना लिखी है, जिसमें इस प्रसंग को इस प्रकार रखा है–

"एक-डेढ़ घंटे के घनघोर-रिहर्सल के बाद पहली पंक्ति और नाच के पहले टुकड़े की 'टेकिंग' के लिए क्षणिक विश्राम दिया गया : 'लाइट्स ऑफ!'

तब, हम दोनों भाइयों (कथाकार और गीतकार) ने मिलकर नौटंकी का एक गीत गुनगुनाना शुरू किया :

अरे तेरी बाँकी अदा पर मैं खुद हूँ फिदा,
तेरी चाहत का दिलबर बयाँ क्या करूँ?
यही ख्वाहिश है कि तू मुझको देखा करे–
और दिलोजान मैं तुझको देखा करूँ।...

...पिछले तीन वर्षों से हम दोनों किसी बात पर जब एक साथ अति-प्रसन्न होते हैं, तो नौटंकी की इन्हीं पंक्तियों को इसी तरह गाते हैं और एक-दूसरे को कई मिनट दिलोजान से देखते रहते हैं, फिर हँसते-हँसते लोट-पोट हो जाते हैं। हाँ, हम सैकड़ों योजन दूर बैठकर अपनी चिट्ठियों में भी इस गीत को गाते हैं।"

7

जब 'तीसरी कसम' की शूटिंग समाप्त हुई तब तक पूरी टीम बिखर चुकी थी। शैलेन्द्र के पास बचे थे राज कपूर और सुब्रत मित्र। वे राज कपूर के साथ मिलकर आर.के. स्टूडियो में फिल्म का सम्पादन कर रहे थे। 1961 ई. से 1965 ई. तक, यानी पाँच वर्षों तक रुक-रुककर या कभी लम्बे अन्तराल के बाद हुए शूटिंग के टुकड़ों को मिलाना-जोड़ना, बेहद श्रमसाध्य एवं पेचीदा मामला था। 'तीसरी कसम' के तीनों डायरेक्टर शैलेन्द्र का साथ छोड़कर अपने कामों में व्यस्त हो चुके थे। किन्तु शैलेन्द्र के लिए 'तीसरी कसम' को पूरा करना जीने-मरने का सवाल था। वे 'तीसरी कसम' और रेणु के रंग में डूबे हुए थे। ऐसी स्थिति में अकेले जूझते हुए उस समय की मशहूर सिने पत्रिका 'माधुरी' के सम्पादक अरविन्द कुमार ने उन्हें देखा था। वे कभी-कभी शैलेन्द्र के साथ ही आर.के. स्टूडियो चले जाते थे और कभी-कभार शैलेन्द्र की मदद भी कर देते थे। इस तरह 'तीसरी कसम' को एक स्वरूप मिला। शैलेन्द्र ने इससे उत्साहित होकर 18 फरवरी, 1966 को रेणु को एक पत्र लिखा। रेणु उस समय गाँव पर थे। उन्होंने अपने गाँव औराही-हिंगना से शैलेन्द्र को इसका उत्तर लिखा, जो इस प्रकार है :

तीसरी कसम जिन्दाबाद!
Village & P.O. Aurahi&hingna
Via - Forbesganj
Dist. - Purnea (Bihar)
24.2.66

भाई जान, भाई जान
मेरी जान, मेरी जान!

आपका 18 फरवरी का पत्र मुझे कल मिला। घर भर में, गाँव भर में, इलाके भर में आनन्द-उत्साह की एक नई लहर दौड़ गई है। हर आदमी अपनी आँख से पत्र पढ़ लेना चाहता है।...आपने लिखा है–'जादूगर सुब्रत जिन्दाबाद!' मैं कहता हूँ–कविराज शैलेन्द्र जिन्दाबाद! जिन्दाबाद!!''

मेरा प्रोग्राम? अब तक कोई प्रोग्राम ही नहीं था। अब, होली के बाद पटना। पटने में एक सप्ताह रहकर बम्बई के लिए प्रस्थान!

अचरज की बात! मुझे यहाँ एक ज्योतिषी ने 15 फरवरी, 66 को महत्त्वपूर्ण बताते हुए कहा कि इसी तारीख को किसी महत्त्वाकांक्षा की पूर्ति होने की सम्भावना है। फिल्म के सम्बन्ध में मैंने उसे कुछ नहीं बतलाया था। किन्तु, उसने कहा–चूँकि कार्यारम्भ 'तिल सन्क्रान्ति' के दिन हुआ था, इसलिए काम तिल-तिलकर हो रहा है। किन्तु, श्रेष्ठ हो रहा है।

इधर, मैं एक अनुष्ठान में लगा हुआ हूँ। (मैं यह सब ढोंग करता हूँ और इन पर पूर्ण आस्था रखता हूँ।) पन्द्रह दिन और रह गए हैं। यह पत्र मैं आपको 'आसन' पर

बैठकर ही लिख रहा हूँ। पन्द्रह दिन हो गए–एक शब्द मुँह से नहीं निकला है। मैं सुन रहा हूँ, इस 'अन्ध-कोठरी' में बैठकर–सभी 'तीसरी कसम जिन्दाबाद' कर रहे हैं।

एक उपन्यास (180 पृष्ठों का) लिखकर समाप्त किया है। दूसरे में हाथ लगाया है।...'माया' विशेषांक (भारत-1966) में एक कहानी प्रकाशित हुई है–'आत्म-साक्षी'। आपको अच्छी लगेगी। आप पढ़कर देखिएगा।...'तीसरी कसम' रिलीज होने के बाद तुरत–'तीसरी कसम खाने की बेला' शीर्षक संस्मरण-पुस्तक ('अणिमा' के नए अंक में श्रीमती अमृता प्रीतम ने 'तीसरी कसम' शीर्षक एक कहानी प्रकाशित करवाई है, जिसमें नई कविता की एक पंक्ति है–"आओ हम सब तीसरी कसम खाएँ।...यह तीसरी कसम खाने की बेला है।") आ जाएगी। लिख रहा हूँ–लिखता जा रहा हूँ। जब-जब जिसकी सूरत उभरकर सामने आई–जब-जब बम्बई की याद आई–लिखता गया हूँ।

स्वास्थ्य दुरुस्त है। चाहता तो हूँ कि जब मिलूँ आपसे–लाल-लाल गाल मैं आपका देखूँ और आप मेरा।...मुझे ख्वाहिश है कि तू मुझको देखा करे और दिलोजान मैं तुमको देखा करूँ।

खबर है–लतिका ने मुझे निकाल दिया है–झूठा-बेईमान कहकर।...एम.ए. की परीक्षा की जोरदार तैयारी में लगी हुई है और मैं यहाँ ढोंग धरकर घर में बैठा हूँ। हो-हल्ला है यहाँ।

प्लीज-प्ली...रुपए शीघ्र भेजिए, भाई साहब! बहुत 'दुर्गति' भोग रहा हूँ। और कितना भेजिएगा? 500/ तो मैं कर्ज खाकर बैठा हूँ। रुपए TMO से ही भेजिएगा। और Telegram office है Forbesganj। P.O. Simraha Rly St. लिखने से पत्र मिल तो जाता है, लेकिन अपना P.O. अपना गाँव ही है (औराही हिंगना)–By the way - Simraha Rly. St. की बात आपको कैसे याद आई? मैंने तो लिखा नहीं था?

छोटे-बड़े, सभी को सश्रद्ध प्रणाम। पत्र दें–निश्चय।

भाई ही

–रेणु

8

रेणु पर पाँच सौ रुपए का कर्ज था और वे 'दुर्गति' भोग रहे थे। उधर शैलेन्द्र भी खस्ताहाल थे। उन पर कर्ज का पहाड़ चढ़ गया था। जो फिल्म ढाई-तीन लाख में पूरी करनी थी और समय लगना था पाँच-छह महीने, उसे बनते-बनते पाँच साल से ऊपर हो गए और खर्च बाईस लाख से ऊपर। जो रेणु शैलेन्द्र के लिए हृदय की स्पन्दन की तरह थे, उनको भी कुछ नहीं दे पा रहे थे। अजीब बेबसी का आलम था। उन्हें भरोसा था तो एक ही कि 'तीसरी कसम' रिलीज होगी और वे तमाम कर्ज से मुक्त हो जाएँगे। देखते-ही-देखते उनकी पूरी टीम बिखर चुकी थी। वे अकेले

फिल्म को अंजाम तक पहुँचा रहे थे। ऐसे में भी उनका कलाकार-मन मरा नहीं था। वे सोचते थे कि कहीं मूल कहानी की आत्मा को ठेस न लगे। इसलिए रेणु को पत्र लिखकर बुला रहे थे और रेणु थे कि पैसे के अभाव में दुर्गति भोग रहे थे। फिर वे बीमार पड़ गए। उन्होंने शैलेन्द्र को लिखा–"मैं बहुत बीमार हूँ। वजन दस पाउंड घट गया है। शाम को बुखार रहता है। खाँसी है। एक्सरे रिपोर्ट अच्छा नहीं। दवा चल रही है–सूइयाँ पड़ रही हैं। अच्छा हो जाऊँगा...मुझे देखकर पहचान नहीं सकिएगा, अब। मैं तो चाहता हूँ कि फिर 'गुलफ़ाम' (अर्थात्, जब हम पहली बार मिले थे!) होकर ही आपसे मिलूँ। इसलिए, दिन-रात एक कर जाती हुई तन्दुरुस्ती को वापस लाने में लगा हूँ। पीना एकदम छोड़ दिया है। और अब पीने का जी भी नहीं करता। अब ठाकुर श्रीरामकृष्ण के ऊपर है, सब कुछ। क्योंकि बिला कसूर वे अपने प्यारे गुलफ़ाम को क्यों मारेंगे? (...प्यारे गुलफ़ाम! आफरी-सदआफरी!!)"

रेणु आस्थावान प्राणी थे। दुखों, मुश्किलों, परेशानियों में वे अपने को रामकृष्ण को सौंपकर तनाव-मुक्त हो जाते थे, किन्तु शैलेन्द्र के साथ ऐसा नहीं था। वे ऐसी स्थिति में बेहद तनावग्रस्त हो जाते थे। अस्वस्थ होने पर रेणु 'पीना' छोड़ देते थे, किन्तु शैलेन्द्र का पीना बढ़ जाता था। इस तरह अपने कमजोर स्वास्थ्य के बावजूद रेणु तो जीवित रहे, किन्तु शैलेन्द्र का स्वास्थ्य बिगड़ता ही चला गया। शैलेन्द्र की असामायिक मृत्यु का एक कारण और था, और वह यह कि रेणु की तरह ही वे अत्यन्त भावुक थे। उनमें करुणा की एक अजस्रधारा बहती रहती थी। कोई भी मार्मिक प्रसंग हो, रेणु की तरह शैलेन्द्र की आँखें भी डबडबा जाती थीं। इसे निम्न प्रसंग से, जिसे रेणु ने लिखा है, महसूस किया जा सकता है :

'तीसरी कसम' की शूटिंग के दिनों शैलेन्द्र जी मुझसे 'महुआ घटवारिन' की 'ऑरिजिनल' गीत-कथा सुनना चाहते थे ताकि उसके आधार पर गीत लिख सकें। एक दिन हम 'पबई लेक' के किनारे एक पेड़ के नीचे जाकर बैठे। 'महुआ घटवारिन' का गीत मुझे पूरा याद नहीं था। इसलिए मैंने एक छोटी-सी भूमिका के साथ 'सावन-भादों' का गीत अपनी भोंड़ी और मोटी आवाज में भरे गले से सुना दिया। गीत शुरू होते ही शैलेन्द्र की बड़ी-बड़ी आँखें छलछला आईं और गीत समाप्त होते-होते वे फूट-फूटकर रोने लगे। गीत गाते समय ही मेरे मन के बाँध में दरारें पड़ चुकी थीं। शैलेन्द्र के आँसुओं ने उसे एकदम तोड़ दिया। हम दोनों गले लगकर रोने लगे। 'ननुआँ' (शैलेन्द्र का ड्राइवर) टिफिन कैरियर में घर से हमारा दोपहर का भोजन लेकर लौट चुका था। हम दोनों को इस अवस्था में देखकर वह चुपचाप एक पेड़ के पास ठिठककर बहुत देर तक खड़ा रहा...।

घटना के कई दिन बाद, शैलेन्द्र के 'रिमझिम' में पहुँचा। वे तपाक से बोले–चलिए, उस कमरे में चलें। आपको एक चीज सुनाऊँ। हम उनके शीतताप-नियंत्रित

कमरे में गए। उन्होंने मशीन पर 'टेप' लगाया। बोले–आज ही 'टेक' हुआ है। मैंने पूछा–तीसरी कसम? बोले–नहीं भाई! 'तीसरी कसम' का टेक होता हो आपको नहीं ले जाता?...यह 'बन्दिनी' का है...पहले, सुनिए तो!...रेकॉर्ड शुरू हुआ–"अब के बरस भेज भैया को बाबुल, सावन में लाजो बुलाय रे...अमुआँ तले फिर से झूले पड़ेंगे...कसके रे जियरा छलके नयनवाँ...बैरन जवानी ने छीने खिलौने...बाबुलजी मैं तेरे नाजों की पाली...बीते रे जुग कोई चिठियो ना पाती, ना कोई नैहर से आए रे-ए–ए।" कमरे में 'पवई-लेक' के किनारेवाले दृश्य से भी मर्मान्तक दृश्य उपस्थित हो गया। हम दोनों हिचकियाँ ले-लेकर रो रहे थे–आँसू से तर-बतर।...शैली ने (तब बाँटू, यानी हेमन्त!) किसी काम से अथवा गीत सुनने के लिए कमरे का दरवाजा खोला और हमारी अवस्था देखकर पहले कई क्षणों तक अवाक् रहा। फिर कमरे से चुपचाप बाहर चला गया...कमरे में बार-बार रेकार्ड बजता रहा और न जाने कब तक बजता रहता, यदि शकुनजी आकर मशीन बन्द नहीं कर देतीं।

9

ऐसे भावुक और संवेदनशील गीतकार-कथाकार यानी शैलेन्द्र-रेणु की जोड़ी थी, जो 'तीसरी कसम' के नायक हीरामन की तरह ही भोला-भाला, दुनियादारी के उलट-पेंच से दूर, दूषित और नापाक में भी पवित्रता की खुशबू पानेवाली, दुर्लभ व्यक्तित्व रखनेवाली अविस्मरणीय जोड़ी थी।

शैलेन्द्र रेणु के बगैर 'तीसरी कसम' को 'फाइनल टच' कैसे दे सकते थे? किन्तु, उनके पास रेणु को बुलाने, ठहराने, खिलाने-पिलाने के भी पैसे नहीं थे। सिर से पाँव तक वे कर्ज से डूबे हुए थे। लेनदारों का तगादा बराबर हो रहा था। यहाँ तक कि रेणु जो 'तीसरी कसम' के निर्माण के चक्कर में आकाशवाणी, पटना की लगी-लगाई नौकरी छोड़ चुके थे, आर्थिक तंगहाली से जूझ रहे थे, उनका देय भी नहीं दे पा रहे थे। फिर भी उन्होंने रेणु को बुलाया। रेणु आए और शैलेन्द्र की हालत देख अपने मित्र दीनानाथ शास्त्री के घर ठहर गए जो उस समय जुहू चर्च में रहते थे। वहाँ से उन्होंने अपने गाँव के बालगोविन्द विश्वास को एक पत्र में लिखा : मैं 17.6.66 को बम्बई पहुँचा हूँ। दिन में 12.30 बजे उतरा और दो बजे से काम पर दाखिल हुआ सो डटा हुआ हूँ। यों, Censor से पास होकर आ गई है तस्वीर। किन्तु, Editing और Dubbing का सिलसिला लगा हुआ है ताकि तस्वीर में सामान्य त्रुटि भी न रह जाए। सुबह आठ बजे तैयार होकर निकलता हूँ तो रात बारह बजे; कभी-कभी एक बजे वापस आता हूँ। थक जाता हूँ लेकिन नींद नहीं आती। एक-एक दृश्य दिमाग में नाचते रहते हैं। मैंने आकर पूरे तीन-तीन दृश्यों की Dubbing फिर से करवाई है। यानी संवादों को फिर से कहलवाया है। यों, 14 जुलाई तस्वीर रिलीज होने की

Deadline है, किन्तु व्यावसायिक पहलू को ध्यान में रखकर थोड़ी देर भी की जा सकती है। मसलन, जब तक Guide न उतर जाए, इसको नहीं Release करें। मगर, तस्वीर मुकम्मिल हो गई और भगवान की दया से ऐसी बनी है कि वर्षों तक लोग इसे याद रखेंगे। अपने मुँह अपनी तारीफ नहीं–कोई भी व्यक्ति यही कहेगा। 'सजनवाँ बैरी हो गए हमार' तो ऐसा बन गया है कि पुराने 'देवदास' के 'बालम आय बसो मेरे मन में' की तरह युगों तक गाया जाएगा। मैं ही नहीं, कई लोग ऐसे है जो इस गीत को सुनकर आँसू मुश्किल से रोक पाते हैं।

उसी समय उन्होंने अपने चचेरे भाई नगेन्द्र को पत्र में लिखा : "...हाँ, सुब्रत ने मेरे एक अनुरोध का अक्षरशः पालन किया है। संत्राद लिखते वक्त पांडुलिपि में मैंने 'लाली लाली डोलिया' वाले दृश्य में लिखा था–"बच्चों के झुंड के साथ, यानी पीछे-पीछे एक कुत्ता (देहाती) हो। और जब झुंड गाता, तालियाँ बजाता हुआ दूर निकल जाए, गाड़ी के पीछे-तब एक नंग-धड़ंग ढाई-तीन साल के बच्चे को सबसे पीछे दौड़ता हुआ दिखाया जाए।" सुब्रत ने हू-ब-हू उस दृश्य को वैसा ही फिल्माया है। लगता है अपना ही कोई बच्चा दौड़ा जा रहा है। 'गाँव की गोरी' के लेखक की हरकतों के कारण फिल्म से पूर्णिया के सभी जगहों के नाम हटा दिए गए हैं। सिमराहा-स्टेशन का साइन-बोर्ड काट दिया गया है। सिर्फ एक जगह 'गढ़बनैली' का नाम रह गया है। गीतों में, दो गीतों ने धूम मचाना शुरू कर दिया है–'सजन रे झूठ मत बोलो' और दूसरा–'सजनवाँ बैरी हो गए हमार।' दूसरे गीत को सुनकर मेरी आँखों से झर-झर आँसू झरने लगते हैं। जितनी बार सुनता हूँ यही हाल होता है। दुख इसी बात का है कि तुम लोग सुन नहीं पा रहे हो। मैं क्या करूँ? चेष्टा हो रही है कि बंगाल, बिहार, उत्तर प्रदेश और दिल्ली में एक साथ रिलीज किया जाए–पन्द्रह दिन देर ही लगे किन्तु हो हर जगह एक साथ। यदि ऐसा हुआ तो अगस्त में पटना अथवा कटिहार में तुम लोग देख सकोगे। यदि पटना रिलीज के समय राज कपूर, शैलेन्द्र पटना आए तो तुमको पत्र दूँगा।

मुझे शुरू से अन्त तक के संवाद की कॉपी तैयार कर देनी पड़ी है। संक्षिप्त कहानी, कथासार तथा प्रमुख दृश्यों का Transcription आलेख तैयार किया है। अभी और न जाने क्या-क्या काम है!"

2 जुलाई, 1966 की रात आर.के. स्टूडियो के शानदार ऑडिटोरियम में एक 'कव्वाली' का विशेष आयोजन था। इसमें शैलेन्द्र रेणु को लेकर पहुँचे थे। कार्यक्रम शुरू होनेवाला था। तभी राज कपूर की आवाज सुनकर रेणु चौंक गए थे। वे कह रहे थे–"अजी, खेला तो पर्दे के अन्दर है। अभी तो लोगों को जमाने के लिए 'जमनिका' दिया जा रहा है।" फिर बात-बात पर–"जा रे जवानी!" "जा रे जमाना!" रेणु को लगा 'तीसरी कसम' का संवाद बोलकर राज कपूर साहब रेणु जैसे देहाती-गँवार का मखौल उड़ा रहे हैं!

किन्तु ऐसा था नहीं। दरअसल राज कपूर हीरामन–मय हो चुके थे। उनकी पत्नी ने बताया कि वे घर में भी आजकल इसी लहजे में बोलते हैं–फेनूगिलासी, डैमफैटकैटलैट, उपलैन...।

वहाँ से लौटते हुए रेणु ने शैलेन्द्र से कहा, "भाई साहब! अपना हीरामन तो सचमुच हीरा आदमी है। सभी 'डायलॉग' तीसरी कसम का ही बोल रहा था।"

10

लेकिन कुछ ही समय बाद 'अपना हीरामन' शो–मैन राज कपूर में बदल गया। वह सोचने लगा कि फिल्म का दुखान्त कहीं उसकी सफलता में बाधक न बन जाए। राज कपूर ने शैलेन्द्र को चौंकाते हुए कहा कि इसके अन्त में नायक–नायिका को मिला दो। और, इस बात के लिए वे अड़ गए। उन्होंने शैलेन्द्र को बेतरह समझाया। पर वे टस–से–मस नहीं हुए। और राज कपूर उनसे नाराज हो गए। यह शैलेन्द्र के लिए बेहद महँगा पड़ा। जो वितरक आर.के. की फिल्मों के थे, राज कपूर के साथ थे, वे भी राज कपूर की हाँ में हाँ मिलाते हुए 'तीसरी कसम' को दुखान्त से सुखान्त बनाने के लिए शैलेन्द्र पर जोर देने लगे।

शैलेन्द्र ने रेणु से कहा, "वे लोग फिल्म का अन्त बदलकर हीरामन–हीराबाई को मिला देना चाहते हैं। यदि मुझे बम्बइया फिल्म ही बनानी होती तो 'तीसरी कसम' जैसे विषय को लेता ही क्यों?"

शैलेन्द्र का रोम–रोम कर्ज में डूबा हुआ था, 'तीसरी कसम' की व्यावसायिक सफलता पर ही उनका आर्थिक भविष्य निर्भर करता था, किन्तु वे उसका अन्त बदलना नहीं चाहते थे। शैलेन्द्र ने रेणु को सारी स्थिति समझा दी। टक्कर राज कपूर जैसे व्यक्ति से थी, जो न केवल फिल्म के हीरो थे, बल्कि उनके मित्र और शुभचिन्तक भी थे। दबाव से तंग आकर आखिर शैलेन्द्र ने कह दिया कि लेखक को मना लीजिए तो वे आपत्ति नहीं करेंगे।

इस सन्दर्भ में शैलेन्द्र के साथ राज कपूर एवं उनके वितरकों की अन्तिम बैठक हुई। रेणु बाहर थे। शैलेन्द्र ने रेणु को बुलवाया। कमरे में अच्छा–खासा जमघट था। उन्हें देखते ही शैलेन्द्र बोले, "रेणुजी, ये लोग कहानी का अन्त बदलना चाहते हैं। मैंने साफ–साफ कह दिया है, मैं अन्त नहीं बदलना चाहता। यदि रेणुजी तैयार हो जाएँगे, तो ठीक है।"...रेणु शैलेन्द्र के चेहरे को देखते रहे। इतना चुक जाने पर भी इस कहानी पर कितना विश्वास था और कितना लगाव! रेणु चुपचाप खड़े थे कि शैलेन्द्र ने लोगों को सम्बोधित कर कहा, "इस कहानी के लेखक आ गए हैं। अगर आप इन्हें यकीन दिला सकें..." और रेणु की ओर एक दृष्टि फेंककर चुपचाप बाहर चले गए। रेणु थोड़ी देर तक शान्त खड़े रहे, तब किसी ने उन्हें बैठने के लिए कहा।

वे बैठ गए किन्तु उन्हें लगा कि किसी दलदल में फँस गए हों और धीरे-धीरे भीतर धँसते ही जा रहे हों। फिर भाषण शुरू हुआ। उपन्यास क्या है? साहित्य क्या है? फिल्म क्या है? पाठक क्या है? खर्च क्या है और फिल्म-निर्माण क्या है? उसका आर्थिक-पक्ष क्या है? ऐसे विचार-प्रवर्तक भाषण शायद पूना फिल्म इंस्टीट्यट में भी नहीं होते होंगे। फिर शैलेन्द्र पर चढ़े कर्जे और उसे उतारने की दुहाई दी गई।

रेणु को वह कमरा अदालत जैसा लग रहा था। तभी किसी ने कहा, "आप कहानी का अन्त बदल नहीं सकते?" रेणु उसके चेहरे को चुपचाप देखते रहे। फिर उनमें एक व्यक्ति ने कहा, "लेखकजी, बुरा न मानें, तो एक बात कहूँ...आप साहित्यकारों के साथ यही दिक्कत है, आप लोग 'एडजेस्ट' नहीं करते।" रेणु मन ही मन सोच रहे थे, हम लेखक लोग जीवन में कितना 'एडजेस्ट' करते हैं, ये पैसेवाले क्या जाने, तभी किसी ने कहा, "हम लोगों ने कहानी का नया 'एंड' सोचा है। कहें तो सुनाऊँ?" रेणु के मुँह से अनायास निकल गया, "सुनाइए!"

"हाँ साहब, वह जो अपना बैलगाड़ी वाला है...क्या तो नाम है...हीरामन...हाँ-हाँ, वही हीरामन! देखिए, क्या कमाल का 'एंड' जमाया है। आप वाह कर उठेंगे।"

रेणु ने सभी चेहरों को देखा। वे सभी सन्तुष्ट और प्रसन्न थे।

"तो साहब, हीरामन प्लेटफारम पर आता है...बाकी बातें ठीक हैं...आपने अच्छा लिखा है...पर मेरे को कहना है बिदाई का टेंस सीन...कभी हीराबाई का क्लोजअप...कभी हीरामन का क्लोजअप...चेहरे पर कभी एक एम्प्रेशन कभी दूसरा...बाकी डायलॉग ठीक है...तभी हीरामन की आँखें गीली हो जाती हैं...वह चेहरा घुमा लेता है...क्लोजअप ऑफ हीरामन...आँसू से भीगा एक दुखी चेहरा...यहाँ राज साहब कमाल कर देंगे...मेरा दावा है, उनके चेहरे को देखकर पब्लिक की आँखें भीग जाएँगी...कट टू इंजन का ऊपरी हिस्सा—धुआँ...जैसे जिन्दगी अब धुएँ के सिवा कुछ नहीं—जैसे हीराबाई भी एक धुआँ-सी आई और हवा में उड़ गई...लेखक साहब, आप खुद सोचिए, ढेर सारे माने निकलेंगे...कट, इंजन के भीतर के ड्राइवर का सिर्फ हाथ...सीटी वाली रस्सी पर...कट—इंजन का ऊपरी हिस्सा—जोर की सीटी...कट—हीरामन पीठ फेरे खड़ा है...कट—हीराबाई देख रही है...गाड़ी धीरे-धीरे सरक रही है...हीरामन पीठ फेरे खड़ा है...हीराबाई हीरामन के चेहरे को आखिरी बार देखना चाहती है...अपने-आपमें घुटती है...गाड़ी सरकती जा रही है...कट—इंजन का ऊपरी हिस्सा...फिर जोर की सीटी...कट—रस्सी पर ड्राइवर का हाथ...धीरे-धीरे वह हाथ एक लड़की के हाथ में बदल जाता है—चेन पर।...कट—वही हाथ हीरामन के कन्धे पर...हीरामन घूमकर देखता है...सामने हीराबाई खड़ी है...दोनों की आँखें गीली हैं...दोनों एक-दूसरे से लिपट जाते हैं...गाड़ी चली जा रही है...दोनों लिपटे हुए हैं। यह शॉट क्रेन से लिया जाए, तो मजा आ जाएगा...दोनों लिपटे खड़े हैं...दूर, बहुत दूर तक जाती हुई गाड़ी...अनन्त में खो जाती है...कहिए, 'जमता' है न?"

रेणु उस सज्जन को देखते हैं। वे पसीने-पसीने हो गए हैं। कहानी सुनाने की कला पर रेणु मुग्ध हैं। वे सोचते हैं—शायद बम्बई में इसी तरह कहानी बेची जाती है।

फिर उस कथा-वाचक सज्जन ने पूछा, ''जमता है न?''

रेणु ने कहा, ''नहीं!''

और जज की तरह उठकर वे कमरे से बाहर आ गए। बाहर शैलेन्द्र परेशान—से इधर से उधर टहल रहे थे। रेणु को देखते ही एकदम निकट आ गए, ''क्या फैसला किया?'' ''वही जो आपने किया था।'' शैलेन्द्र ने रेणु को बाँहों में भर लिया और सुबकने लगे।

11

हिन्दी की अनेक कथाकृतियों पर फिल्में बनी हैं, लेकिन ऐसा यानी शैलेन्द्र जैसा निर्माता जो रेणु को मिला, वह दुर्लभ है। रेणु यह स्पष्ट तौर पर स्वीकार करते थे: अगर शैलेन्द्र का निधन न होता और यह फिल्म ठीक से प्रदर्शित हो पाती तो व्यावसायिक दृष्टि से भी सफल होती। लेकिन वह एक साजिश का शिकार हो गई, जिसमें अपने-बेगाने जाने किन-किन का हाथ था और इसकी वजह यह थी कि उन्हें भय था कि 'तीसरी कसम' अगर सफल हो गई तो बम्बइया फॉर्मूले पर वह बहुत बड़ा आघात होगा।

कल्पना कीजिए कि शैलेन्द्र झुक जाते और 'तीसरी कसम' के अन्त में हीरामन तथा हीराबाई को मिला दिया जाता तो क्या होता? सबसे पहले मूल कहानी की आत्मा ही मर जाती। इसमें तीसरी कसम की सार्थकता भी समाप्त हो जाती। फिल्म को व्यावसायिक सफलता मिलती या न मिलती, कहा नहीं जा सकता, किन्तु यह निश्चय तौर पर कहा जा सकता है कि इसके निर्माण के लिए शैलेन्द्र ने जो साधना की थी, वह निरर्थक हो जाती। शैलेन्द्र कवि थे, गीतकार थे और अपने लिखे हुए में एक भी वाक्य बदलना उन्हें गँवारा न था, फिर जिस कहानी की आत्मा को अपने अन्दर रचाए-बसाए थे, उसमें थोड़ा भी हेर-फेर उनके दिल को ठेस पहुँचानेवाली थी।

बम्बई में रेणु का काम खत्म हो चुका था। उनके पास लौटने के लिए टिकट के भी पैसे नहीं थे। उन्होंने 'जलवा' नामक एक कहानी लिखी तथा 'तीसरी कसम' पर एक संस्मरण और उसे 'धर्मयुग' में दे आए। धर्मवीर भारती ने उसे तुरत छापा और बम्बई के लेखकों ने उस पर गोष्ठी की। रेणु को पारिश्रमिक मिली और वे किसी तरह पटना लौटे।

रेणु बम्बई में थे तो शैलेन्द्र को उनका संग-साथ अच्छा लग रहा था, उन्हें टूटने से बचाए हुए था। अब वे अकेले हो गए—उदास और गुमसुम। लोगों से मिलना-

जुलना बेहद कम हो गया। 'तीसरी कसम' से जुड़े अनेक लोग अपने पारिश्रमिक के लिए उनसे तगादा करते रहते। उनमें एक व्यक्ति थे असित सेन, जिनका कोई तगादा नहीं आया। शैलेन्द्र ने एक दिन उन्हें फोन किया, "असित दा! आपको पैसे की जरूरत नहीं?"

असित सेन ने कहा, "क्या बात है? नेकी और पूछ-पूछ।"

तब शैलेन्द्र ने अपनी पीड़ा बताई, "फिल्म खत्म हुए देर नहीं हुई और सभी मुझ पर गिद्ध की तरह टूट पड़े हैं।"

12

इधर फिल्म प्रदर्शित नहीं हो पा रही थी और यह स्थिति थी कि एक लेनदार ने तो उनके खिलाफ अदालत का वारंट निकलवा दिया–उनकी गिरफ्तारी के लिए। शैलेन्द्र जो नियमित फिल्मों के लिए गीत लिख रहे थे, ऐसे में वह भी नहीं कर पा रहे थे। उन्हें फिल्म बनाते वक्त भरोसा था कि राज कपूर और बिमल राय के वितरक उन्हें सहज ही उपलब्ध हो जाएँगे, किन्तु राज कपूर उनसे रूठे थे और उनके वितरक शैलेन्द्र से नाराज हो गए थे। बिमल राय के नहीं रहने से उनके वितरक बिखर गए थे, वहाँ से भी उन्हें निराशा ही हाथ लगी। वे अस्वस्थ रहने लगे। तनाव के कारण पीना बढ़ गया।

वैसी ही मन:स्थिति में उन्होंने 'ज्वेल थीफ' के लिए एक गीत लिखा–रुला के गया सपना मेरा! वह 'सपना क्या था? 'तीसरी कसम' ही तो वह सपना था, जो रुक-रुककर, घिसट-घिसटकर, अनेक झंझट और झमेलों में फँस-फसकर किसी तरह पूरा हुआ था और प्रदर्शित नहीं हो पा रहा था। शैलेन्द्र को जार-जार रुला रहा था। रेणु थे जो उनके आँसू पोंछते, किन्तु वे पटना जा चुके थे। राज कपूर ने अन्तिम दौर तक साथ दिया था, लेकिन अब रूठे हुए थे। शैलेन्द्र के ये 'मीत' थे, 'प्रीत' थे–कैसे मनाऊँ मितवा, गुन मोरे एकहूँ नाँही! इधर-उधर से खबरें उड़ रही थीं–तरह-तरह की अफवाहें! इनसे शैलेन्द्र और भी व्यथित हो रहे थे, उद्विग्न हो रहे थे। कुछ खबरें छनकर रेणु के पास भी पहुँच रही थीं। उन्होंने शैलेन्द्र को लिखा–इधर की खबरों से चिन्तित हूँ। पता नहीं राज साहब किस 'मूड' में हों। लगता है, सब कुछ अपने साथ घटा है।

शैलेन्द्र इतना कुछ झेल रहे थे–पीड़ा, संत्रास! इतना टूट चुके थे और टूट-टूट कर बिखर चुके थे, किन्तु 'तीसरी कसम' से कोई छेड़-छाड़ करें, यह उन्हें बर्दाश्त नहीं था। वे फिल्म के निर्माता थे, निर्देशक नहीं किन्तु यह शत प्रतिशत उनकी फिल्म थी। उनका कवि हृदय पूरी फिल्म में समाया हुआ था। इसीलिए कई लोगों को लगा कि 'तीसरी कसम' सेल्यूलाइड पर अंकित एक कविता है।

रेणु ने एक महत्त्वपूर्ण प्रसंग के विषय में बताया है, जो शैलेन्द्र की मन:स्थिति का द्योतक है–"मुझे याद है 'तीसरी कसम' के होर्डिंग बन रहे थे। निर्माण विभाग का आदमी आकर शैलेन्द्र से कहने लगा–'फणीश्वरनाथ रेणु' तो बहुत लम्बा नाम है, बहुत जगह घेर लेगा। इसे पी.एन. रेणु कर देते हैं। शैलेन्द्र ने उसे डाँटा कि नाम पूरा जाएगा। हाँ, अपने नाम में से शंकर कटवाकर सिर्फ शैलेन्द्र लिखने को कह दिया।"

ऐसा था शैलेन्द्र का व्यक्तित्व! उन्होंने रेणु को लिखा था–सब भाग गए–अपने-पराए, दोस्त-यार! यहाँ तक कि 'तीसरी कसम' को पूरा करने का श्रेय शायद मुझ अकेले को मिले। रोऊँ या खुश होऊँ–कुछ समझ में नहीं आता। पर '**तीसरी कसम**' पर मुझे नाज रहेगा, पछतावा नहीं।

29 सितम्बर को उन्होंने रेणु को फिल्म के रिलीज होने की सूचना दी, पर वह दिल्ली एवं उत्तर प्रदेश के कुछ शहरों में प्रदर्शित हो पाई। उन्होंने लिखा–मुझे अपनी फिल्म का प्रीमियर देखना भी नसीब न हुआ।

और उनकी तबीयत बिगड़ती चली गई। 3 दिसम्बर को दोपहर वे राज कपूर के यहाँ आए और चुपचाप बैठे रहे, मानो अलविदा कहने आए हों। 14 दिसम्बर को राज कपूर जब अपना जन्मदिन मना रहे थे, खबर आई कि शैलेन्द्र नहीं रहे। पूरा फिल्म-जगत् मर्माहत हो उठा।

13

शैलेन्द्र का गुजर जाना रेणु के लिए एक आघात की तरह था। यह असामयिक निधन था। इसको रेणु ने शहादत कहा है। उन्होंने सही लिखा है कि शैलेन्द्र को शराब या कर्ज ने नहीं मारा, बल्कि वह एक 'धर्मयुद्ध' में लड़ता हुआ शहीद हो गया।

शैलेन्द्र की मृत्यु से सबसे ज्यादा मर्माहत रेणु थे। वे एकान्त में उनकी याद में ताउम्र आँसू बहाते रहे। कभी उन्हें लगता, 'तीसरी कसम' के चक्कर में ही उनकी मृत्यु हुई, इसलिए उसके जिम्मेदार वही हैं। 1967 से 1969-ये तीन वर्ष ऐसे हैं, जब रेणु कुछ भी लिख नहीं पाए। जो कथाकार बगैर लिखे जीने की कल्पना तक नहीं कर सकता था, वह कुछ भी लिख नहीं पा रहा था। 1967 के मध्य में राजकमल चौधरी का देहान्त हो गया और फिर ऋत्विक घटक का जो रेणु के अन्तरंग मित्र थे। 1969 ई. के अन्त में रेणु भीषण रूप से बीमार पड़े। मरनासन्न अवस्था में उन्हें पटना मेडिकल अस्पताल में भर्ती कराया गया। वे मरते हुए शैलेन्द्र, राजकमल चौधरी और ऋत्विक घटक को याद करते। इन तीनों की मृत्यु के बाद इनकी छाया रेणु के मन में मँडरा रही थी। स्वस्थ होने के बाद उन्होंने अस्पताल की अपनी मन:स्थिति पर फंतासी में या कहें स्वप्न-चित्रों के सहारे एक कहानी लिखी–'रेखाएँ-वृत्तचक्र' जो

'सारिका' (1970) में छपी थी। कहा जाता है कि इसमें रेणु ने अपने व्यक्तित्व के साथ शैलेन्द्र, राजकमल एवं ऋत्विक घटक के व्यक्तित्व को भी समाहित किया है।

आज न शैलेन्द्र हैं, न रेणु–किन्तु ये सिनेमा एवं साहित्य के ऐसे अविस्मरणीय व्यक्तित्व हैं, जिन्हें सिनेमा एवं साहित्य में एक कालजयी परम्परा एवं स्तम्भ की तरह सदियों तक याद किया जाता रहेगा। शैलेन्द्र के गुजर जाने के बाद जो 'तीसरी कसम' ठीक से प्रदर्शित नहीं होने के कारण बॉक्स ऑफिस पर असफल हो गई थी, वह देश भर में प्रदर्शित हुई एवं अपार जनसमूह ने उसे अपनाया। उसे राष्ट्रपति पुरस्कार के साथ–साथ अनेक पुरस्कार मिले। लेकिन शैलेन्द्र इन सबको देखने के लिए नहीं थे। वे अपनी 'कहानी' एवं अपनी 'निशानी' छोड़कर इस धराधाम से जा चुके थे।

रिपोर्ताजों में रेणु

रिपोर्ताज साहित्य की एक ऐसी विधा है जिसमें घटनाओं, जीवन-स्थितियों या सामाजिक परिवेश का अत्यन्त ही जीवन्त चित्रण होता है, क्योंकि लेखक इनका मात्र दर्शक नहीं होता, अपितु उसकी सहभागिता भी इसमें होती है। रेणु के विभिन्न विषयों पर लिखे गए रिपोर्ताजों में उनका जीवन, उनकी मनःस्थितियाँ एवं परिवेश सबसे अधिक उभरकर आए हैं। वे वर्ण्य-विषय को ज्यादा जीवन्त एवं प्रामाणिक बनाने के लिए अपने को भी एक चरित्र के रूप में प्रस्तुत करते हैं। इस तरह ये रिपोर्ताज उनके जीवन के कई प्रसंगों को उभार कर रख देते हैं, जिससे उनकी जिन्दगी के कई अनछुए पहलू उजागर होते हैं। जगह-जगह दृश्यों को देखकर उनकी भाव-स्थितियों की बदलती हुई तस्वीर भी मिलती है।

ज्ञातव्य है कि रेणु ग्रामीण मन के कथाकार थे। उनका देखना एक किसान के नजरिए से होता था। अपने जीवन के प्रारम्भिक वर्षों में उन्होंने स्वाधीनता संघर्ष के साथ-साथ कई किसान आन्दोलनों में भी भाग लिया था। प्रारम्भ में वे एक समाजवादी विचारधारा के लेखक थे, साथ-ही-साथ समाजवादी पार्टी के एक सक्रिय सदस्य भी। उस समय समाजवादी दल का एक साप्ताहिक पत्र 'जनता' निकला करता था, जिसके सम्पादक श्रीरामवृक्ष बेनीपुरी थे। वे इस पत्र में रिपोर्ताज लिखा करते थे। उन्होंने 'टूटते-बिखरते सपनों की दास्तान' में लिखा है : "अपनी पार्टी की पत्रिका होती थी, उसमें लिखता था। लोग पीठ ठोकते थे। कहते थे—बहुत अच्छा लिख रहा है। मगर जो मिलिटेंट वर्कर थे, वे कहते थे—नहीं, सब कुछ ठीक लिखते हैं, पर्चा भी बढ़िया लिखते हैं। नेता आते हैं तो मानपत्र भी अच्छा लिखते हैं, बाढ़ और अकाल के समय रिपोर्ताज भी बढ़िया लिखते हैं। सब कुछ सही है, मगर एक खामी है। खामी यह कि बाढ़ और अकाल में काम करनेवाले जो लोग जाते हैं, नौजवानों का वह गिरोह जो नाव लेकर गाँव-गाँव पहुँचता है, रोटियाँ बाँटता है, आपने तो उसे आदमी ही रखा। उसे पार्टी का आदमी होना चाहिए था, और अपनी पार्टी का आदमी होना चाहिए था।"

रेणु के लेखक को इस तरह की बन्दिश या राजनीतिक जकड़न पसन्द नहीं थी, इसके कारण उन्होंने पार्टीवादी राजनीति से संन्यास ले लिया। किन्तु, राजनीतिक

कार्यकर्ता के रूप में जो अपार अनुभव उन्हें हुआ, उसी के कारण वे 'मैला आँचल' एवं 'परती : परिकथा' जैसे कालजयी उपन्यास लिख सके। दूसरा कोई लेखक इतने विराट परिदृश्य के उपन्यास नहीं लिख सका, उसका कारण यही है।

रेणु बताते हैं–"मैं 1952 तक सक्रिय राजनीति में था।...अपने क्षेत्र के कई किसान आन्दोलन, काश्त-संघर्ष तथा मिल-मजदूरों की हड़ताल के नारे लगाने और भाषण देने के अलावा पार्टी-पत्रिकाओं में उन संघर्षों के अनुभव पर रिपोर्ताज वगैरह लिखा करता था। बाद में मैंने पार्टी छोड़ दी। सक्रिय राजनीति से अलग होकर भी राजनीति से संन्यास नहीं ले सका।...पूछिए तो राजनीति ने मुझे बहुत दिया। अपने जिले के गाँव-गाँव घूमा, लोगों से मिला, उनके सुख-दुख से परिचित हुआ, चन्दे वसूले। अपनी सक्रियता के कारण साथियों के साथ गाँवों में रात के वक्त भी डेरा डालना पड़ता।...रात में दूर से कभी ढोलक-झाँझ पर नाच-गान की स्वर-लहरी मँडराती आती और मैं अपने साथियों को सोते छोड़ वहाँ चल देता। कहीं 'विदेसिया', कहीं 'जालिम सिंह सिपहिया' और किसी गाँव में 'ननदी भउजिया' के नाच-गान! मैं नाच देखने से ज्यादा नाच देखनेवालों को देखकर अचरज से मुग्ध हो जाता। तब समझा कि हमारे लच्छेदार भाषणों से ज्यादा प्रभाव उस सांस्कृतिक चेतना का होता है, जो उन्हें मुसीबतों में भी गाते रहने के लिए मजबूर किए रहती है। जहाँ तक बोली और भाषा का प्रश्न है, इन्हीं गाँवों में घूमकर भाषा की शक्ति को समझने का मौका मिला।"

रेणु के इस आत्म-व्यक्तव्य से स्पष्ट है कि उनके साहित्य में जीवन की विविधता, विषमता एवं अनेक सामाजिक-सांस्कृतिक छवियों की जो बहुरंगी छटा बिखरी हुई मिलती है, वह उनके अपार जीवनानुभव के कारण ही। वे राजनीतिक एवं सामाजिक कार्यकर्ता होने के साथ-साथ लेखक भी थे। उनके लेखन में, खासकर रिपोर्ताजों में, उनका यह जीवन एवं परिवेश प्रत्यक्ष रूप में प्रकट हुआ है।

'पटना-जलप्रलय' में रेणु ने अपने प्रारम्भिक जीवन के कई प्रसंगों का संस्मरण प्रस्तुत किया है। उदाहरण के तौर पर यह प्रसंग देखें : "1947...मनिहारी के इलाके में गुरु जी (स्व. सतीनाथ भादुड़ी) के साथ गंगा मैया की बाढ़ से पीड़ित क्षेत्र में हम नाव पर जा रहे थे। चारों ओर पानी ही पानी। दूर, एक 'द्वीप' जैसा बालूचर दिखाई पड़ा। हमने कहा–वहाँ चलकर जरा चहलकदमी करके टाँगें सीधी कर लें। भादुड़ी जी कहते हैं–किन्तु, सावधान! ऐसी जगहों पर कदम रखने के पहले यह मत भूलना कि तुमसे पहले ही वहाँ हर तरह के प्राणी शरणार्थी के रूप में मौजूद मिलेंगे।...और सचमुच चींटी-चींटे से लेकर साँप-बिच्छू और लोमड़ी-सियार तक वहाँ पनाह ले रहे थे।...भादुड़ी जी की हिदायत थी–हर नाव पर 'पकाही-घाव' (पानी में पैर की उँगलियाँ सड़ जाती हैं। तलवों में भी घाव हो जाता है।) की दवा, दियासलाई की डिबिया और किरासन तेल रहना चाहिए और

सचमुच हम जहाँ जाते खाने-पीने की चीज से पहले 'पकाही घाव' की दवा और दियासलाई की माँग होती थी।''

1947 में रेणु 27 वर्ष के नौजवान थे और बाढ़-राहत कार्य में लगे हुए थे। वे बांग्ला के कथाकार सतीनाथ भादुड़ी को अपना गुरु मानते थे। उनकी कही बातों को आदर के साथ मानते थे। इतना आत्मीय सम्बन्ध उनका भादुड़ी जी से था। फिर 1949 ई. में महानन्दा नदी की बाढ़ का चित्रण करते हुए वे मालिक और कुत्ते के अटूट प्रेम को दर्शानेवाला एक प्रसंग रखते हैं। रेणु का लगाव कुत्तों से कितना अधिक था, यह कौन नहीं जानता। वे कुत्ता पालते भी थे। उन्होंने अपने कुत्ते 'सिप्पी' के दिवंगत हो जाने के बाद एक मार्मिक संस्मरण पत्र-शैली में लिखा है। उन्होंने शरतचन्द्र के कुत्ते के प्रति प्रेम को लेकर भी एक लेख लिखा है। 'पटना-जलप्रलय' के पहले अध्याय का शीर्षक ही है-'कुत्ते की आवाज'। इसमें एक जगह वे लिखते हैं :

''बिजली ऑफिस के 'वाचमैन साहेब' ने पच्छिम की ओर मुँह करके ब्लॉक नम्बर एक के नीचे जमी दूसरी मंडली के किसी सदस्य से ठेठ मगही में पूछा-'का हो! पनियाँ आ रहलौ है?'

जवाब में एक कुत्ते ने रोना शुरू किया। फिर दूसरे ने सुर में सुर मिलाया। फिर तीसरे ने। करुण आर्तनाद की भयोत्पादक प्रतिध्वनियाँ सुनकर सारी काया सिहर उठी। किन्तु एक साथ करीब एक दर्जन मानवकंठों से गालियों के साथ प्रतिवाद के शब्द निकले-मार स्साले को। अरे चुप...चौप!

कुत्ते चुप हो गए। किन्तु आनेवाले संकट को वे अपने 'सिक्स्थ सेंस' से भाँप चुके थे।''

कुत्तों की छठी इन्द्रिय बहुत सक्रिय रहती है। वे आनेवाले 'संकट' को भाँप जाते हैं और अपनी आवाज में उसके आने की खबर सुनाते हैं। जब बाढ़ आ जाती है तब मृत्यु की लीला प्रारम्भ होती है। सड़क पर पलते आवारा कुत्तों की मौत इससे सबसे अधिक होती है। बाढ़ के साथ-साथ बादल छा जाता है। अब बारिश होनेवाली है। यह उनके मरण की एक और लीला शुरू होनेवाली है। ऐसे वक्त में-''एक कुत्ते ने रोना शुरू किया। किन्तु कल के रुदन से आज का रोना भिन्न है। कल वे आशंका और आतंक को सूँघ रहे थे और आज मौत को बहुत करीब देखकर रो रहे हैं। मुझे फिर टेप-रिकॉर्डर की जरूरत...असल में इस रूदन को जिसने सुना है, वही समझ सकते हैं-ओं-य-य-हूँ-ऊँ-ऊँ-ऊँ-हाँ-हाँ-हाँ-य-ह कृकृ हूँ-ओं-आ-आ...। आज उन्हें डाँटकर कोई चुप नहीं करा रहा। इसलिए वे सम्मिलित सुर में रह-रहकर रो रहे हैं। उनकी करुण पुकार में कोई बाधा नहीं पड़ती।''

रेणु की करुणा इन बेबस-बेसहारा-बेजुबान कुत्तों के प्रति छलकती रहती थी। उनकी पत्नी लतिकाजी इसके पहले अपने चार तल्ले पर स्थित फ्लैट से नीचे

उतरकर इन कुत्तों को खिला आई थीं। वे रेणु को बताती हैं–''ओई बेचारा कुकुदेर...बेचारे कुत्ते! एक ने चायवाले की झोंपड़ी को 'आस्ताना' (बसेरा) किया है। दूसरा–वहाँ ईंटों के ढेर पर है और तीसरा–तीन नम्बर ब्लॉक की एक खाली दुकान के रैक पर बैठा है। रोटी दे आई हूँ और उस चायवाले को देखो। मुझे रोटी खिलाते देखकर दौड़ा आया और लाठी से बेचारे को कोंचने लगा। कहने लगा, मेरा छप्पर नोचकर बर्बाद कर देगा।''

'पटना-जलप्रलय' नामक रिपोर्ताज में रेणु ने जीवन्त रूप में अपने परिवार का चित्रण किया है। यहाँ मूल विषय से विषयान्तर होकर रेणु के जीवन के विषय में कुछ बातें स्मरण कर लेना आवश्यक है। रेणु की दो पत्नियाँ थीं, एक गाँव में रहती थीं-अपने बाल-बच्चों के साथ। दूसरी पत्नी लतिकाजी पटना में राजेन्द्रनगर स्थित गोलम्बर में 2/32 नम्बर के फ्लैट में। लतिकाजी से रेणु को कोई सन्तान नहीं हुई। लतिका जी श्रीरामकृष्ण मिशन स्कूल में पढ़ाती थीं। 1975 ई. में जब सोननदी के पानी से पटना शहर भर गया था, तब इमर्जेंसी के दिन थे और रेणु पेप्टिक अल्सर से पीड़ित थे। इस तरह वे शारीरिक एवं मानसिक दोनों स्तर पर त्रासद अवस्था में जी रहे थे। बचपन से अपने इलाके में प्राकृतिक आपदाओं के समय वे राहत-कार्य में जुट जाते थे, किन्तु अपने जीवन के अन्तिम दिनों में लाचारी एवं बेबसी में जी रहे थे। वे थे, उनकी पत्नी थीं और उनके कुछ साहित्यकार, पत्रकार, छायाकार आदि मित्र जो उनकी खोज-खबर लेने आते रहते थे। रेणु ने अपने दाम्पत्य-जीवन के कई प्रसंग उद्घाटित किए हैं। इसी क्रम में यह प्रसंग दिलचस्प और रेखांकित करने योग्य है :

''ए कि? जल चले गेछे? कले जल नई? बड्ड़ो मुश्किल!'' निष्प्राण 'हैंडपम्प' के हैंडिल को चलाती हुई लतिका जी बोलीं।

''किन्तु, पुनपुन की बाढ़ के समय तो पानी कभी बन्द नहीं हुआ?'' मैंने गम्भीरतापूर्वक कहा।

''अरे दुर तोमार...पुनपुन की बाढ़ की बात! मैं पूछ रही हूँ कि अब क्या होगा?...देखूँ, टोमैटो की माँ के कल में है या वहाँ भी...।'' राजेन्द्रनगर के इलाके में ऊपर के तल्लों में पानी की किल्लत हमेशा ही रहती है। प्रेशर कम रहता है। बहुत दिनों तक कष्ट झेलने के बाद, तीन साल पहले हमने सड़क के किनारे 'अंडर-ग्राउंड मेन लाइन' में डेढ़ सौ फीट 'पाइप' जुड़वाकर हैंडपम्प लगवाया। गाँव के ट्यूबवेल का पानी जब सूख जाता है–हम ऊपर से पानी डालकर उसको पुनर्जीवित करते हैं। यहाँ भी वही करना होगा। घड़े से एक 'मग' पानी लिया, पम्प की थुथनी (नोजल) को ऊपर की ओर करके पानी डाल दिया, फिर हैंडिल चलाने लगा। तब तक लतिकाजी छोटी बाल्टी में पानी लेकर पहुँचीं और मुझ पर बरस पड़ीं–''एक मग पानी बर्बाद कर दिया न! मुन्नी की माँ के घर से पानी ला रही हूँ।''

वह घड़े में पानी डालकर फिर बाहर गईं तो मैंने हैंडपम्प को फिर एक 'मग' पानी पिलाया और हैंडिल चलाने लगा। वह उलटे पाँव दौड़ी आई, "तुम समझते क्यों नहीं? फिर एक मग पानी बर्बाद किया न? जरा बुद्धि से भी तो काम लिया करो! जब 'मेन पाइप' में ही पानी नहीं तो...मिछे-मिछे...बेकार पानी डालकर..."

तब तक पम्प में जान आ गई थी। पम्प की उलटी हुई, थुथनी से पानी का फव्वारा निकला और मैं भीग गया। पुरुषार्थ-भरे स्वर में कहा, "बुद्धि से ही काम लेकर तो अब तक जी रहा हूँ श्रीमती जी। लीजिए, घर में जितने भी बर्तन हैं—पात्र-अपात्र-कुपात्र-सबमें पानी स्टोर कर लीजिए। श्रीकृष्णपुरी की ओर न पानी है, न बिजली। इधर भी जब तक है—है।..."

यह है रेणु के पारिवारिक परिवेश को दर्शाता हुआ एक आत्मीय प्रसंग। ऐसे प्रसंग उनके उपन्यासों एवं कहानियों में नहीं मिलता, किन्तु उनके रिपोर्ताजों में जगह-जगह उनके जीवन की झलकियाँ दिखलाई पड़ती हैं। ये उनके रिपोर्ताजों को प्रामाणिक ही नहीं बनातीं, अपितु इस विधा को लचीला, सरस एवं यथार्थवादी भी बनाती हैं। वे अपने रोजनामचा ही मानो प्रस्तुत कर रहे हों। वे समाज के बाहरी परिदृश्य की हलचलों, घटनाओं एवं अनेक गतिविधियों की रचनात्मक प्रस्तुति के साथ-साथ अपनी मन:स्थिति, घरेलू परिवेश एवं वातावरण की छवियाँ भी आँकते हैं। उपर्युक्त उद्धरण में उनकी पत्नी का संवाद यह स्वयं स्पष्ट कर देता है कि वे बांग्लाभाषी हैं। रेणु को इस बात की जानकारी अलग से देने की आवश्यकता नहीं।

वे एक आस्थावादी मनुष्य थे। किन्तु, उनका मन मानवीय राग एवं करुणा से भरा हुआ था। पटना शहर की सड़कों पर बाढ़ का पानी भरा हुआ है। फुटपाथ पर रहनेवाले बड़े मकानों की छत पर शरण पाए हुए हैं। ऊपर से जोरदार बारिश हो रही है। वे सोचते हैं—'उन लोगों पर अभी क्या बीत रही होगी जो छतों पर, खुले आसमान के नीचे हैं?' फिर वे प्रकृति के इस भयावह एवं मारक दृश्य को देखकर मंत्र जाप करने लगते हैं—" ...अब जो दृश्य उपस्थित हो रहा है, होता जा रहा है, उसे देखने का साहस नहीं बटोर पा रहा हूँ। विश्व-प्रकृति का उन्मत्त नृत्य, अब इस शहर को डुबाकर ही बन्द होगा...ॐ नमस्ते सते सर्वलोकाश्रयाय...त्वमेकं शरण्यं वरेण्यं...भयानां भयं भीषणं भीषणानां...परेषा परंरक्षणंरक्षणानां...तदैकेस्मराम...स्तदेकं जपा...भवाभोधियोत शरण्य ब्रजाम:...!!!"

यहाँ रेणु का मन भय से कम्पित है, इसीलिए वे भवसागर से पार उतारनेवाले की शरण में जाते हैं। फिर उनके मन का रंग बदलता है और मृत्यु की शरण में जाने का वे संकल्प ले लेते हैं। अपनी बदलती हुई मन:स्थिति को वे इस तरह दर्शाते हैं—"संसार-सागर से उबारनेवाले एकमात्र 'पोत' को सुमिरता हुआ, रक्षकों के भी रक्षक की शरण गहता बाहर की ओर देख रहा हूँ। पानी बढ़ता जा रहा है। लेकिन,

अब डर नहीं लग रहा। अब काहे का डर?...दिन में सूअर के बच्चे जिस तरह डूबते-बहते हुए मर रहे थे, उसी तरह मरने को तैयार हूँ। किन्तु, चिचियाऊँगा नहीं उनकी तरह। मृत्यु की वन्दना गाता हुआ मरूँगा...पैंतीस-छत्तीस साल पहले का एक गीत (रवि ठाकुर के प्रसिद्ध गीत का हिन्दी अनुवाद और सुन्दर अनुवाद!)–'कंगन' फिल्म का पुराना गीत गुनगुनाने लगता हूँ। फिर, बाहर की घनघोर वर्षा के ताल पर, जोर से गला खोलकर गाना शुरू कर देता हूँ–मरण रे-ए-ए-ए तुहुँ ममश्याम समा-आ-आ-न...घोर घटा का मोर-मुकुट धर-धर बिजली की मुरली अधर पर...गा दे अमृत गा-आ-आ न...मरण रे-ए-ए-ए...''

रेणु ने मृत्यु का साक्षात्कार कई बार किया था और हर बार मृत्यु ने उन्हें जीने का कुछ अवसर दिया था। उनके कई परिजन, संगी-साथी एक-एक कर मरते गए थे। उनमें उनके हृदय के समीप रहनेवाले शंकर शैलेन्द्र भी थे, जिन्होंने अपना सब कुछ न्योछावर कर 'तीसरी कसम' का निर्माण किया था। रेणु बाढ़ से घिरे हुए शैलेन्द्र का एक मार्मिक संस्मरण प्रस्तुत करते हैं। फिर सो जाते हैं और सपने में शैलेन्द्र को देखते हैं–''दरवाजे की कुंडी खटखटाई। जाकर दरवाजा खोला तो सामने हँसते हुए शैलेन्द्र खड़े थे। उनके साथ में थे, उनके एक प्रिय स्वजन, पटना के प्रियदर्शन डॉक्टर भोला। मैं अचरज में गूँगा हो गया। उनसे कुछ पूछना चाहता था। लेकिन मुँह से बोली ही नहीं निकल रही थी। शैलेन्द्र बोल रहे थे–'आना ही पड़ा...बेबी और गोपा के लिए योग्य 'पात्रों' को देखने के लिए। अकेला बांटू और काका बेचारे क्या करें?...अपनी प्यारी बेटियों के लिए मुझे आना पड़ा–ऐसे दुर्दिन में भला कोई आता है?...बाबुल जी मैं तेरे नाजों की पाली, फिर क्यों हुई पराई–यह सुनकर कौन ऐसा बाप है जो...बांटू को कबीर, दादू और रैदास पढ़ने को कहता था। पता नहीं, उसने पढ़ा या नहीं...इधर उसने एक बड़ा ही प्यारा गीत लिखा है। सुनिए न...'' क्या सुनूँ? सपने का संसार ही समाप्त हो गया। जग गया। परन्तु, सपने से इस तरह अभिभूत रहा कि बहुत देर तक 'जलप्रलय' को भूल गया। चाय पीता हुआ बहुत देर तक सपने में अचानक आ गए शैलेन्द्र के अभियोग और उलाहने-भरे शब्दों पर विचार करता रहा...सचमुच, हम सभी कितने स्वार्थी सिद्ध हुए?''

इस तरह रेणु शैलेन्द्र की असामयिक मृत्यु की टीस और पीड़ा को व्यक्त करते हैं। दूसरी तरफ पटना के कई लेखक, कलाकार उनके पास पहुँचते हैं और उनकी सहायता करते हैं–उनमें हैं रामवचन राय, सत्यनारायण दूसरे, परेस, नरेन्द्र घायल आदि जो उनकी जरूरत की चीजों को उन तक पहुँचाते हैं और उनकी खोज-खबर लगातार लेते हैं। सिखों द्वारा लंगर बाँटा जाता है–बाढ़ पीड़ितों के बीच। रेणु पूर्णिया के उचला ग्राम के अपने मित्र सरदार चन्द्रमौलेश्वर सिंह को याद करते हैं, जिनकी कृपा से भूखों को गरम रोटी और सब्जी मिल रही है। कारण यह कि चन्द्रमौलेश्वर सिंह पटना साहिब गुरुद्वारा के महाप्रबन्धक हैं।

रेणु पटना में जब भी रहते शाम को कॉफी हाउस जरूर जाते। वहाँ साहित्यकारों, पत्रकारों, राजनीतिज्ञों के बीच गपशप होता। किन्तु, बाढ़ से घिरने के कारण वे सात दिनों तक वहाँ नहीं जा सके। जैसे ही बाढ़ का पानी समाप्त हुआ, वे कॉफी हाउस पहुँचे जहाँ कला-संगम नाट्य संस्था के प्राण सतीश आनन्द बैठे थे। कुछ देर में उनके एक एडवोकेट मित्र, 'यौनाचार्य' से भेंट होती है। रेणु उनके विषय में लिखते हैं–''हमारे कॉफी हाउस के एक एडवोकेट मित्र हैं। पिछले साल हिन्दी में यौन-मनोविज्ञान की कहानियों का एक संग्रह प्रकाशित करवाया है। पुस्तक प्रकाशन के बाद मित्रों ने उन्हें 'यौनाचार्य' की उपाधि प्रदान की तो उन्होंने सहर्ष स्वीकार कर लिया।'' वे कहते हैं–''भाई! इस बाढ़ से पटना नगर और इसके नागरिकों की जो भी तबाही हुई हो–मैं तो फायदे में क्या...जो आज तक कभी नसीब नहीं–वह इस बाढ़ के प्रताप से कहिए या महिमा से कहिए तीन-तीन यंग लड़कियाँ और कई स्त्रियाँ मेरे घर में शरणार्थी होकर आईं...'' उनका यह कहना भी रेणु दर्ज करते हैं–''साहब, आदमी क्या? इस बाढ़ में तो मछलियाँ भी 'सेक्सी' हो गई थीं...। रेणु को लगा कि यौनाचार्चा अब 'काम' से गए।

रेणु को वरिष्ठ साहित्यकार अज्ञेय का सान्निध्य मिला था। 1966 ई. में मध्य बिहार में अकाल क्षेत्रों को देखने अज्ञेय दिल्ली से पटना पहुँचते हैं और अपने साथ रेणु को भी ले चलते हैं। रेणु को गाँव से खबर मिली है कि इस बार धान की फसल अच्छी हुई है और वे गाँव जाने की तैयारी करते हैं। तभी दिनमान-सम्पादक अज्ञेय का तार मिलता है कि वे पटना अमुक तिथि को पहुँच रहे हैं। रेणु लिखते हैं–''मैं अपने चेहरे पर सूखे-से-सूखे हुए आदमी का मुखौटा लगाना चाहता था। किन्तु, हड़बड़ी में जो मुखौटा लगाया, वह एक अपराधी का था। झुकी हुई निगाहें और बुझा हुआ दिल! अज्ञेय प्रसिद्ध मितभाषी हैं। किन्तु मुझे हमेशा यही लगा है कि उनका मौन ज्यादा मुखर होता है। उन्होंने मुझसे सवाल किए बिना–चुप रहकर ही–पूछना शुरू कर दिया–आप सूखा क्षेत्र से हो आए हैं? क्यों नहीं? लेखक क्या समाज से बाहर का प्राणी है? क्यों? ऐसी उदासीनता क्यों? तुम इस हद तक बीमार हो? क्यों? जवाब दो–क्यों? मैं सिर झुकाकर चुप रहता हूँ। कोई जवाब नहीं दे सकीं मेरी आँखें।''

इसका कारण क्या है? लेखक का सामाजिक समस्याओं से कट जाना या उसकी संवेदना का भोथरा जाना। रेणु अपनी इस मानसिकता को छुपाते नहीं। उनमें आत्ममन्थन और आत्मालोचन चलता रहता है। इसलिए वे अकाल में अन्न और पानी के बगैर तिल-तिल कर मरते लोगों का हालचाल पूछने और सहानुभूति दर्शाने भूमिदर्शन करते हैं।

रेणु का पहला रिपोर्ताज 'बिदापत-नाच' 1945 ई. में छपा था। इसमें वे यह स्वीकार करते हैं कि जब वे पढ़-लिखकर विशिष्ट हो गए तो देहाती या गँवई लोक-

संस्कृति से कट गए। किन्तु, बाद में उन्होंने अपनी भूल को जल्दी ही सुधार लिया और इसमें दिलचस्पी लेने लगे। यही दिलचस्पी उनके कथाकार को एक ऊँचाई प्रदान करती है। वे उस समय की अपनी जीवन-स्थिति को इन शब्दों में रूपायित करते हैं–"जबसे मैं अपने को भद्र और शिक्षित समझने लगा, तब से इस नाच से दूर रहने की चेष्टा करने लगा, किन्तु थोड़े दिनों के बाद ही मुझे अपनी गलती मालूम हुई और मैं इसके पीछे 'फिदा' रहने लगा। दुख है कि मुझे असफलता ही हाथ लगी। नाच के समय ज्यों ही मैं पहुँच जाता, नाचनेवाले के पाँव शिथिल पड़ जाते, मृदंग की आवाज धीमी पड़ जाती और नाच बन्द होने-होने को हो जाता। दर्शकों में कानाफूसी होने लगती, मैं अपना-सा मुँह लेकर वापस हो जाता। मेलों में प्रायः अपने दिल की साध पूरी कर लेता हूँ, पर थोड़ी देर के लिए ही। ज्यों ही दर्शकों की निगाहें मुझ पर केन्द्रित हुईं कि सब 'गुड़ गोबर'!"

एक तरफ रेणु लोक-जीवन में धीरे-धीरे अपनी पैठ बनाते हैं, दूसरी ओर वे जनता को संगठित करने, गुलामी के बन्धनों को तोड़ने के लिए भी कारगर कोशिश करते हैं। उनके अंचल से सटा है–विराटनगर। वहीं उन्होंने कृष्णप्रसाद कोइराला द्वारा स्थापित 'आदर्श विद्यालय' में शिक्षा पाई थी तथा उनके पाँच पुत्रों के धर्मभाई की तरह नेपाली जनता को जाग्रत् करने के लिए एवं बर्बर राणाशाही की गुलामी से मुक्ति के लिए संघर्ष किया था। 'सरहद के पार' नामक रिपोर्ताज में वे इसकी एक झलक देते हैं एवं 'नेपाली क्रान्तिकथा' में विस्तार से उस जनयुद्ध का वृत्तान्त लिखते हैं। 'सरहद के पार' की यह स्पष्टोक्ति ध्यान देने योग्य है, जिससे उनके जीवन के प्रारम्भिक दौर की क्रान्तिकारी चेतना का पता चलता है–"मुझे नेपाल के जंगलों में ही राजनीति और साहित्य की शिक्षा मिली है। नेपाल की एक काठ की कोठरी में ही मैंने समाजवाद की प्रारम्भिक पुस्तकों से लेकर महान ग्रन्थ 'कैपिटल' तक को पढ़कर, समझने की धृष्टता की है। पहाड़ की कन्दराओं में बैठकर, बँसहा कागज की बही पर 'रशियन रेवोल्यूशन' को नेपाली भाषा में अनुवाद करते हुए उस नेपाली पागल नौजवान की चमकती हुई आँखों को मैंने अपनी जिन्दगी में मशाल के रूप में ग्रहण किया है और उस देवता की अमूल्य वाणी को, उसके आशीर्वचन को मैं कैसे भूल सकता हूँ जो नेपाल के 'पिताजी' थे। हाँ, नेपाल के 'बापू'। 1942 में दो बापू नजरबन्द किए गए। एक को अंग्रेजी सरकार ने आगा खाँ के राजभवन में बन्द कर रखा था और दूसरे को नेपाल सरकार ने बागमती के किनारे एक धर्मशाला में। दुनिया की परिस्थिति ने एक 'बापू' को छुड़ा लिया, पर नेपाल सरकार ने दूसरे 'बापू' की 'हत्या' कर डाली। गठिया और निमोनिया से जर्जर, उस वृद्ध तपस्वी को बिना दवा और पथ्य के, नेपाल की कड़ाके की सर्दी में तड़पा-तड़पाकर, ठिठुरा-ठिठुराकर मार डाला गया। नेपाल में प्रजातंत्र राज्य कायम करने का सपना देखनेवाले कर्मठ 'बापू' आज नहीं रहे, किन्तु शिक्षित और चैतन्य सांदाज्युओं (छोटे भाइयों)

का युवकदल अब निष्क्रिय होकर बैठा हुआ नहीं है।...हमारी अगली क्रान्ति में नेपाल एक जबर्दस्त हिस्सा लेगा, खुलकर खेलेगा, किन्तु देश के नेताओं की निगाह पर तो जैसे पट्टियाँ बँधी हैं। मुँह पर ताले पड़े हैं। उन्हें दुनिया भर के लिए दर्द है पर नेपाल की शोषित जनता के लिए उनके मुँह से एक भी शब्द नहीं निकलता।''

यह है रेणु की नेपाल के प्रति संलिप्तता। वे यह साफ शब्दों में घोषित करते हैं कि उनके अन्दर की क्रान्तिकारिता एवं जनपक्षधरता का भाव नेपाल में ही उदित हुआ है। यह रिपोर्ताज साप्ताहिक 'जनता' के 2 मार्च, 1947 के अंक में प्रकाशित हुआ था और 4 मार्च से विराटनगर के मजदूरों की ऐतिहासिक हड़ताल शुरू हुई थी, जिसका हिस्सा स्वयं रेणु भी थे और इसमें हताहत भी हुए थे। उन्हें तीन महीने की सजा हुई थी। तब वे 'जनता' में बराबर लिखा करते थे। 'जनता' के सम्पादक श्रीरामवृक्ष बेनीपुरी उनके प्रेरक थे, जो क्रान्तिकारी पत्रकारिता के बिहार के एक स्तम्भ थे। वे 'जनता' में नेपाल की राजनीतिक एवं सामाजिक परिस्थितियों पर बराबर रपटें छापा करते थे, जिनमें कुछ रेणु की लिखी रपटें भी होती थीं। नेपाल में 'जनता' पर प्रतिबन्ध लगा दिया गया था। इसी रिपोर्ताज में रेणु इन बातों की सूचनाएँ भी देते हैं–''बदकिस्मती से कहीं आपके बैग से 'जनता' की एक कॉपी निकली या आप 'बेनीपुरीजी' निकले, तब तो बड़ी मुश्किल है! मामला बहुत महँगा पड़ जाएगा! क्योंकि, 'जनता' और 'बेनीपुरीजी' को यहाँ के बड़े हाकिमों से लेकर छोटे सुबा तक जानते हैं। जिस राज्य में 'घूस' को 'राजधर्म' मान लिया गया हो, वहाँ यदि यह अफवाह फैल चुकी हो कि 'नेपाल सरकार ने बेनीपुरी जी को घूस में बहुत बड़ी रकम ऑफर की थी, किन्तु उसे अस्वीकार कर वे 'जनता' में नेपाल की चिट्ठियाँ प्रकाशित करते रहे'–तो 'बेनीपुरी' वहाँ के हाकिमों के लिए वास्तव में दूसरी दुनिया के जीव होंगे ही।''

1947 का मजदूरों का यह आन्दोलन 1950 में हुए राणाशाही के विरुद्ध संग्राम की पृष्ठभूमि बना। यह नेपाल की जनता में जागरण का पहला शंखनाद था। अक्टूबर, 1950 में नेपाल में क्रान्ति प्रारम्भ हुई थी और 1951 की फरवरी के अन्त में पहली बार वहाँ लोकतंत्र की स्थापना हुई। रेणु ने 'नेपाली क्रान्तिकथा' में इस लोमहर्षक युद्ध का जीवन्त चित्र उपस्थित किया है। 1950 के सितम्बर महीने में उनके पिता की मृत्यु हो गई थी और अक्टूबर महीने में उनके छोटे भाई महेन्द्र की। इस दोहरे शोक की अवस्था में वे पड़े हुए थे। 'नेपाली क्रान्ति-कथा' नामक रिपोर्ताज के अन्त में रेणु ने इस विषय में लिखा है–''दो महीना पहले शोकाकुल अवस्था में सांदाज्यु (बी.पी.) का पत्र मिला था–तुम्हारे पिताजी और छोटे भाई की मृत्यु एक ही पखवाड़े में हुई और इस दोहरे दुख को तुम झेल रहे हो, मालूम हुआ। तुम्हारे दुख को अनुभव कर रहा हूँ। किन्तु इस तरह शोक में डूबे रहने से कैसे काम चलेगा? फिर इससे कोई लाभ भी तो नहीं। अभी तो न जाने ऐसे कितने शोक-संवाद

मिलेंगे–यहाँ आकर देखो–कितने लोग मरने के लिए आए हुए हैं। इस वर्ष का अन्त होते-होते तक पता नहीं तुमको और कितने प्रियजनों की मृत्यु के समाचार सुनने और सहने को मिलें। पत्र पाते ही यहाँ आ जाओ। एक बार यहाँ आओ तो सही। फिर, न हो तो, वापस चले जाना। तुम्हारा, सांदाज्यु।''

ऐसी शोक की अवस्था में रेणु विराटनगर गए और इस क्रान्ति के एक सहनायक बने। उन्हें इस जन-आन्दोलन में पहले प्रचार अधिकारी बनाया गया। ''मुक्तिसेना के प्रचार अधिकारी को दो घंटे के अन्दर ही बी.पी. का एक 'प्रोफाइल' प्रस्तुत कर संवाद-सूत्र को देना है। वह सोच रहा है–कहाँ से शुरू किया जाए? उसे याद आती है, स्वर्गीय कृष्णप्रसाद कोइराला (जो सारे नेपाल में 'पिताजी' के नाम से पुकारे जाते थे) के मुँह से सुनी हुई अनेक घटनाएँ। सानो आमाँ–दिव्या कोइराला की बातें–निर्वासित जीवन के संस्मरण।'' फिर प्रचार अधिकारी अर्थात् रेणु कोइराला-परिवार का पूरा वृत्तान्त बताते हैं। उन्हें इन सब बातों की जानकारी इसलिए है कि उन्होंने इस परिवार के साथ अपना लम्बा जीवन व्यतीत किया था। वे कोइराला-बन्धुओं के पिता के विषय में आगे बताते हुए लिखते हैं–''1942 में 'भारत छोड़ो' आन्दोलन के सिलसिले में इधर (भारत में) 'बापू' आगा खाँ के राजभवन में नजरबन्द थे और उधर (नेपाल में) 'पिताजी' काठमांडू की एक कालकोठरी में। बन्दी अवस्था में ही उनकी मृत्यु हुई...कहने का लोभ संवरण नहीं कर पा रहा हूँ कि जिस दिन 'पिताजी' गिरफ्तार हुए थे, मैं 'कोइराला-निवास' में ही था। चरण-स्पर्श कर प्रणाम करने गया तो उन्होंने हाथ की हथकड़ी दिखला हँसते हुए पूछा था–हाऊ डू यू लाइक इट?'' प्रचार अधिकारी के रूप में रेणु प्रतिदिन एक बुलेटिन निकालते हैं–जिसका मूल्य है एक आना। 'प्रचार-विभाग' 'जनसम्पर्क-विभाग' का रूप ग्रहण करता है और प्रचार-अधिकारी अब पी.आर.ओ. अर्थात् पब्लिक रिलेशन ऑफिसर कहे जाते हैं। फिर पी.आर.ओ. को पीआरो, फिर पियारे और अन्ततः उनका नाम हो जाता है–'प्रियो बाबू'।

रेणु लेखक थे, किन्तु नेपाली क्रान्ति में उन्होंने हथियार भी उठाया था। उन्होंने अपने 'टामीगन' का नाम दिया था 'रक्तपा' और अपनी 'पार्कर 51' कलम का 'सिद्धिदा'। उन्होंने इन दोनों अस्त्रों का प्रयोग इस क्रान्ति में किया था। विश्वेश्वर प्रसाद कोइराला ने उनकी मृत्यु के बाद उन पर लिखे संस्मरण में लिखा है कि ''सबसे बढ़कर रेणु मेरा छोटा भाई था। उसकी क्रान्तिकारी प्रवृत्ति और अन्याय तथा दमन का विरोध करने की उग्रता मेरी ही जैसी थी। उसके विचार मेरे अपने जैसे लगते थे।...वह स्वतंत्रता का प्रचंड योद्धा था। नेपाल में प्रजातंत्र के हमारे संघर्ष में उसने हमसे कन्धे से कन्धा मिलाया। राणा शासन को अपदस्थ करने के हेतु नेपाली कांग्रेस ने 1950 ई. में जो सशस्त्र क्रान्ति छेड़ी थी, उसमें रेणु भी शामिल हो गया और मुक्ति सेना की फौजी वर्दी में मेरे साथ बन्दूक लेकर मोर्चे पर कूद पड़ा। क्रान्ति के

समय उसने नेपाली क्रान्ति के प्रचार, प्रकाशन तथा विराटनगर में स्थापित एक 'गैरकानूनी' आकाशवाणी के संगठन में महत्त्वपूर्ण भूमिका अदा की।''

जहाँ भी संघर्ष हो रहा हो, मुक्ति-युद्ध हो रहा हो रेणु का मन छटपटाने लगता था। नेपाल की क्रान्ति के तो वे सह-नायक थे, जिसका विस्तृत वृत्तान्त 'नेपाली क्रान्ति-कथा' में मिलता है। 1965 ई. के भारत-पाकिस्तान युद्ध के समय की तो उन्होंने डायरी ही लिखी है, 1971 ई. में बांग्लादेश मुक्ति-संग्राम का उनके मन पर किस तरह का प्रभाव पड़ा था, उस पर काव्यात्मक लहजे में 'श्रुत अश्रुत-पूर्व' नामक रिपोर्ताज लिखा। वे रामकृष्ण मिशन से जुड़े हुए थे। 'रस के बस में चार रात' नामक रिपोर्ताज में रेणु के जीवन एवं परिवेश का एक नया पहलू खुलता है।

इस तरह हम पाते हैं कि रिपोर्ताज ही वह विधा है, जिसमें रेणु ने अपने विभिन्न जीवन-प्रसंगों को विस्तार से रखा है। इन रिपोर्ताजों में उनके जीवन के साथ-साथ उनके घर-परिवेश, साथी-संगी भी जीवन्त रूप में चित्रित हुए हैं। इस तरह उनकी अपनी सहभागिता का प्रमाण या साक्ष्य ये रिपोर्ताज देते हैं। उनकी कहानियों या उनके उपन्यासों में उनका जीवन एवं व्यक्तित्व इस तरह उभर नहीं पाया है। इस कारण से भी उनके रिपोर्ताजों का अपना विशिष्ट महत्त्व है।

रेणु का है अन्दाजे-बयाँ और

रेणु हिन्दी के ऐसे कथाशिल्पी हैं, जिन्होंने सत्तर-अस्सी प्रतिशत महत्त्वपूर्ण और श्रेष्ठ लिखा है। अपने दौर के अन्य कथाकारों की तुलना में रेणु की कृतियाँ ज्यादा चर्चित रही हैं। छठे दशक की सर्वश्रेष्ठ कहानी 'तीसरी कसम अर्थात् मारे गए गुलफ़ाम' है और 'मैला आँचल' तथा 'परती : परिकथा' सर्वश्रेष्ठ उपन्यास। रेणु ने प्राय: हर विधा में कुछ-न-कुछ लिखा है। यहाँ उनके कुछ रेखाचित्र, कथा-रिपोर्ताज एवं कहानियों को विवेचन का आधार बनाया गया है।

अपने आत्म-रेखाचित्र 'पांडुलेख' की शुरुआत करते हुए रेणु कहते हैं–"अपने बारे में जब कभी कुछ लिखना चाहा-जी.बी.एस. (यानी जॉर्ज बर्नार्ड शॉ) की मूर्ति उभरकर सामने खड़ी हो जाती–आँखों में व्यंग्य और दाढ़ी में एक भेदभरी मुस्कुराहट लेकर। और कलम रुक जाती। अपने बारे में सही-सही कुछ लिखना सम्भव नहीं।...कोई लिख ही नहीं सकता।" यह है रेणु की आत्म-स्वीकृति। इसलिए उन्होंने अपनी आत्मकथा नहीं लिखी। बहुत मुश्किल से अपना यह आत्म-रेखाचित्र–'पांडुलेख'। रेणु अपनी रचनाशीलता के प्रारम्भिक दौर में जॉर्ज बर्नार्ड शॉ से काफी प्रभावित थे। उनका कटु सत्यवक्ता होना, अपने बारे में बेलाग ढंग से बातें करना, जितना समाज-व्यवस्था के प्रति व्यंग्य और आलोचना का भाव उतना ही अपने प्रति भी। कुछ भी दुराव-छुपाव नहीं। रेणु शॉ के इन गुणों से बेहद प्रभावित थे। 1950 ई. में लिखे रेणु के एक पत्र का एक अंश–

"George Bernard Shaw declears–
Yes, of-course, I am a communist.

और न जाने क्यों मैं जब इस पंक्ति को पढ़ता हूँ, हँसते-हँसते मेरा दम फूलने लगता है। अपने को सब कुछ कह देनेवाले दो महान व्यक्ति जमाने में हुए। एक तो दुनिया की बदकिस्मती से मार डाले गए। रह गए हैं बस एक। जी.बी.एस. नहीं होगा? गांधी के साथ ही 'सत्य' खत्म! उनकी चिता की ज्वाला में जलकर राख हुए 'सत्य' को पुड़िया में बन्द कर या सोने के कलश में बैठाकर, फौजों की सलामियाँ देकर, झंडे झुकाकर या लहराकर हिन्दुस्तान की सभी बड़ी-बड़ी नदियों में विसर्जित कर दिया गया।...जीने का सहारा है–मुस्कुराहट। हम उनकी बातों को पढ़ते हैं और

हमें उन बातों में छिपी हुई लापरवाह हँसी की झलक दिखाई पड़ती है। दिल गुदगुदा उठता है। हम मुस्कुरा पड़ते हैं। गांधी और शॉ की बातें...। वे नहीं रहेंगे तो क्या, उनकी बातें तो रहेंगी।''

सो, रेणु के आदर्श इन सत्यवक्ताओं की वाणी का दबाव उनकी रचनाशीलता पर भी बहुत कुछ पड़ा और उन्होंने अपने बारे में लिखते हुए वैसी घटनाओं एवं स्मृतियों को सामने रखा है, जिन्हें एक बड़ा लेखक प्राय: छुपाने की कोशिश करता है। रेणु लिखते हैं–''अपने बारे में अथवा आत्म-परिचय देनेवाले लेख में, जहाँ भी मैंने किसी बात या घटना को जरा भी तोड़ा या मरोड़ा कि वे सभी–जो जहाँ है–मुझे गालियाँ देंगे। और कई दोस्तों से हार-जीत की बाजी लगाकर प्रतिज्ञाबद्ध हूँ–अपने बारे में जब लिखूँगा, बेपर्द होकर लिखूँगा।'' यहाँ वे सभी से तात्पर्य रेणु के अपने गाँव-इलाके के उन सभी मित्रों से है जो विभिन्न पेशे के हैं–हर वर्ग और हर समुदाय के लोग! और रेणु रचना करते हुए उनसे एकाकार होते हैं। उनके इन मित्रों ने उन्हें बहुत कुछ दिया है। मसलन अनेक टटके शब्द, अनेक चरित्र, कथा के लिए प्लॉट। इसीलिए रेणु दूसरे या तीसरे महीने भागकर शहर से गाँव चले जाते थे। जहाँ घुटने से ऊपर धोती या तहमद उठाकर फटी गंजी पहने गाँव की गलियों में, खेतों-मैदानों में घूमते थे। अपने सभी प्रकार के 'मुखौटों' को उतारकर ताजा हवा अपने रोगग्रस्त फेफड़ों में भरते थे। फिर, शहर आते समय भद्रता का 'मुखोस' ओढ़ लेते थे। किन्तु, कहानी या उपन्यास लिखते समय जब थकावट महसूस होती अथवा कहीं उलझ जाते तो कोई ग्राम-गीत गुनगुनाने लगते। रेणु को हजारों की संख्या में लोकगीत एवं लोककथाएँ याद थीं। इसे उन्होंने अपने गाँव के लोगों से सीखा था। उन्होंने गाँव के लोगों से जीवित शब्द और भाषा भी ग्रहण की थी। यहाँ तक कि पशु-पक्षियों की बोली-बानी को भी एक नया अर्थ-सन्दर्भ दिया था। ढोल-मँजीरे की ध्वनियों से उभरनेवाली भाषा को भी समझा था और हिन्दी साहित्य में इन सबके साथ अवतरित हुए थे। कुछ उदाहरण देखें–''मृदंग कहै–धिक् है, धिक् है...मंजीर कहै–किनको-किनको!...तब हाथ नचाय के गणिका कहती–इनको-इनको, इनको-इनको!'' (नेपथ्य का अभिनेता)। 'पहलवान की ढोलक' कहानी में उन्होंने ढोल के विभिन्न तालों से निकलनेवाले अर्थ को अभिव्यक्त किया है, जैसे–'चट-धा गिड़-धा, चट-धा-गिड़-धा–यानी आजा भिड़ जा, आजा भिड़ जा!...धाक-धिन्ना, तिरकट-तिन्ना–यानी दाँव काटो, बाहर हो जा!...धिक धिना, धिक धिना–यानी चित करो, चित करो!'' रेणु ने अपने उपन्यास 'परती : परिकथा' में चिड़ियों एवं पक्षियों की विभिन्न प्रकार की आवाजों के अर्थ-सन्दर्भ दिए हैं। 'जुलूस' उपन्यास के प्रारम्भ में 'हल्दी चिरैया' दिखाई पड़ती है–'का कास्य परिवेदना' कहती हुई। रेणु की एक संस्मरणात्मक रचना है–'ईश्वर रे, मेरे बेचारे'। इसमें वे आम पक्षियों के अलावा कई नए पक्षियों का अनुसन्धान करते हैं। अब 'कूँखनी' नामक चिड़िया भी होती है,

हमें क्या पता? और दुदुमा! रेणु लिखते हैं–"रात गहरी होने के बाद अक्सर नर और मादा का सवाल-जवाब सुनाई पड़ता। नर की आवाज कुछ इस तेवर के साथ कि वह नींद में सोई हुई मादा को जगा रहा हो–"एँ-हें-एँ?" अर्थात् जगी हो? जवाब में एक कुनमुनायी-सी नींद में आती हुई आवाज–"एह! ऐंहे-ऐंहे ऐहें!" अर्थात् ओह! जगी ही तो हूँ। क्यों बेकार...और तब, नर दुदुमा एक बार फिर बोलता–"ऐहें ऐहें!" अर्थात् हाँ, जगी रहो।

इस तरह के प्रसंग रेणु-साहित्य में यत्र-तत्र-सर्वत्र बिखरे पड़े हैं। इसीलिए रेणु की भाषा इतनी प्राणवन्त, इतनी रससिक्त, इतनी कोमल, इतनी ललित, इतनी ग्राह्य है! याद करें, रेणु के पूर्व के कथा-साहित्य को। प्रेमचन्द के बाद कथा-साहित्य में एक खास तरह के आभिजात्य का आधिपत्य! भाषा अपनी तत्सम-धर्मिता और 'शब्दों के खेल' और उक्ति-वैचित्र्य के जाल में छटपटा रही थी। उसका दम घुट रहा था। लोकभाषा और लोकजीवन से जब भी साहित्य कटता है, उसकी यही दशा होती है। यहाँ मैं डॉ. नामवर सिंह की एक स्थापना को उद्धृत करना चाहूँगा–"विचार जिस प्रकार प्राप्त होता है, उसी प्रकार अभिव्यक्त भी होता है। यदि वह पुस्तकों से प्राप्त होता है, तो पुस्तकीय ढंग से प्रकट होता है; यदि वह जनारण्य से दूर एकान्त कमरे में आराम-कुर्सी के चिन्तन से प्राप्त होता है, तो रचना में भी एकान्त और वैयक्तिक चिन्तन का रूप लेता है; और यदि वह जीवन के संघर्षों में कुछ निछावर करने से प्राप्त होता है, तो उसी गर्मी, उसी ताजगी, उसी सजीवता, उसी सक्रियता तथा उसी मूर्तिमत्ता के साथ रूपायित होता है। साहित्य में इसी रूपायन का महत्त्व है।"

और रेणु इस प्रकार के रूपायन के आजादी के बाद के हिन्दी के सबसे बड़े कथाकार। लेकिन लोकजीवन और लोकभाषा से सान्निध्य के कारण ही उनका कथा-साहित्य सिर्फ महत्त्वपूर्ण नहीं है। उन्होंने आजादी की लड़ाई में अपना लहू बहाया था, पुलिस की बर्बरता झेली थी, जेल की यातना सही थी, कई किसान-मजदूर आन्दोलनों में शरीक होकर भूमिपतियों एवं पूँजीपतियों के उत्पीड़न सहे थे, पड़ोसी देश नेपाल की जनता की मुक्ति के लिए कलम से ही नहीं, बल्कि काया से भी 'क्रान्ति-कथा' रची थी, राजनीतिक पार्टियों के असली चरित्र को बहुत निकट से देखा था, अपने गाँव-इलाके के सत्तर प्रतिशत गाँवों में जन-जागरण के लिए उपस्थित हुए थे, सत्ता की निरंकुशता के विरुद्ध सड़क पर जुलूस का नेतृत्व किया था। रोग जर्जर काया के भीतर भी इसीलिए 'दिव्य प्रतिवाद से हरदम उनका यह जीवन जलता रहता था।'

रेणु का 'मैला आँचल' (1954) जब प्रकाशित हुआ तो इसे हिन्दी साहित्य के पंडितों ने एक चमत्कार माना। कहा गया कि रेणु अपनी इस पहली ही कृति से प्रेमचन्द के समानान्तर खड़े हो गए हैं। पर यह रेणु की पहली कृति नहीं थी। इसके

पूर्व रेणु काफी कुछ लिख चुके थे। एक लम्बा संघर्षमय जीवन जी चुके थे। उन्होंने कहीं से 'इलहाम' पाकर यह कृति नहीं लिखी थी और कोई लिख भी नहीं सकता है। 'मैला आँचल' का प्रकाशन अगस्त, 1954 में हुआ। इसके छपते ही हिन्दी-कथा-साहित्य में धूम मच गई थी। उसी समय डॉ. नामवर सिंह ने एक लेख में इस कृति पर चर्चा करते हुए कुछ महत्त्वपूर्ण बातें कही थीं, जो आज भी प्रासंगिक हैं– "अभी-अभी एकदम नए लेखक फणीश्वरनाथ रेणु का उपन्यास 'मैला आँचल' निकला है। उपन्यास पढ़ते ही कौतुकी लोग चौंक उठे और विस्मयादि बोधक स्वर में 'प्रतिभा-प्रतिभा' चिल्लाने लगे। कुछ लोगों ने तो यहाँ तक भविष्यवाणी कर दी कि रेणु अब ऐसी अथवा इससे अच्छी रचना न कर सकेंगे। इनके कहने से भी ऐसा ही लगता है गोया यह कृति अचानक बन पड़ी है। परन्तु रेणु का यह उत्थान क्या सचमुच आकस्मिक है?" नामवर जी ने यह जो प्रश्न उठाया है, वह मेरे भीतर भी कभी उठा था और जब मैंने अप्रकाशित रेणु की खोज शुरू की तो विपुल रचनाएँ मिलीं और जन-संघर्षी रेणु मिले और उनकी अथक साधना से साक्षात्कार हुआ, जिसका अग्रिम चरण 'मैला आँचल' था। रेणु की 'मैला आँचल' के पूर्व की रचनाएँ उनके अभूतपूर्व रचना-कौशल, विराट जनजीवन को अपने अन्तर्विरोधों सहित अभिव्यक्त करने की क्षमता का पता देती हैं। नामवर सिंह आगे कहते हैं–"लेखक ने इसमें मिथिला के एक गाँव का सर्वांगीण जीवन इतने सजीव रूप में उपस्थित किया है कि हम दंग रह जाते हैं। यही है रेणु की विशेषता, क्योंकि रेणु से पहले किसी अन्य व्यक्ति ने यह कार्य इतनी सफलता से नहीं किया था।"

रेणु के सम्पूर्ण लेखन के बीच 'प्रतिवाद' का स्वर मुखरित है। झंडों और डंडों के वे हिमायती नहीं हैं, किन्तु एक तीखा और कड़वा भाव इनके प्रति है। कारण यह है कि इस देश को, इसकी आजादी को, यहाँ की राजनीति ने पुष्पित-पल्लवित तो नहीं ही किया, इसे ठूँठ बनाने का काम ज्यादा किया। पतनशीलता की चरम पराकाष्ठा को देखकर वे कहते हैं–"मैंने आजादी की लड़ाई आज के भारत के लिए नहीं लड़ी थी। अन्याय और भ्रष्टाचार अब तक मेरे लेखन का विषय रहा है और मैं सपने देखता रहा हूँ कि यह कब खत्म हो। अपने सपनों को साकार करने के लिए जन-संघर्ष में सक्रिय हो गया हूँ।" (दिनमान, 28 अप्रैल, 1974) अन्याय और भ्रष्टाचार के विरुद्ध उनका जीवन प्रारम्भ से अन्त तक सक्रिय रहा। सक्रिय ही नहीं 'अपनी ज्वाला से आप ज्वलित जो जीवन' का उदाहरण रहा। ऐसे व्यक्तित्व और लेखक हिन्दी-साहित्य ही नहीं, विश्व-साहित्य में भी दुर्लभ होते गए हैं। रेणु का प्रारम्भिक जीवन अनेक घटना-बहुल जीवन-संघर्षों से भरा पड़ा है और उनका प्रारम्भिक लेखन बेहद ओजस्वी, प्रखर और तल्ख है। उनकी परवर्ती कृतियों से उनका महत्त्व किसी भी तरह कम नहीं। साथ ही उन्हीं की भित्ति पर उनके परवर्ती लेखन का निर्माण हुआ है, इसलिए इनका पठन-वाचन रेणु की अन्य रचनाओं की परतों को

भी खोलता है। इससे यह भी पता चलता है कि 'मैला आँचल' जैसी महान कृति के लेखक ने अचानक यह कृति नहीं लिख दी, बल्कि उसके पीछे उसकी एक लम्बी साहित्य-साधना भी है, लम्बा जन-संघर्ष है, अन्याय के प्रति 'दिव्य प्रतिवाद' है, विभिन्न राजनीतिक दलों के छद्मों का अनावरण है, अपने इलाके के दीन-दुखी जनों के प्रति रागात्मक लगाव है।

रेणु ने उपन्यास-कहानी के अलावा स्केच, रिपोर्ताज, कविता, नाटक, भाव-चित्र आदि कई विधाओं में रचनाएँ की हैं। इन विधाओं का उपयोग उन्होंने अपने उपन्यासों एवं कहानियों में भी किया है। किसी भी चरित्र को चित्रित करने का उनका अपना अलग तरीका है। उनकी शैली रिपोर्ताज लिखते हुए निर्मित हुई है। कविता और गीत के टुकड़े उनकी कथा-कृतियों में बिखरे पड़े हैं। कई कथा-रचनाएँ एवं कथा-प्रसंग कविता का प्रभाव पैदा करते हैं। वे मूल कथ्य एवं मूल चरित्र को उकेरने में बहुत सारे अवान्तर प्रसंगों का उल्लेख करते हैं। रेणु का मानना था कि मनुष्य के वास्तविक चरित्र को उसके समाज-निर्दिष्ट आचार-व्यवहार से नहीं समझा जा सकता। समाज के बहु-संख्यक लोगों के सुर में सुर मिलाकर वह जो राग अलापता है, उससे उसके स्वतंत्र व्यक्तित्व का कोई आभास नहीं मिलेगा। व्यक्ति के जीवन में जो बेसुरे राग (ओवरटोन) ध्वनित होते हैं, उसी में असली मनुष्य (ऑथेंटिक इंडिविजुवल) की झाँकी मिलेगी। इसीलिए रेणु के कथा-साहित्य में ओवरटोन कुछ ज्यादा ही है। वे विषय को प्रभावशाली एवं पूर्णतः स्पष्ट करने के लिए विषयान्तर में जाते हैं। क्योंकि उनका मानना था कि 'विषय' को जाननेवाला ही विषयान्तर से अपने विषय को स्पष्ट करता है। 'विषयान्तर' नामक रचना में उन्होंने इस स्थापना को रखा है। वे नान्हू चौकीदार का स्केच लिखने बैठते हैं और फिर विषयान्तर में जाकर भिम्मल मामा के बारे में लिखने लग जाते हैं। भिम्मल मामा के चरित्र के द्वारा वे अपनी रचनाओं के रहस्यों का उद्घाटन करते हैं। रेणु के ये शब्द देखें—''भिम्मल मामा स्केच तो नहीं पढ़ते, कहानियाँ मेरी खोजकर अवश्य पढ़ लेते हैं—साल में एकाध यदि कहीं निकलती हैं।...भिम्मल मामा बासी पत्रिका ही पढ़ते हैं। दैनिक समाचार-पत्र के बारे में उनका कहना है—दैनिक खबर मत पढ़। जैसा वह है, वैसा मैं हूँ। जो तुम्हारे गाँव की खबर, वही संसार का समाचार।...गाँव की पार्टी-बन्दी में फरीक अव्वल एक मूरख-गँवार आदमी है, दूसरा सम्भवतः जाहिल। गाँव के झगड़े में जैसी बेवकूफी भरी बातें, संसार के झगड़नेवालों के नेताओं की बातें मिलाकर देखो। मिलाकर देखा, एकदम सही।'' यही है रेणु की रचनाशीलता का राज। वे अपने गाँव-इलाके का चित्रण करते हुए रचना के मूल निहितार्थ में राष्ट्रीय एवं अन्तर्राष्ट्रीय समस्याओं को उठाते हैं। इसीलिए उनकी रचनाएँ स्थानीय रंगत में रँगी होकर भी व्यापक अर्थ-धर्मिता लिये हुए हैं। वे अपने स्वरूप में जितनी 'आंचलिक' हैं, अपने स्वर में उतनी ही राष्ट्रीय।

रेणु ने यशपाल, अज्ञेय, जैनेन्द्र, त्रिलोचन आदि पर स्केच लिखे हैं। इन स्केचों में भी मूल चरित्र को उभारने में विषयान्तर से काम लिया गया है। इन लेखकों के जीवन के अवान्तर प्रसंगों को ज्यादा रखा गया है। इसके पीछे उनकी पूर्व में बयान की गई वही दृष्टि है। रेणु ने जब इन्हें लिखा था तब ये चारों जीवित थे, अब दिवंगत हो गए हैं। यानी रेणु ने इनके जीवनकाल में ही उनकी कुछ आड़ी-तिरछी रेखाओं से तस्वीर बनाई थी। त्रिलोचन पर लिखते हुए वे कुछ महत्त्व की बातें कह जाते हैं, जिन्हें रेखांकित किया जाना चाहिए। वे लिखते हैं—यह कहना तकियाकलाम हो गया है कि किसी व्यक्ति का उसके जीवन-काल में ही जायजा नहीं किया जा सकता। क्या मृत्यु के बाद भी किसी के जीवन का सही लेखा-जोखा करना सहज और सम्भव है? किसी व्यक्ति के जीवन को विभिन्न स्तरों पर अलग-अलग दृष्टि से देखा-परखा जा सकता है और इस तरह देखी हुई तस्वीर, दूसरे स्तर से देखी हुई छवि से भिन्न ही नहीं, एक दूसरे को 'कंट्राडिक्ट' भी करती है। ऐसी अवस्था में अन्ततः कोई भी तस्वीर सही नहीं मानी जा सकती। हम ऐसी ही तस्वीरों को 'मिथक' (कूटार्थ) अथवा लोकोक्ति और किंवदन्तियों से रँगकर, महिमामंडित करके चला देते हैं। इसलिए हर पीढ़ी का कर्तव्य हो जाता है कि, वह ऐसे 'चालू सत्यों' का फिर से अन्वेषण करें, फिर से इतिहास लिखे और पुरानी गलतियों को सुधारकर 'ज्ञान' की मशाल अगली पीढ़ी के हाथ में थमा दे।

रेणु हिन्दी-साहित्य के निर्माताओं के प्रति असीम श्रद्धा-भक्ति रखते थे। हर एक से कुछ-न-कुछ सीखा था, गुना था। हर-एक के साहित्यिक अवदान को महत्त्वपूर्ण मानते थे। उनके जीवनकाल में ही अनेक लेख लिखे जा चुके थे, जिनमें उनकी कृतियों के परिप्रेक्ष्य में अज्ञेय, जैनेन्द्र आदि के कथा-साहित्य को खारिज किया जा चुका था। बावजूद इसके, रेणु ने इनके व्यक्तित्व का अपने ढंग से जायजा लिया था। यशपाल, अज्ञेय, जैनेन्द्र, उग्र, अश्क आदि के व्यक्ति-चित्र उकेरते हुए उन्होंने अलग-अलग अन्दाज में स्वयं अपनी छवि को भी आँका है। 'विषय' को अभिव्यक्त करने के लिए विषयान्तर का सहारा लिया है। अपने गाँव-घर में इन लेखकों को कैसे लिया जाता है, इसकी एक झाँकी अज्ञेय पर लिखते समय खासतौर पर वे प्रस्तुत करते हैं। इन रेखाचित्रों में रेणु ने अपने दो नाम रखे हैं—पाठकराम और दासानुदास। अज्ञेय पर लिखते हुए वे कहते हैं—''लेखक को और कुछ नहीं चाहिए। किन्तु, पाठकराम को शब्द चाहिए। और उसने सुन रखा था कि अज्ञेय और कुछ दे-दे पर शब्द नहीं देता। नहीं देता तो पाठकराम क्या करेगा? लाठी मारकर वसूल तो नहीं कर सकता।...महन्त, पादरी, पुरोहित, डिक्टेटर, धूर्त, चालाक सब-कुछ हो सकता है वह। किन्तु इससे...उसके कथाकार को छोटा कैसे मान लिया जाए?'' रेणु को अपेक्षा थी कि उनका प्यारा लेखक पूर्णिया की ओर मुड़ेगा। किन्तु, वह कलकत्ता की ओर प्रस्थान कर गया—''यायावर का कानवाई कलकत्ते की ओर मुड़ गया।

पाठकराम का मन उदास हो गया। यायावर पूर्णिया के तीतरों को नाम पुकारते नहीं सुन सकेगा।'' अज्ञेय पाठकराम की अपेक्षा के अनुसार अपना आचरण नहीं करते, फिर भी उसकी श्रद्धा-भक्ति में कोई कमी नहीं आती। यशपाल भी विरोधी राजनीतिक पार्टी में थे, किन्तु इससे पाठकराम को कोई फर्क नहीं पड़ता। उसके मन में इन दोनों लेखकों के प्रति इस अपार आदर का भाव एक और कारण से है—ये दोनों क्रान्तिकारी रह चुके हैं।

''यशपाल...यशपाल!...भगतसिंह आदि की फाँसी के बाद हमारे इलाके में बहुत से गीत मशहूर हुए। एक गीत की कड़ी याद नहीं। भावार्थ यह था कि ओ भारत माता! तू कितना बलिदान चाहती है, भगतसिंह, सुखदेव, राजगुरु आदि की मुंडमाल पहनकर भी तुम्हारा कलेजा ठंडा नहीं हुआ? ले, कितना बलिदान तू चाहती है! अभी भी...यशपाल आदि बाकी हैं।''

रेणु को यह गीत बड़ा प्रिय लगता, क्योंकि इसकी एक कड़ी में भारतमाता के लाल...काल...रक्त का थाल और मुंडमाल के साथ यशपाल का अच्छा तालमेल बिठाया गया था।...राष्ट्रीय कीर्तन में यह गीत खूब जमता था। लाल-काल-थाल-पाल आदि शब्दों पर ढोल बजानेवाला 'तमंचा मार' ताल बजाता था।...रेणु के लिए हिन्दी का यह कथाकार यशपाल वही क्रान्तिकारी यशपाल है, यही बहुत है। वह सोशलिस्ट, कम्युनिस्ट, कांग्रेसी, कुछ भी हो, साम्प्रदायिक दंगे तो नहीं करवा रहा अपनी लौह लेखनी से। 'विप्लव' के बदले वह किसी 'धर्म का बिगुल' भी निकाल सकता था!...सो, रेणु अपने सभी वरिष्ठ लेखकों के प्रति श्रद्धानवत है। इसके पीछे की उनकी मानसिकता का मुख्य कारण है उनका गँवई जीवन का संस्कार। वे बताते हैं—''गँवई आदमी, जयजयकार करते समय, सबसे अन्त में, 'सब सन्तन की जै' कहना नहीं भूलता। 'ऑरिजिन ऑफ दी स्पेसीज' पढ़ने के बावजूद वह एट्टी परसेंट सनातनी ही रहा सब दिन।'' और रेणु का ट्वेंटी परसेंट क्या था? अहम सवाल? क्या यह जो बीस प्रतिशत है वही रेणु का मौलिक है? और उन्हें त्रिलोचन क्यों रुचते हैं? उनका विश्वास है कि कभी त्रिलोचन को अपने साथ गाँव ले चलें तो परिचय करवाने की आवश्यकता नहीं पड़ेगी। बड़े-बड़े गृहस्थ-गृहों की 'भक्तिमय आत्माएँ' उनके पास आकर, अपने चेहरे से 'चुनरी' हटाकर, नैनों से नैना मिलाती 'कबिराहा अन्दाज' में दोनों हाथ जोड़कर, विगलित-सी पुकार उठेंगी—'सा-हे-ब! बन्दगी!!' त्रिलोचन निश्चय ही अचरज में पड़ जाएँगे। मजा आ जाएगा। अथवा, यह भी हो सकता है कि, त्रिलोचन उनके गाँव के हर 'सतरंगी' जीवन को देखते ही नाम ले-लेकर पुकार उठें और हमें ही घोर अचरज में डाल दें। इसलिए रेणु जब त्रिलोचन से मिलते, हाथ जोड़कर मन-ही-मन 'सा-हे-ब बन्--द-गी!' करते। त्रिलोचन का यह कबिराहा और गँवई स्वरूप उनके साधारण से लगनेवाले कवि-स्वरूप में 'असाधारणता' लिए हुये है। दरअसल ऐसा ही रेणु का भी व्यक्तित्व और साहित्य

है। साधारण में असाधारण! सरलता में एक खास तरह की विशिष्टता और अद्वितीयता। गँवईपन में विलक्षणता और मोहकता। इसीलिए उनका अस्सी प्रतिशत और बीस प्रतिशत दोनों का महत्त्व है। अस्सी प्रतिशत आस्था और बीस प्रतिशत अनास्था। अस्सी प्रतिशत राग और बीस प्रतिशत विराग।

अब थोड़ी चर्चा रेणु के कथा-रिपोर्ताजों की की जाए!

रेणु का पहला रिपोर्ताज जो मुझे प्राप्त हुआ है वह है 'बिदापत-नाच'। इसके पूर्व भी रेणु ने रिपोर्ताज लिखे होंगे, पर मुझे अब तक नहीं मिले। यह साप्ताहिक 'विश्वमित्र' के 1 अगस्त, 1945 के अंक में छपा था। इस रिपोर्ताज को पढ़कर यह देखा-जाना-समझा जा सकता है कि रेणु की भाषा-शैली 1945 में ही पूरी तरह बन चुकी थी, परिपक्व हो चुकी थी। इसके प्रारम्भिक चरण में ही रेणु इस नाच के बारे में निवेदन करते हैं कि उदयशंकर जी उनकी इस अनधिकार चेष्टा को माफ करें कि वे एक नाच के बारे में बता रहे हैं। पर उन्हें यह भी विश्वास है कि नृत्यकला के आचार्य ने तो इसका नाम भी नहीं सुना होगा। फिर ओरियंटल और क्लासिकल नृत्य में दिलचस्पी रखनेवाले पाठक-पाठिकाओं को सम्भव है इस नृत्य में दिलचस्पी पैदा न हो। कारण है—"तथाकथित भद्र समाज के लोग इस नाच को देखने में अपनी हेठी समझते हैं, लेकिन मुसहर, धाँगड़, दुसाध के यहाँ—विवाह, मुंडन तथा अन्य अवसरों पर इसकी धूम मची रहती है।"

फिर रेणु निवेदन करते हैं—"आइए, आज आप भी मेरे साथ थोड़ी देर के लिए भद्रता का चोला उतार फेंकिए। वहाँ, मुसहर टोली में जो भीड़ जमा है, वहीं आज 'बिदापत-नाच' होने जा रहा है। कोल, मुसहर और धाँगड़ की सारी बस्ती उमड़ आई है। युवक-युवतियाँ, बूढ़े, बच्चे सभी नाच शुरू होने की प्रतीक्षा कर रहे हैं।" रेणु भद्र समाज में प्रचलित शास्त्रीय नृत्य के बरक्स लोक-नृत्य के एक पूरे परिदृश्य में अपने पाठकों को उतारते हैं। यहाँ उतरकर पाठक दर्शक हो जाता है यानी इसे पढ़ते समय साक्षात् इस नाच को अपनी आँखों के सामने घटित होता देखने लग जाता है और हास-विलास से भरे इस माहौल में डूबकर एक अनोखी अनुभूति, एक राग और रस से सराबोर हो जाता है, साथ ही एक कसक भी उठती है। हास-परिहास भरे माहौल में भी कभी-कभी व्यंग्य का भाव, अपनी दीन-दशा पर हँसने का भाव! बिकटा महोदय अपनी आत्मकथा सुना रहे हैं—बाप रे, मेरी कौन दुर्गति नहीं हुई! सात वर्षों तक मैं सूद चुकाता रहा, तब भी कर्ज बढ़ता ही गया। थाली बेचकर पटवारी को देना पड़ा और लोटा बेचकर जो पैसा मिला उसे चौकीदारी में दे दिया। एक बकरी बची थी, जिसे बेचकर सिपाही को रुपए देने पड़े और अब 'फटकनाथ गिरधारी' यानी पूरी तरह कंगाल हुआ जी रहा हूँ। यह है बिकटा जिसकी पीठ की चमड़ी जमींदार के जूते खा-खाकर मोटी हो गई है। और यही कारण है कि इस नाच में अपनी भूमिका में भी वह "अपने को 'कृष्ण' भी समझता है, परदेशी साजन भी

समझता है लेकिन इसके साथ ही वह यह नहीं भूल जाता कि वह कलरू मुसहर है, हलहलिया का रहनेवाला है और मनुष्य रहते हुए भी है सिर्फ कोल्हू का बैल।''

'बिदापत-नाच' में शहरी आभिजात्य वर्ग के सामने लोक-जीवन में व्याप्त कलाकारों को पहली बार उपस्थित किया गया है—एक चुनौतीपूर्ण मुद्रा के साथ। रेणु का अधिकांश साहित्य भी लगभग इसी मुद्रा विशेष से रचा गया है कि वे जिस लोक-जीवन को अपने साहित्य द्वारा प्रस्तुत कर रहे हैं, साहित्य-जगत् उससे अपरिचित है।

रेणु ने कई किसान-आन्दोलनों में भाग लिया था। 25 नवम्बर, 1949 को पटना में एक ऐतिहासिक किसान सम्मेलन हुआ था। इस ऐतिहासिक सम्मेलन में भाग लेने पूरे बिहार से किसान आए थे। पूर्णिया जिले के जिन किसानों का जत्था इस सम्मेलन में भाग लेने आया था उन किसानों के मार्च का अभूतपूर्व चित्रण 'नए सेवेरे की आशा' नामक रिपोर्ताज में है। इस रिपोर्ताज के केन्द्रीय पात्र 'ज्ञानचन्द' में रेणु का अपना ही व्यक्तित्व समाहित है। पूर्णिया से लेकर पटना तक का यह किसान-मार्च रेणु के लिए नए सवेरे की आशा थी। 'नए सवेरे...' से उनका तात्पर्य 'किसान-मजदूर राज्य' कायम करने से था। वे मजदूर-किसान राज्य की स्थापना को ही असली 'सुराज' मानते थे। उन्होंने तत्कालीन प्रधानमंत्री पर जो व्यंग्य किया है, वह आज के जन-नेताओं पर भी उसी तरह लागू होता है—''भरपेट जन-सेवा की कसमें खाकर प्रधानमंत्री जी स्प्रिंगदार पलंग पर करवट ले रहे हैं। जाड़े की सुबह की मीठी नींद। कम्पन...शून्य...ईथर...। रोजी, रोटी, कपड़ा दो, नहीं तो गद्दी छोड़ दो।...हम गद्दी नहीं छोड़ेंगे। गांधीजी का नाम लो, सुबह-सुबह क्या रोटी की रट लगा रखी है तुमने? रोटी के लिए कुत्ते लड़ते हैं। नेहरू जी की बातें सुनो—टबों में खेती करो, गमलों में अन्न उपजाओ, शकरकन्द खाओ। बेदखली बन्द करने की माँग मत करो। जमींदारों को मुआवजा नहीं दोगे? सरदार पटेल ने कहा था, याद नहीं—यह डकैती है। जाओ, रामधुन गाओ। कपड़े की क्या जरूरत है—भस्म लगाओ। हमारी संस्कृति, भारतवर्ष की प्राचीन संस्कृति वल्कल और भस्म, राख...। हम गद्दी नहीं छोड़ेंगे।'' रेणु का चुन्नीदास दूसरी तरफ आल्हा गा रहा है, जिसका मतलब है—चोटी पकड़कर सभी चोट्टे लोगों को गद्दी से उतारना होगा। बेईमानों के राज को समाप्त कर तुरन्त अपनी सरकार बनानी होगी और सेठ, महाजन, जमींदार की तब दुर्दशा होगी। तभी पूरे देश से दुख-दारिद्र्य समाप्त होगा और जनता जय-जयकार करेगी।

चुन्नीदास कबीरपंथी और गांधीवादी हैं। रेणु ने कुछ वाक्यों में ही उनकी पूरी जीवनगाथा रख दी है : चुन्नीदास जी 1930 से 42 तक चौदह बार जेल की सजा भुगत आए हैं। कबीरदास के बाद गांधीदास बननेवाले इस भोले किसान की सारी जमीन नीलाम हो गई। जमींदार न तो पानी बरसाता है न खेत की पैदावार बढ़ाता है। फिर कैसी मालगुजारी, कैसा खजाना? 1934 में ही उनका यह नारा था। जमीन नीलाम हो गई, बीवी मर गई, बच्चों को 'कँगरेस' में गांधी बाबा की सेवा में सुपुर्द

किया। एक आज तक 'कांग्रेस-आश्रम' का बर्तन माँजता है, दूसरा पूरब कमाने के लिए भाग गया। जब तक सुराज न होगा, 'जटा और दाढ़ी' नहीं कटाएँगे। सो, 15 अगस्त को साधु का धरम भ्रष्ट होते-होते बच गया, गरीबों के पेट में अन्न नहीं, देह पर बस्तर (वस्त्र) नहीं। लोगों ने झूठ-मूठ हल्ला मचाया कि सुराज हो गया। दुहाई गांधी बाबा, चौदह बार फिर (जेल) जाने को तैयार हैं...। चुन्नीदास गा रहे हैं–व्यौधा जाल पसारा रे हिरणा, व्यौधा जाल पसारा...।

व्यौधा ने जो जाल पसारा उसमें लोग धीरे-धीरे फँसने लगते हैं। फँसते ही जाते हैं। अब तक फँसे हैं। रेणु का नया सवेरा तो नहीं ही आया, उसकी आशा भी धीरे-धीरे क्षीण होती गई। कारण यह कि जिस राजनीति पर उन्हें भरोसा था, वह भी पतनशील और विकृत हो गई। मानवीय व्यवस्था में मनुष्य के लिए जगह की कमी तो थी ही, प्राकृतिक आपदाएँ भी उसे जड़-मूल से समाप्त करने पर उतारू।...सबसे पहले आती है बाढ़। रेणु का पूरा इलाका जलमग्न हो जाता है और गरीब सर्वहारा वर्ग में शुरू होता है–भूख का तांडव नृत्य! भूख से बिलबिलाकर मरते मनुष्यों की हड्डियाँ लगातार बिखर रही हैं। और, शासक दल ने सर्वेक्षण कर घोषित किया–कहीं अकाल नहीं, भुखमरी नहीं। रेणु लिखते हैं–"सारे जिले की धरती पर हड्डियाँ बिखर रही हैं। आसमान में गिद्धों का दल चक्कर मार रहा है, चील झपट्टे मार रहे हैं, कुत्ते, गीदड़ों और दम तोड़ते इनसानों में छीना-झपटी हो रही है।...हवा में लाशों की सड़ाँध फैल रही है।...इन बिखरी हुई हड्डियों को बटोरकर कोशी डैम...नहीं...कम-से-कम कोशी पर एक विशाल पुल तैयार किया जा सकता है।...हमारी सरकार के पुनर्निर्माण विभाग का, पूँजीवादी समाज के 'इंजीनियरिंग विभाग' का नया नमूना...ताजमहल की तरह अद्वितीय और दर्शनीय होगा वह पुल!"

यह है रेणु का 'हड्डियों का पुल'। इसे समाप्त करते हुए वे लिखते हैं–"देख रहा हूँ...एक भी मध्यवर्गीय किसान के पास अब अपनी जमीन नहीं रह जाएगी। परिवार टूट रहे हैं। औरतों की देह के गहने बन्धक पड़ चुके हैं...मैंने आज अपनी कमला का कंगन बेचा है। बेचकर चावल खरीदा है। बस, पन्द्रह दिनों की खुराक! इसके बाद? जमीन? मगर जमीन है कहाँ?...रजिस्ट्री ऑफिस के पास मेले लगे रहते हैं...कलकत्ते के रॉयल एक्सचेंज और बम्बई के दलाल स्ट्रीट की सरगर्मी छाई हुई है। चन्द महीनों के बाद ही सारे देश में बंगाल से भी भीषण अकाल का महातांडव नृत्य शुरू हो जाएगा। और उस महानृत्य की पृष्ठभूमि में मैं आशा की चमक...क्रान्ति की चिनगारी को निकलते हुए देखता हूँ। इस बार नरमेध यज्ञ के कुंड से महा बवंडर फूटेगा।"

रेणु के मन में यह जो आशा है, विश्वास है, वह बाद की रचनाओं में टूटा हुआ, बिखरा हुआ मिलता है। उन्होंने 1966 में अकाल एवं 1975 में पटना की बाढ़ पर जो रिपोर्ताज लिखे हैं, उससे इसका पता चलता है। 1966 के अकाल पर लिखा

रिपोर्ताज 'भूमिदर्शन की भूमिका' को समाप्त करते हुए वे लिखते हैं—''रत्तू सिंह मर जाएगा तो क्या होगा? इतने लोग मर गए तो क्या हुआ?...क्या होगा...? कुछ नहीं होगा।'' 1966 के वही रेणु हैं जो 1950 में लिख रहे थे—इस बार नरमेध यज्ञ के कुंड से महाबवंडर फूटेगा। इस आजाद हिन्दुस्तान में किसी का भूख से मर जाना बेमानी हो गया है। फिर भी रेणु भूखे, नंगे, दलित वर्ग के लोगों के बीच हमें ले जाकर, भूख से तड़प-तड़प कर मरते हुए मनुष्यों का दर्शन करवाकर 'असली हिन्दुस्तान' से ही साक्षात् करवाते हैं।

'नए सवेरे की आशा' एवं 'हड्डियों का पुल' के लेखक रेणु जन-संघर्षों में भाग लेनेवाले, जनता की क्रान्तिकारी चेतना पर विश्वास करनेवाले, सामाजिक कार्यकर्ता तीस वर्षीय रेणु हैं, जिनकी भाषा में ओज है, चमक है, ललकार है, क्रान्तिकारी तेवर है। वही रेणु 1966 में अपनी उसी काया को आइने में देखते हुए आत्म-विश्लेषण करते हुए स्वयं से पूछते हैं—''तुमने कभी कोसी कवलित जनों, अकाल-पीड़ितों और शरणार्थियों के दुख-दर्द को भोगकर जीती-जागती छवियाँ आँकी थी? क्या हो गया तुझे जो इस तरह 'बोतल प्रसाद' हो गया तू?''

'पुरानी कहानी : नया पाठ' रेणु का बाढ़ पर लिखा गया अद्भुत रिपोर्ताज है। बाढ़ का आना रेणु के लिए पुरानी कहानी की तरह है, पर उसके नए पाठ को प्रस्तुत करने का उद्देश्य है—मौजूदा राजनीति और समाज के प्रतिनिधि 'जन-सेवक जी' के असली चरित्र को उजागर करना, जो इस बाढ़ के लाने के असली अपराधी हैं एवं बाढ़ के नाम पर अपनी गोटी लाल करने से भी नहीं चूकते। अगले चुनाव में अपनी जीत की पृष्ठभूमि वे इस बाढ़ के दौरान ही बना लेते हैं। और अन्त में इलाके का 'पढ़ुवा पागल' आजकल 'निराला' की एक ही पंक्ति को बार-बार दुहराता है—'मिट्टी का ढेला शकरपाला हुआ।' रेणु बताते हैं कि समाज का एक खास वर्ग किस तरह प्राकृतिक आपदाओं और मानवीय त्रासदियों की भी तिजारत करता है, अपने स्वार्थ में उपयोग करता है।

रेणु के रिपोर्ताज उनकी कहानियों से कम महत्त्वपूर्ण नहीं, कुछ ज्यादा ही हैं। अपनी संरचना में वे कहानियों के ही करीब हैं। इसीलिए रेणु के कुछ रिपोर्ताज कहानी-संग्रहों में भी स्वयं द्वारा एवं अन्य लेखकों के द्वारा संकलित किए गए हैं।

रेणु अपने कथा-लेखन के प्रारम्भिक दौर में कहानियाँ एवं रिपोर्ताज दोनों लिख रहे थे। और 'मैला आँचल' के पूर्व लगातार ऐसा होता रहा। उनके रिपोर्ताज कहानियों से कुछ ज्यादा ही प्रभाव पाठकों पर डालते थे। खेद है कि जिन समाचार-पत्रों में ये रिपोर्ताज छपे हैं, उनके अंक उपलब्ध नहीं हो पाने के कारण रेणु के अब तक बहुत कम ही रिपोर्ताज मिल पाए हैं। रेणु के सभी प्रकाशित रिपोर्ताज यदि उपलब्ध हो जाएँ हो एक बड़े रिपोर्ताज लेखक के रूप में हम उन्हें देख पाएँगे। बहरहाल जितने भी रिपोर्ताज उपलब्ध हैं, उनके आधार पर यह तो कहा ही जा

सकता है कि रेणु हिन्दी के श्रेष्ठ रिपोर्ताज लेखक हैं। 'श्रेष्ठ' शब्द से यदि एतराज हो तो उसकी जगह अप्रतिम या अद्वितीय शब्द रख लें। रेणु के रिपोर्ताज कथा-साहित्य के अंग हैं, रपट के नहीं। उनकी रचनात्मकता उनके महत्त्व को युगों-युगों तक अक्षुण्ण रखनेवाली है। जो लोग रेणु की कहानियाँ पढ़कर उनमें 'राजनीति' का अलोप पाते हैं, उन्हें तो ये रिपोर्ताज अवश्य ही पढ़ना चाहिए।

रेणु की कहानियाँ हर रूप, रंग, रस, स्वाद, शिल्प, शैली की हैं। इनमें कुछ बेहद चर्चित हैं तो कुछ बेहद अचर्चित। सन् 1950 के पूर्व की लिखित-प्रकाशित दो कहानियाँ–'पार्टी का भूत' और 'धर्म, मजहब और आदमी'। रेणु ने अपनी इन कहानियों में ही अपनी 'पार्टी' और 'राजनीति' स्पष्ट कर दी है। वे किसी पार्टी के लेखक नहीं हैं, जब हर आदमी अपने हाथ में किसी-न-किसी पार्टी का झंडा थामे है। रेणु इस बात से डरते हैं कि कहीं उनसे पूछ न लिया जाए कि वे किस पार्टी में हैं? इसका कारण क्या है? ये पार्टियाँ और उनके तथाकथित नेता जनता के नाम पर तो सत्ता प्राप्त करते हैं, पर जनता से उनका कोई लेना-देना नहीं। उनका ज्यादा समय एक-दूसरे को ध्वस्त करने में, नीचा दिखाने में लगा रहता है। एक पार्टी को दूसरी पार्टी से खतरा दिखाई पड़ता रहता है, हर वक्त। (विजयमोहन सिंह के शब्द लेकर कहें) रेणु के मुताबिक सभी राजनीतिक पार्टियाँ एक दूसरे को काटनेवाले रास्तों पर हैं या स्वयं रेणु भी एक चौराहे पर हैं, जिसके सभी रास्तों पर कुछ दूर चलने के बाद वापस लौट आए हैं–'राहबर' की न 'पहचान' के कारण नहीं, बल्कि हर राहबर यानी राजनीति यानी नेता यानी पार्टी को पहचान जाने के कारण। लेकिन यह 'मुक्ति' नहीं है इसीलिए एक गहरी पीड़ा है इन कहानियों में, जो कभी-कभी आत्म-परिहास में परिवर्तित होकर ज्यादा व्यापक त्रासदी बन जाती है। यद्यपि रेणु राजनीति में ऐसे रचे-बसे कभी नहीं रहे, किन्तु उनकी रचनाओं में राजनीति की अहम भूमिका है। उनके भाव-बोध में राजनीति के तन्तुओं का गुंजलक है, उसके आड़े-तिरछे ताने-बाने से बुना हुआ। अतः राजनीति 'ऑब्सेशन' के रूप में भी है और कभी दुःस्वप्न के रूप में भी। किन्तु, राजनीति में रहते हुए भी रेणु राजनीतिक व्यक्तित्व नहीं थे। उनकी रचनाओं में राजनीतिक मूल्यों के क्षरण का ही परिदृश्य है, जो उनकी रचनाओं को सम्पन्न बनाता है और राजनीति को विपन्न। 'पार्टी का भूत' कहानी ही नहीं, कई कहानियों में रेणु व्यक्तिगत अर्थों को राजनीतिक अर्थों के साथ जिस सहजता के साथ संयुक्त कर देते हैं, उसी से एक सम्पूर्ण रचना की सृष्टि होती है। ऐसी कहानियों में ही 'धर्म, मजहब और आदमी', 'तॅबे एकला चलो', 'जलवा' आदि कहानियों को रखा जा सकता है। 'आत्म-साक्षी' कहानी को भी।

'धर्म, महजब और आदमी' कहानी का नायक मनमोहन का एक प्रश्न, जो स्वयं रेणु का प्रश्न है, हमें सहज ही आकर्षित करता है–''भूखे, बीमार मुल्क में धर्म

के नाम पर लड़ाइयाँ होती हैं अथवा रोटी के लिए? रोटी के लिए नोआखाली और बिहार के गाँवों ने कितनी बार सम्मिलित कोशिश की?'' रेणु धर्म के नाम पर चलनेवाली राजनीति का खुलासा करते हुए बताते हैं–''जमींदारी प्रथा आज मिट रही है। इस सत्यानाशी प्रथा को कायम रखने के लिए जमींदारों ने क्या-क्या नहीं किया। आज भी वे सचेष्ट हैं। उन्होंने राष्ट्रसेवक दल नामक एक संस्था भी कायम की है। 'मुस्लिम नेशनल गार्ड' और यह 'राष्ट्रसेवक दल' मुस्लिम और हिन्दू पूँजीपतियों की डूबती हुई नैया को बचा सकेगा?''...'पार्टी का भूत' में वामपंथी पार्टियाँ हैं, जो आपसी खींचतान में बिखर रही हैं और इस कहानी में दक्षिणपंथी दल जमींदारों एवं पूँजीपतियों की डूबती हुई नैया को बचाने में लगे हैं। दूसरी तरफ ''आसपास के गाँवों में जोरों से हैजा और मलेरिया फैला हुआ था। भूख और रोग का संयुक्त मोर्चा!'' इस कहानी का नायक दोनों मोर्चों पर लड़ता है। उसके लिए धर्म और मजहब से बढ़कर अहमियत आदमी की है। वह आज की राजनीतिक व्यवस्था को बेनकाब करता हुआ कहता है–''तो 'गॉड सेव दि किंग' का मतलब हुआ...ईश्वर, गुलामी, गरीबी, भूख, मौत, जुल्म, लूट, कत्लेआम सभी को कायम रखें।''

अपनी परवर्ती कहानियों में रेणु की यह क्रान्तिकारी चेतना नहीं दिखाई पड़ती। कभी-कभार उसकी झलक भर दिखाई पड़ती है। इसका मुख्य कारण है जन-संघर्षों की चेतना का 'लोप' हो जाना। यह सिर्फ रेणु में ही नहीं हुआ, अपितु आजादी के बाद धीरे-धीरे भारतीय लोगों में आता गया। वैसे पात्र भी दुर्लभ होते गए। वैसे समस्याएँ वही थीं, उनमें वैसा कोई बदलाव नहीं आया था। 'जलवा' कहानी में रेणु ने फातिमा दी के चरित्र को रखा है, जो आजादी की लड़ाई में बचपन से ही शरीक होती हैं और आजादी के बाद भी फिरकापरस्त ताकतों से लड़ती हुई हताहत। रेणु को आजादी के बाद फिर वैसा चरित्र मिलता है। फातिमा दी, ''आपने पॉलिटिक्स क्यों छोड़ दी?'' पूछने पर बेहद तल्ख स्वर में जवाब देती हैं, जिसमें आजाद देश की राजनीतिक अवस्था का बयान है–''यह मुझसे क्यों पूछते हो? अपने उन नवाबजादों से कभी नहीं पूछा, जो रातोरात 'देश-भगत' बनकर कांग्रेस के खेमे में दाखिल हो गए। बगल में छुरी दबाकर। अपने नेताओं से क्यों नहीं जवाबतलब करते? कल तक गांधी-जवाहर-पटेल को सरेआम गालियाँ देनेवाले, कौमी झंडे को जलानेवाले फिरकापरस्त लीगियों की इज्जत अफजाई की गई और मुल्क के लिए मरने-मिटने वालों को दूध की मक्खियों की तरह निकाल फेंका।''

दूसरी तरफ साहित्य भी इन समस्याओं से हटकर किसी और ही दुनिया में ले जा रहा था। इसीलिए, फातिमा दी की बोली में गहरी पीड़ा उतर आई थी– ''तुम...तुम...अफसाने लिखते हो न?...याद है, आजादी के पहले जिन तरक्कीपसन्द अदीबों की नज्मों और अफसानों में हिन्दू-मुस्लिम इत्तहाद की बातें, 'मानवता' की

दुहाई और न जाने क्या-क्या ठुँसी रहती थीं, आजादी के बाद अचानक उनकी बोलियाँ बन्द ही नहीं, बदल गईं।...अवाम की कसमें खानेवाले टुकुर-टुकुर देखते रहे और फिरकापरस्त अजहदों ने पूरे कौम को लील लिया।'' रेणु को आजादी के बाद फातिमा दी जैसी वीरांगना मिलती है जो साम्प्रदायिक ताकतों से अकेली लड़ती है। वह अकेली है, इसलिए उसकी पराजय निश्चित है। दूसरी तरफ अकेले पथ पर ही चलनेवाले किसन महाराज हैं जो बटैयादारों और भूमिपतियों के भूमि-संघर्ष में शहीद होते हैं। फातिमा दी की तरह ही अन्याय के दिव्य प्रतिवाद से किसन महाराज का जीवन भी जलता रहता है, वह आदमी नहीं पाड़ा है तो क्या? 'तॅबे एकला चलो रे' कहानी रेणु ही लिख सकते थे, दूसरा कोई नहीं। प्रेमचन्द ने बैलों की कहानी लिखी थी और रेणु ने यह पाड़े की कहानी, जो जानवर होकर भी मनुष्य की काया में पलते जानवरों के खिलाफ शुरू से ही संघर्षरत रहता है।

आजादी के बाद का ग्राम-जीवन टूटता है, बिखरता है। लोकगीतों की जगह फिल्मी गाने गाए जाते हैं। गाँव की सामूहिकता भंग होती है। एक गाँव में एक पंचायत नहीं, बल्कि हर जाति की अपनी पंचायत और उस पंचायत के लिए अलग पंचलाइट। चिड़िया भी अब अपना गाना भूल रही है। लोक-कलाकार जो लोगों के हृदय में बसते थे, दाने-दाने को मुहताज मारे-मारे फिरते हैं। मजदूरों का खेतों से नाता टूट रहा है। वे शहर में रिक्शा चलाना या होटलों में प्लेट माँजना ज्यादा अच्छा समझते हैं। गाँव के लोगों में शहरों की तरफ का पलायन बढ़ता ही जाता है। जो गाँव में हैं, उनमें भी शहरी संस्कृति व्याप्त हो रही है। फिर एक ऐसा दौर शुरू होता है जब लोक-कला का एक बाजार बनता है और उसे भुनाने की कोशिश शुरू होती है। रेणु की 'रसप्रिया', 'विघटन के क्षण', 'उच्चाटन', 'भित्तिचित्र की मयूरी' इन्हीं जीवन-स्थितियों से उपजी कहानियाँ हैं। इन कहानियों में रेणु का मन उदास है, दुखी है, बोझिल है। एक वैज्ञानिक विचारधारा पर आस्था रखनेवाली कम्युनिस्ट पार्टी में भी दरार आती है, और वह हादसा गनपत जैसे साधारण कार्यकर्ता को भी मानो चीर जाती है। हर पार्टी टूट रही है, हर गाँव टूट रहा है, एक-एक आदमी टूट रहा है। विलगाव की यह प्रक्रिया रेणु की कहानियों में भरी पड़ी है। ज्ञानरंजन ने एक कहानी लिखी है, 'बहिर्गमन'। छोटे शहरों से किस तरह लोग महानगरों की ओर पलायन करते हैं और उनका क्या परिणाम होता है। रेणु के 'विघटन के क्षण' के उजड़े हुए हिंगना-मठ पर खँजड़ी बजाकर सतगुरु का नाम लेनेवाला एकमात्र बाबाजी सूरतदास वैरागी कहता है, ''सभी जाएँगे। एक-एक कर सभी जाएँगे।'' गाँव की मशहूर झगड़ालू औरत बंठा की माँ बोली, ''ई बाबाजी के मुँह में 'कुलच्छने' छोड़कर और कोई बानी नहीं। जब सुनो तब सभी जाएँगे। जब से यह बानी बोलने लगा है बाबाजी, गाँव के 'जवान-जहान' लड़के गाँव छोड़कर भाग रहे हैं। पता नहीं, शहर के पानी में क्या है कि जो एक बार एक घूँट भी पी लेता है, फिर कभी गाँव का पानी

हजम नहीं होता। रेणु का मन ठीक चुरमुनियाँ की नन्ही-सी जान की तरह है जो न जाने किस संकट की छाया देखकर डर गई है–"क्या रह जाएगा? सभी, एक-एक कर गाँव छोड़कर जा रहे हैं। सच्चिदा भी चला जाएगा तो गाँव की 'कबड्डी' में अकेले पाँच जन को मारकर दाँव अब कौन जीतेगा? आकाश छूनेवाले भुतहा-जामुन के पेड़ पर चढ़कर शहद का 'छत्ता' अब कौन काट सकेगा? होली में जोगीड़ा और भड़ौआ गानेवाला, अखाड़े में ताल ठोंकनेवाला...सच्चिदा भैया!"

इन पंक्तियों में बहुत कुछ देखा जा सकता है, बहुत कुछ पढ़ा जा सकता है। जिसे अपने गाँव-घर, 'जनम-स्थान' से कुछ लेना-देना नहीं, कोई लगाव नहीं, उसे न अपने देश से लगाव हो सकता है और न किसी प्रकार की माया-ममता! रेणु अपने गाँव-इलाके के 'संवदिया' की तरह हैं, जिसका दिल इस फटेहाल दशा, इस टूटन, इस भूख और गरीबी को कहते हुए स्वयं दरकता है। हाँ, जहाँ प्रेम है, सांस्कृतिक सम्पन्नता है, खेतों में झूमते हुए पौधे हैं, मेला-ठेला, नाच-तमाशा है, वहाँ उनका दिल हुलसता है। या कहें रेणु 'रसप्रिया' कहानी के मृदंगिए की तरह हैं या उस मृदंगिए का मर्म हैं।

रेणु की कहानियों पर, कहानियों की एक-एक विशेषता पर, बारीक बुनावट पर, ऐन्द्रिकता पर बहुत कुछ लिखा जा चुका है। उन्हें दुहराकर पाठकों का क्यों समय बर्बाद किया जाए? ये रचनाएँ जो बार-बार पढ़ी जाकर भी हर बार एक नया सुख, नया रस, नई भंगिमा देती हैं, फिर भी कुछ-न-कुछ इनमें बचा रहता है।

रेणु की कहानियाँ

रेणु को मैंने इतनी बार पढ़ा है, गुना है, उनकी रचनाओं को इतना अधिक आत्मसात् किया है, पर उन पर लिखना मेरे लिए सदा मुश्किल रहा है। बरसों से रेणुमय रहा हूँ। वे मेरे अन्तरमन में समाए हुए हैं। मेरे रोम-रोम में बसे हुए हैं। उनके बारे में जितना भी कहूँ—बहुत कुछ अनकहा रह जाता है।

वे जितने सीधे और सरल ऊपर से दिखाई देते हैं, उतने ही जटिल भी हैं। उनकी रचनाएँ एकरेखीय नहीं हैं। उनमें अनेक ध्वनियों एवं नादों एवं स्वरों का सामूहिक समुच्चय है। वे रंग-रेखा और संगीत के उस्ताद कथाकार हैं। नीरस भावभूमि में भी वे रस का संचार कर देते हैं। बंजर-बेजान में भी प्राणवत्ता की तलाश करते हैं।

रेणु के उपन्यासों में ही नहीं, उनकी कहानियों और रिपोर्ताजों में भी एक समूहगान उपस्थित होता है। वे हर एक व्यक्ति के निजी स्वर की, इस समूहगान में निजी विशेषताओं की पहचान करते हैं। हर पात्र अपनी बोली-बानी से ही नहीं, अपने जीवन के निजी अन्दाज से भी अपने स्वतंत्र व्यक्तित्व का बोध करा देता है। उनकी कथा-संरचना में बारीक बुनावट है, जो एक मोहक इन्द्रजाल की सृष्टि करता है। उनके पात्र राग और विराग दोनों से भरे हैं। वे यथार्थ की ऊपरी सतह को उद्घाटित करते हुए उसके विस्तार को भी समेटते हैं और अपनी व्यंग्यधर्मिता में मारक प्रभाव छोड़ते हैं। वे अपनी कथा-रचनाओं में मनुष्य की तलाश करते हैं। वह मनुष्य जो किसी पार्टी का नहीं है जिसके हाथ में कोई झंडा नहीं है। वह किसी धर्म या मत का प्रचारक नहीं है। वह सिर्फ साधारण मनुष्य है। इसी मनुष्य में नारायण की व्यथा-कथा है। उसमें मनुष्य की सारी अच्छाइयाँ और बुराइयाँ हैं, गुण और अवगुण हैं, पर वह सांस्कृतिक चेतना से लैस है। यही चेतना उसे गरीबी, अभाव, महामारी और प्राकृतिक आपदाओं से लड़ने को उत्प्रेरित करती रहती है। रेणु के पात्र जीवन में आखिरी साँस तक जूझते हैं, लड़ते हैं। मर भी जाते हैं लेकिन हार नहीं मानते। उनके पात्रों में एक दुर्दम्य जिजीविषा है।

रेणु की कथा-रचनाएँ अपने स्थानीय वैशिष्ट्य के कारण आंचलिक कही जाती हैं। लेकिन वे जितनी आंचलिक हैं उतनी ही राष्ट्रीय। वे देश, काल और परिवेश की सीमा का प्राय: अतिक्रमण करती हैं।

रेणु की कथा–रचनाओं की ये तमाम विशेषताएँ उनकी 'मैला आँचल' के पूर्व की कहानियों में भी दिखाई पड़ती हैं। यहाँ तक कि उनकी पहली कहानी 'बटबाबा' में भी इन बातों को देखा जा सकता है।

'बट बाबा' 27 अगस्त, 1944 के साप्ताहिक 'विश्वमित्र' पत्रिका में पहली बार प्रकाशित हुई थी। इस कहानी के पहले रेणु अनेक कहानियों का सृजन कर चुके थे, किन्तु वे प्रकाशित नहीं हो पाई थीं। इसलिए इस कहानी में, जो रेणु की पहली ही कहानी थी, एक परिपक्व कथाकार के रूप में हम उन्हें पाते हैं। इस कहानी में रेणु की सम्पूर्ण विशेषताएँ देखी जा सकती हैं। रेणु बताते हैं–

जब से इस गाँव के सबसे अमीर किसान 'मुखिया अनंत मंडर' की दुनिया बिगड़ गई, शाम के समय निरधन साहु की दुकान पर ही गाँववालों की बैठक जमती है। दिन भर के थके–माँदे किसान, खेतिहर मजदूर नमक–तेल, चावल–दाल लेने या चिलम पीने और अपने सुख–दुख की कहानी कहने यहाँ शाम को चले आते हैं। आज चर्चा का विषय था, वही पुराना बरगद का पेड़, जिसे गाँववाले आदर और श्रद्धा से बट बाबा कहते थे या सिर्फ बाबा। यह गाँव का सर्वाधिक वृद्ध समाँग था, जो गाँववालों की आस्था और विश्वास को बनाए रखता था। वह पूज्य था। फरजन मियाँ कहते हैं कि अरे क्या पूछते हैं, हमारे दादा कहते थे कि उनके बचपन में भी यह ऐसा ही बूढ़ा था। निरधन साहू की काया काला ज्वर से कंकाल मात्र रह गई थी, तिस पर उसे जानलेवा खाँसी लगी हुई थी। महीनों से वह खटिया पकड़े हुए था। उसकी बुढ़िया पत्नी शहर से दुकान के लिए सामान खरीदकर लाती और अठारह वर्ष की बेटी लछमनिया दुकान चलाती थी। निरधन साहू बैठा–बैठा दिन गिन रहा था अर्थात् अपनी मृत्यु की प्रतीक्षा कर रहा था। पेड़ के सूखने की बात सुनते ही कराहता हुआ वह बाहर निकल आया और पूछा—बड़कवा बाबा सूख गइले का? मंडली के लोगों ने एक स्वर में कहा—हाँ! तब उसने कहा—अब दुनिया ना रही! फिर बीस मिनट तक खाँसता रहा और फिर लम्बी निःश्वास लेता हुआ बोला—अब ना बचब हो राम! अर्थात् बट बाबा के निर्जीव हो जाने से उसके मन में भी जीवन के बचने का थोड़ा बहुत भरोसा था, वह समाप्त हो गया। जब बाबा ही नहीं रहे तो मानो गाँव की दुनिया ही उजड़ गई। क्यों? रेणु बताते हैं कि हिमालय और भारतवर्ष का जो सम्बन्ध है, वही सम्बन्ध उस बूढ़े पेड़ और गाँव का था। वह उन्नत मस्तक विशाल पेड़ प्रतिदिन सवेरे मटमैले अन्धकार में, गाँव के आँगन–आँगन में दृष्टि दौड़ाकर, पूर्व क्षितिज पर न जाने क्या देखकर एक बार सिहरता–सिसकता, फिर टप–टप आँसू बहाकर शान्त हो जाता। सोता हुआ गाँव जब अँगड़ाई लेकर उठता तो उसकी जटाएँ हिलती–डुलती रहतीं। पेड़ पर पक्षियों का कलरव होता रहता। यह हैं बट बाबा—सैकड़ों वर्षों से गाँव की पहरेदारी और रक्षा करते हुए। वे पूरे गाँव को अपने आशीर्वाद और स्नेह से लगातार सींचते रहते हैं। पर यह क्या हुआ, क्यों हुआ, कैसे हुआ कि वे अचानक सूख गए?

रेणु उस सूखे हुए विशाल वृक्ष का रेखाचित्र तीन वाक्यों में प्रस्तुत करते हैं—गाँव से बाहर, सड़क के किनारे अज्ञात काल से वह खड़ा था। ऐसा मालूम होता था मानो भय से हार्ट-फेल करके मरे हुए विकराल राक्षस के कंकाल को खड़ा कर दिया गया है। मुँह और आँखें भय से विस्फारित, दोनों हाथ उठाए हुए कंकाल की तरह।

जो वृक्ष वयोवृद्ध बाबा था, अब इतना भीषण, विकराल और भयंकर हो गया। प्राणहीन होने के बाद सबके साथ ऐसा होता है। किन्तु, गाँववालों की बाबा के प्रति श्रद्धा और मनौती और बढ़ जाती है। मानो बट बाबा की आत्मा अब भी इसमें निवास कर रही हो। गाँव के किसिम-किसिम के पात्र, उनकी अलग-अलग समस्याएँ, अलग-अलग जीवन-स्थितियाँ! रेणु बहुत कम शब्दों में सबका जीवन्त चित्र गढ़ते हैं। फिर वे बताते हैं कि द्वितीय विश्वयुद्ध चल रहा है। और वस्तुओं की तरह लकड़ी की भी कमी हो गई है। जमींदार के अमले-सिपाही चालीस-पचास मजदूरों को लेकर आए और पेड़ को काट डाला। पेट का यह काट डाला जाना और उसका मानो आर्तनाद करता हुआ गिरना—पूरे गाँव के लिए मातम का वातावरण पैदा कर जाता है।

इस कहानी में रेणु आँखों देखा वृत्तान्त प्रस्तुत करते हैं। उनकी भाषा की तमाम बारीकियाँ यहाँ उजागर हुई हैं। उनकी बड़ी—रचनाओं की तरह ही इस छोटी कहानी में भी समष्टिगत चित्रण है। उनका रिपोर्ताज-लेखक भी इसी कहानी से पैदा होता है।

रेणु की 'पहलवान की ढोलक' एक मार्मिक प्रभाव छोड़नेवाली अविस्मरणीय कहानी है। लुट्टन सिंह पहलवान और उसके ढोलक की कहानी। मलेरिया और हैजे से पीड़ित गाँव भयार्त शिशु की तरह थर-थर काँप रहा था और पहलवान की ढोलक मृत्यु को ताल ठोककर ललकारती रहती-चट-धा-गिड़-धा, चट्-धा गिड़-धा अर्थात् आजा भिड़ जा, आजा भिड़ जा और बीच-बीच में वह दूसरा ताल बजाता—चटाक्-चट्-धा, चटाक् चट्-धा यानी उठा पटक दे, उठा पटक दे। ग्रामीणों में उसके ढोलक की थाप से रोग और बीमारी से लड़ने का जोश पैदा होता और वे अपनी मृत्यु से पंजा लड़ाकर उसको पछाड़ने की कोशिश करते और वह पहलवान मर भी गया तो 'चित' नहीं हुआ। चित नहीं हुआ अर्थात् पराजित नहीं हुआ।

द्वितीय विश्वयुद्ध के समय को रेखांकित करते हुए तब रेणु ने कई कहानियाँ लिखी थीं। यह विचारणीय प्रश्न है कि उस समय भारतवर्ष के ग्रामीण अंचलों में महामारियाँ और अकाल का तांडव क्यों शुरू हुआ? क्यों इतनी ज्यादा संख्या में भारतवासी मौत का ग्रास बनते गए। रेणु की आजादी के पूर्व की ये कहानियाँ कई गुत्थियों को खोलती हैं। 'पहलवान की ढोलक' 1944 ई. की लिखी कहानी है। इसकी कुछ पंक्तियों का पुनःपाठ करना भारतीय इतिहास के उस काले अध्याय को याद करना है :

"अकस्मात् गाँव पर बज्रपात हुआ। पहले अनावृष्टि, फिर अन्न की कमी, तब मलेरिया और हैजे ने मिलकर गाँव को भूनना शुरू कर दिया। गाँव प्रायः सूना हो

चला था। घर के घर खाली पड़ गए थे। दिन में तो कलरव, हाहाकार तथा हृदय-विदारक रुदन के बावजूद लोगों के चेहरे पर कुछ प्रभा दृष्टिगोचर होती थी, शायद सूर्य के प्रकाश में सूर्यास्त होते ही लोग काँखते-कूँखते-कराहते अपने-अपने घरों से बाहर निकलकर अपने पड़ोसियों को ढाढ़स देते थे।

"अरे क्या करोगी रोकर दुलहिन! जो चला गया सो चला गया, वह तुम्हारा नहीं था, अब जो है उसको तो देखो।"

"भैया! घर में मुर्दा रखकर कब तक रोओगे? कफन? कफन की क्या जरूरत है, दे आओ नदी में!"

हिन्दी में रेणु जैसा दूसरा शब्द-शिल्पी नहीं, जिसकी तीक्ष्ण नजर में दूसरे विश्वयुद्ध के समय का भयावह चेहरा रूपायित हुआ हो। उस समय बंगाल में पड़े भीषण दुर्भिक्ष ने पूरे हिन्दुस्तान को हिला दिया था। रेणु के 'कलाकार' शीर्षक कहानी का विरक्त, निराला और अधपागल पात्र शरदेन्दु बनर्जी बनारस की गलियों में, गंगा के घाटों पर भटकनेवाला एक अलबेला मनुष्य है, जिसने काशी हिन्दू विश्वविद्यालय से चित्रकला में पढ़ाई की थी। वह विश्वविद्यालय का अमूल्य रत्न था, जिसके चित्र पर चीन के कला-मर्मज्ञों ने प्रसन्न होकर पुरस्कार भेजा था, किन्तु उसने उस राशि को कला-केन्द्र के लिए दान कर दिया था। उसके पूरे परिवार को बंगाल के दुर्भिक्ष ने निगल लिया। सब मर गए और वह बहुत दिनों तक कलकत्ते में दुर्भिक्ष पीड़ित सहायता कमेटी के लिए कारुणिक पोस्टर बनाकर जिन्दा रहा, फिर बनारस आ गया। वह कलाकार था और सिर्फ कलाकार का जीवन जीता रहा। कला ही उसके जीने का मकसद थी। धन-दौलत की उसको कोई चाह नहीं थी। कुछ बनने की, कुछ करने की कोई इच्छा नहीं। वह अद्‌भुत आदमी था। निखालिस आदमी। रेणु इस आदमी का चित्रण तन्मय होकर करते हैं। बनारस की गलियों के वे अनोखे चितेरे हैं। इस कहानी में इतने सारे पात्र चित्रित हुए हैं और सभी की अपनी पहचान और अनोखी अदा है। यह एक आधुनिक कहानी है–'नई कहानी' नहीं।

रेणु की प्रारम्भिक कहानियों में सबसे विलक्षण कहानी है–'प्राणों में घुले हुए रंग'। एक डॉक्टर का आत्मचरित। यही डॉक्टर आगे चलकर 'मैला आँचल' में डॉक्टर प्रशान्त के रूप में अवतरित होता है। रेणु अपने कमजोर स्वास्थ्य के कारण बार-बार बीमार पड़ जाते थे और डॉक्टरों से उनका सामना पड़ता था। ऐसे में, डॉक्टरी का पेशा और उसका जीवन-चरित्र उन्हें बेहद आकर्षित करता था। इस कहानी में भी एक डॉक्टर के जीवन में अनेक तरह की परिस्थितियाँ आती हैं और हर का अपना एक अलग रंग है। ये सभी रंग उसके प्राणों में घुलते रहते हैं। जीवन के इन विविध रंगों का अपना-अपना अर्थ है, भाव है। यह डॉक्टर भी जन-जीवन को स्वस्थ-सुखी और सुन्दर देखना चाहता है। वह गाँव में रहकर मातृ-औषधालय

चलाता है और मलेरिया और हैजे के समय में मरते हुए प्राणियों में से थोड़े व्यक्तियों को भी मौत के मुँह से बचाकर अपनी चिकित्सक की पढ़ाई को सार्थक समझता है। जमींदार साहब के दुश्चक्र में वह शामिल नहीं होता और अपने पेशे को कलंकित होने से बचा लेता है। किन्तु, इससे उसका पेशा मन्द हो जाता है। जमींदार उसकी मुँहबोली बहन रधिया के साथ उसके अनुचित सम्बन्ध को पूरे गाँव में प्रचारित करवा देता है, पंचायत बिठवा देता है और एक दिन रधिया और उसकी माँ उस गाँव को छोड़कर चले जाते हैं। कहानी के अगले भाग में मगहिया डोम का एक दल उस गाँव में आता है।

मगहिया डोम, एक खानाबदोश कौम। यह जाति औरत–मर्द–बच्चों के साथ जमात बाँधकर एक गाँव से दूसरे गाँव में डेरा डालती फिरती है। यह बड़ी निडर जाति है। मर्द दिन में जंगलों में जाकर गीदड़ों की बोली बोलकर उनका शिकार करते हैं और रात में चोरी, कभी–कभी दल बाँधकर डाका भी डालते हैं। औरतें और बच्चे गाँव में भीख माँगते हैं। जवान औरतें बुरा पेशा भी करती हैं।

मगहिया डोम के विषय में उपर्युक्त सूचनाएँ देने के बाद रेणु उनका बारीक चित्रण करते हैं। गन्दी घाघरीवाली औरतें भीख माँगती हुई गाँव में आती हैं। उनके बोलने के अन्दाज को रेणु ने इस प्रकार दर्ज किया है–

"ओय्...य्...य्...य मोटकी मलकिनियाँ...याँ...याँ! बुढ़ारि में तोहे सिंगार से छुट्टी नाहिं मिलत...अ्...! हम्में भीख दय दो, चलि जायिं...।"

दूसरी उधर चिल्ला रही थी–भीख देबा कि यहीं दरबज्जे पर पेशाब कय दीं?

उस समय डॉक्टर शोलोखोव का उपन्यास 'क्वाइट फ्लोज दी डान' पढ़ रहा था।"

यहाँ दो बातें ध्यान देने की हैं। पहली यह कि किसी की बोली की बारीक–से–बारीक विशेषताओं को ध्वनांकित करने की रेणु की क्षमता तब बेहद विकसित हो चुकी थी। दूसरी यह कि वे शोलोखोव के उपन्यास उस समय तक पढ़ चुके थे और उनसे बहुत गहराई से प्रभावित भी थे। इस कहानी के अन्त में डॉक्टर आजादी की लड़ाई में शामिल होता है। फिर कठोर कारावास झेलता है। फिर उसे टी.बी. हो जाती है। वह सेनोटेरियम में भर्ती होता है। वह कल्पना करता है–काशी की गंगा के किनारे–किनारे छोटे–बड़े मन्दिरों के गुम्बज...और नीचे...गंगा के निर्मल जल में उसकी प्रतिच्छाया!

'न मिटनेवाली भूख' रेणु की एक मनोवैज्ञानिक कहानी है–एक बालिका विद्यालय की मुख्य अध्यापिका उषा देवी उपाध्याय उर्फ दीदीजी इस कहानी की मुख्य पात्रा है, जो शालीन, कलावंत, रूपवती और गम्भीर है। सादगीपूर्ण लिबास में भी आकर्षक लगती है। विधवा है, किन्तु संयम से रहती है। फिर भी अन्त में उसका मानसिक सन्तुलन बिगड़ जाता है। इस स्कूल में काम करनेवाली अनेक

स्त्रियों के जीवन्त रेखाचित्र रेणु ने उपस्थित किए हैं। इसमें एक भिखारिणी का भी चित्र है, जिसका नाम है मृणाल। मृणाल बंगाल के एक गाँव के सुखी-सम्पन्न किसान की सुन्दर प्यारी बिटिया थी। बंगाल के अकाल में उसका पूरा परिवार नष्ट हो गया। वहाँ से किसी तरह जान बचाकर भूखे-नंगे मनुष्यों की टोली जब रेणु के शहर में पहुँची, तब मृणाल की गोद में बच्चा नहीं था। उस अबोध बालिका का शहर के काम-पिपासुओं के द्वारा बलात्कार किया जाता है, फलस्वरूप उसकी गोद में बच्चा आ गया। शहर के ऐसे लोगों के द्वारा एक पगली को भी गर्भवती कर दिया जाता है। यह हवस-वासना काम-पिपासा न मिटनेवाली भूख है, लेकिन आदमी इतना दरिन्दा भी हो सकता है, इतना अमानवीय और राक्षस रेणु यह भी संकेत करते हैं।

रेणु अपनी कथा-भूमि को लगातार बदलते रहते हैं। हर कहानी में नए-नए पात्रों से परिचय होता है। उनकी 'रखवाला' शीर्षक कहानी की कथाभूमि नेपाल का पहाड़ी अंचल है। उनका मन यहाँ बहुत रमता है। कहानी की शुरुआती पंक्तियों से ही इसका पता चल जाता है–"रक्त की प्यासी सभ्य दुनिया से दूर–बहुत दूर–हिमालय के एक पहाड़ी गाँव का अंचल। छोटा-सा झोंपड़ा। पहाड़ी की ओट से छनकर आती हुई सूर्य की किरणों में छोटा-सा सरकंडे का झोंपड़ा सोने के झोंपड़े की तरह चमक रहा था। झोंपड़े के इर्द-गिर्द केले, नारंगी, नासपाती के दरख्त फल-फूल और हरे-पीले पत्तों से लदे हुए।..." लेकिन प्रकृति की इन सुरम्य वादियों में रहनेवाले ये गोरखा लोग अपनी नव-व्याहता पत्नी को वहीं छोड़कर भारत के शहरों में आते हैं। छोटी-छोटी नौकरियाँ करते हैं और बहुतायत में फौज में भर्ती हो जाते हैं और उसी रक्त-पिपासु दुनिया का शिकार हो जाते हैं। एक ऐसे ही हिरण्य बहादुर की पत्नी आठ वर्षों तक पति की राह अकेली तकती रही पर उसकी किस्मत अच्छी थी कि उसे रखवाला मिल गया–सुख-दुख में साथ देनेवाला उसका जीवन-साथी! रेणु ने इस कहानी में बहुत सारे संवाद नेपाली भाषा में दिए हैं। वे नेपाली भाषा और जीवन को जानने-समझने और रूपायित करनेवाले हिन्दी के इकलौते कथाकार हैं। यह 1945 की लिखी कहानी है। बाद में रेणु ने 'नेपाली क्रान्तिकथा' जैसी अद्भुत एवं अविस्मरणीय रचना का सृजन किया, जो उनके अनन्य नेपाल-प्रेम का सूचक है।

'मैला आँचल' के पूर्व लिखित कहानियों में सबसे लम्बी कहानी 'पार्टी का भूत' है। यह कहानी दैनिक 'विश्वमित्र' के दीपावली विशेषांक यानी अक्टूबर, 1945 में प्रकाशित हुई थी। इस कहानी के साथ रेणु का चित्र भी प्रकाशित हुआ था। इस कहानी से रेणु की आस्था का पता चलता है। उनकी आस्था दल, गुट, पार्टी, घेरेबन्दी, जाति, धर्म आदि में नहीं थी। कारण यह है कि सब मानव जाति को विभाजित करते हैं। मनुष्य-मनुष्य के बीच दीवार खड़ी करते हैं। वे इस कहानी में

अपनी दिलचस्प कथा बयान करते हैं। कहानी के प्रारम्भ में ही वे अपनी बुरी अवस्था को इन शब्दों में बयान करते हैं :

"सूखकर काँटा हो गया हूँ। आँखें धँस गई हैं, बाल बढ़ गए हैं। पाजामा फट गया है। चप्पल टूट गई है। आशिकों की-सी सूरत हो गई है। दिन में चैन नहीं, रात में नींद नहीं आती। आती भी है तो बुरे सपने देखकर जग पड़ता हूँ। जी नहीं, आप जो सोचते हैं–वह बीमारी नहीं। यदि वह रहती तो कम-से-कम बेकारी और इन्तजारी में मजे तो लूटता। यह तो 'राँची' का टिकट कटानेवाला रोग है।...बात यह है कि मेरे सिर पर 'पार्टी का भूत' सवार है। इसने मुझे कहीं का न रखा। बहुत कम उम्र से ही इसने मुझे अपना शिकार बना लिया है।"

इस कहानी में रेणु के बनारस-निवास के दिनों के संस्मरण जीवन्त रूप में उभरे हैं, जब वे बीएचयू में पढ़ते थे। कम्युनिस्ट पार्टी, सोशलिस्ट पार्टी और फॉरवर्ड ब्लॉक की आपसी खींचातानी के विवरण इस कहानी में भरे हैं। गांधीवादियों पर भी टिप्पणियाँ है। यह राजनीति पर लिखी गई राजनीति-विरोध की कहानी है। रेणु का दिल किसी दल के दलदल में फँसने को तब तैयार नहीं था। फिर भी उनकी रुचि उस समय समाजवादी पार्टी के प्रति थी। इसका कारण था। उस समय यह पार्टी बिहार में उग्र रूप में किसान-मजदूर आन्दोलन चला रही थी और रेणु को जन-आन्दोलन में भाग लेना अच्छा लगता था। वे जन-जीवन के प्रति प्रतिबद्ध लेखक थे। भूख-दैन्य-महामारी-बाढ़-अकाल में मरते हुए और जूझते हुए लोगों की सहायता-सहयोग करना उन्हें अच्छा लगता था। यही उनकी राजनीति थी। किसी का दर्द हो सके तो ले उधार, किसी की मुस्कुराहटों पे हो निसार, किसी के वास्ते हो तेरे दिल में प्यार! यही रेणु का जीना था और यही उनकी राजनीति थी।

'पार्टी का भूत' कहानी के प्रकाशन के पूर्व ही द्वितीय विश्वयुद्ध समाप्त हो चुका था। उसकी काली छाया का आतंक लोगों के दिलो-दिमाग से हट चुका था। इसके बाद रेणु ने अद्‌भुत मानवीय चरित्र की खोज की और उस पर अविस्मरणीय कहानी लिखी, जो मासिक 'विश्वमित्र' के फरवरी, 1946 के अंक में छपी। रसूल मिसतिरी! इस मिसतिरी को मशीनों के कल-पुर्जे ठीक करने में महारत हासिल है, लेकिन यह अपना काम छोड़कर आदमी की मरम्मत करने में ज्यादा ध्यान देता है। लोगों की समस्याएँ सुनकर उन्हें दूर करने में सदैव तत्पर रहता है। रेणु इसका परिचय इन शब्दों में देते हैं–"मझोला कद, कारीगरों की-सी काया और नुकीले चेहरे पर मुट्‌ठी-भर 'गंगा-जमुनी' दाढ़ी। साठ वर्ष की लम्बी उम्र का कोई भी विशेष लक्षण शरीर पर प्रकट नहीं हुआ। फुर्ती-चुस्ती जवानों से भी बढ़कर। सादगी का पुतला–मोटिया कपड़े की एक लुंगी और कमीज। पान, चाय और बीड़ी का भक्त। कभी हाथ पर हाथ धरकर चुपचाप बैठना, वह जानता ही नहीं। 'गप्पी' भी नम्बर एक का, अपनी जिम्मेवारी को कभी न भूलनेवाला। काम के साथ ही साथ

वह बातचीत का सिलसिला भी जारी रख सकता है।'' अब उसका गप्प सुनिए, जिसमें उसका जीवन-सार छिपा है—

''तो समझे न जी, दोजख-बहिश्त, सरग-नरक सब यहीं है, यहीं। अच्छे और बुरे का नतीजा तो यहीं मिल जाता है।''

इस कहानी में रेणु ने उसके पूरे परिवार का दिलचस्प रेखाचित्र प्रस्तुत किया है। सबसे दिलचस्प है उसके डेढ़-दो साल के नन्हे-मुन्ने पोता करीम मियाँ का चित्रण। बेहद जीवन्त और मनोरंजक। उसके परिवार के हर सदस्य की सजीव उपस्थिति। रेणु इस कहानी के प्रारम्भ में बताते हैं कि उनका गँवारू शहर का कुछ ही अर्से में आधुनिकीकरण हो गया है। न बदला है तो पुराने बरगद के बगल में रसूल मिस्त्री की मरम्मत की दुकान। नए जमाने की हवा उसको छू भी नहीं गई है। और रसूल भी वही पुराने मिजाज का मिस्त्री है, जिसकी दुकान में कल-पुर्जों की मरम्मत होती है। लेकिन रसूल मिस्त्री अपने ही रंग और ढंग का आदमी है, जिसकी दुकान के साइन बोर्ड पर किसी ने लिख दिया है—यहाँ आदमी की भी मरम्मत होती है।

1946 ई. में रेणु बीमार पड़े और लगभग एक महीना पटना मेडिकल हॉस्पिटल में भर्ती रहे। उन्होंने अस्पताल के जीवन पर एक कहानी लिखी—'बीमारों की दुनिया में'। यह कहानी मासिक 'विश्वमित्र' के दिसम्बर, 1946 अंक में प्रकाशित हुई। इस कहानी में अस्पताल का परिवेश, एक बीमार आदमी की मानसिकता, बाहरी दुनिया की हलचल, उसके यार-दोस्त, रेणु की सोच एक साथ अनुस्यूत है। रेणु अस्पताल के वातावरण का चित्रण इन शब्दों में करते हैं—

''अस्पताल की रात बड़ी भयानक होती है। रोगियों की दर्द-भरी कराह, कलेजे में चुभनेवाली चीख और बीच-बीच में मृत व्यक्तियों के सम्बन्धियों का सम्मिश्रित करुण रोदन। सब मिलकर रात को बड़ी भयानक देते हैं। अँधेरी रात और भी क्रूर हो जाती है। चाँदनी रात कफन जैसा सुफेद और बेजानदार मालूम होती है। यहाँ मौत बहुत जानी-पहचानी हुई चीज है। जिन्दा रहना, मर जाना, फिर मरते-मरते जी जाना—यहाँ कोई अहमियत नहीं रखते। लोग रो-रोकर मौत को गलत और डरावनी बना देते हैं, यों यह बड़ी सीधी-सादी होती है। वह बेड नं. 5 रात को न जाने कब मर गया। चार बजे भोर को नर्स ने देखा, मौत कभी चुपके से आकर चली गई है। डेथ-सर्टिफाई करने के लिए डॉक्टर आए, मुर्दे को छूकर, ऊँघते हुए चले गए। वार्ड के रोगियों की नींद में कोई बाधा नहीं पहुँची। मुर्दाघर के दो मेहतर आए, उसे स्ट्रेचर पर लिटाकर ले चले। अगले मेहतर ने अपनी जिन्दादिली दिखाते हुए कहा-चल भैया, कदम-कदम बढ़ाए चल।''

यहाँ रेणु ठोस और निर्मम वातावरण का चित्रण करते हैं। एक ऐसे रोगी का मर जाना जिसका न कोई नाम है, न कोई सगा-सम्बन्धी। वह सिर्फ बेड नं. 5 है। ठीक

इस चित्रण के बाद दृश्य बदलता है। कहानी के नायक वीरेन से उसका कथाकार मित्र अजीत मिलने आता है। रेणु इस पात्र का परिचय दिलचस्प अन्दाज में देते हैं–"यह अजीत वीरेन का साहित्यिक दोस्त है, कहानी लेखक और पॉलिटिकल वर्कर। नई शैली और विचारधारा को लेकर इन्होंने हिन्दी–संसार में प्रवेश किया है। इनकी कहानी की नायिका हँसते–हँसते स्खलित हो जाती है, भरी प्रदर्शिनी में एक नग्न मूर्ति के पास खड़ी होकर उसके स्तन को देखती फिर अपने स्तन को छूकर देखती है कि मूर्ति की तरह उसका अपना गठीला, नुकीला है या नहीं। इनके नायक 'कॉफी हाउस' में एक प्याली आइसक्रीम चूसते–चूसते मजदूरों के सवालात पर दर्जनों थ्योरियाँ बोल जाते हैं। इनकी भाषा–जज्बात, अहसास, अहमियत की ठूँस–ठाँस से जरूरत से ज्यादा जानदार हो जाती है।" अजीत का काम है नसीहत देना। भाषण देना। वीरेन ने आज उसे जमकर उत्तर दिया। उसके कथन में रेणु की अपनी वाणी है, अपनी विचारधारा है। मानो वे अपने समकालीन यथार्थवादी–प्रगतिशील कथाकारों को सम्बोधित कर कह रहे हों–"आप जिन्दगी, संघर्ष, मुहब्बत वगैरह पर बड़े–बड़े पोथे लिख सकते हैं–सिर्फ लिख ही सकते हैं। आप अपने को प्रगतिशील कहते हैं, यथार्थवादी होने का दावा करते हैं। पोथियों से आपने यथार्थवाद सीखा है–जिसे मैं उधार की चीज कहता हूँ। और मेरा जन्म किसी 'कॉफी–हाउस' के इर्द–गिर्द नहीं, बल्कि खलिहान के पास ही एक झोंपड़ी में हुआ है, जहाँ जन्म से लेकर मौत तक लड़ाइयाँ ही लड़ाइयाँ लड़नी पड़ती है। जहाँ की समस्याएँ तर्क करने का मौका नहीं देती हैं। जहाँ सीधी चोट करनी पड़ती है, सीधे वार को सहना पड़ता है। मेरा दावा है कि मैंने जिन्दगी को आपके जेम्स जॉयस से अधिक पहचाना है। हमारी जिन्दगी हिन्दुस्तान की जिन्दगी है। हिन्दुस्तान से मेरा मतलब है असंख्य गरीब मजदूर–किसानों के हिन्दुस्तान से। हम अपनी मिट्टी को पहचानते हैं, हम अपने लोगों को जानते हैं। हमने तिल–तिल जलाकर जीवन को, जीवन की समस्याओं को सुलझाने की चेष्टा की है।"

रेणु के मन में गहरा असन्तोष है। वे बीमारों की दुनिया में जी रहे हैं। वे इस सच्चाई को महसूस करते हैं–असल बात है कि हम गुलाम हैं और गुलाम कौम का अर्थ है बीमार मुल्क।

1947 ई. में रेणु ने 'इतिहास, मजहब और आदमी' शीर्षक कहानी लिखी। इस कहानी में देश का विभाजन, साम्प्रदायिक दंगे, भूखे और बीमार मुल्क की गहरी पीड़ा है। रेणु सवाल उठाते हैं–भूखे, बीमार मुल्क में धर्म के नाम पर लड़ाइयाँ होती हैं अथवा रोटी के लिए? रोटी के लिए नोआखाली और बिहार के गाँवों ने कितनी बार सम्मिलित कोशिश की?

दीवाली के दिन लक्ष्मी की पूजा हो रही है। कहानी के नायक मनमोहन के कानों में गूँज रहा है–श्री लक्ष्मी मैया की जय! वह इसका अर्थ निकालता है–

व्यक्तिगत सम्पत्ति की जय, लूट, बेईमानी, शोषण की जय, पाकिस्तान की जय, फासिज्म की जय। वह सोचता है कि 'गॉड सेव दि किंग' की प्रार्थना के बावजूद भी सम्राट मर जाता है तो इसका मतलब हुआ–ईश्वर, गुलामी, गरीबी, भूख, मौत, जुल्म, दंगे, लूट, कत्लेआम–सभी को कायम रखें। इस कहानी में रेणु के शब्दों में तल्खी है। उस भीषण वातावरण में उनका मन बेचैन है।

'रेखाएँ : वृत्तचक्र' कहानी बनारस से प्रकाशित 'समाज' (साप्ताहिक) पत्रिका में 1 जनवरी, 1948 को छपी थी। यह रेणु की आत्मगत शैली में लिखी अलग तरह की कहानी है। इस कहानी में भी स्वाधीनता, विभाजन और देश में हो रही राजनीतिक घटनाओं की छाया है। इस कहानी में फैंटेसी के शिल्प का भी प्रयोग हुआ है। इस कहानी में एक घायल सैनिक का चित्रण है जो अस्पताल में पड़ा-पड़ा तरह-तरह की बातें सोचता है। रेणु की यह अलग ही रंग की कहानी है।

1948 ई. से रेणु के कई रिपोर्ताज पटना से प्रकाशित 'जनता' (साप्ताहिक) के अंकों में छपे। इन कथा-रिपोर्ताजों से रेणु को अपार लोकप्रियता मिली। 21 नवम्बर, 1948 के अंक में उनकी 'खँडहर' शीर्षक कहानी प्रकाशित हुई। उस समय तक देश में पूर्ण शान्ति हो चुकी थी, जिसकी सूचना देते हुए रेणु कहानी की शुरुआत ही करते हैं–लड़ाई-झगड़ा, घटना-दुर्घटना, हादसा–इस तरह की कोई भी बात नहीं हुई। फिर भी एक तनाव है। स्वराज मिल गया। मुरली प्रसाद सब दिन से कांग्रेस के खिलाफ रहा, कांग्रेसियों को गाली देता रहा। 1942 के भारत छोड़ो आन्दोलन में पुलिसवालों के साथ घरों में आग लगवाता फिरा। लेकिन उसका बेटा आज कांग्रेस का प्रेसिडेंट है, अफसरों के साथ मोटर में घूमता है, मिल के मालिक, करोड़पति सब उसके आगे हाथ बाँधे फिरते हैं। दूसरी तरफ है गोपाल कृष्ण सोशलिस्ट लीडर और लेखक, जो स्वाधीनता के संघर्ष में जेल जाता है, उसका परिवार पुलिस और अंग्रेजी सरकार के कोप का भाजन होता है, लेकिन वह आजादी के बाद भी किसानों-मजदूरों की लड़ाई लड़ता रहता है, जिसके कारण वह अभाव में रहता है। नहीं कमाने के कारण उसकी इज्जत उसके घर में भी नहीं होती। गोपाल के लिए ताने और व्यंग्य सुनाए जाते हैं। किन्तु वह अपने घर के बारे में सिर्फ नहीं सोचता। उसके चिन्तन के केन्द्र में पूरा समाज है–पूँजीवादी समाज ने मध्यवर्ग, विशेषतया निम्न-मध्यवर्ग और सर्वहारा वर्ग के दैनिक जीवन में जैसी विकृतियाँ पैदा की हैं, उनका चित्रण तीव्र अनुभूति के माध्यम से हो। ये विकृतियाँ जीवन के हरेक पहलू में वर्तमान हैं–पारिवारिक, सामाजिक, सांस्कृतिक, मनोवैज्ञानिक। सम्पूर्ण भाव-सत्ता विकृत हो गई है। क्या वह स्त्री-पुरुष का प्रेम हो, सन्तान-प्रेम हो आदि-आदि। सारा जीवन विशृंखल है–व्यक्ति का हर भाग विघटित है। व्यक्ति का विश्लेषण कीजिए, पता चलेगा कि वे कितने 'डसटॉर्टेड', 'एबनॉर्मल', 'न्यूरॉटिक' हो गए हैं। लेकिन इन सबके बावजूद समाज में विद्रोहात्मकता जीवित है, यही आशा का केन्द्र है।

यह है रेणु की विचारधारा! आधुनिक समाज की विशृंखलता की पड़ताल करते हुए भी उनमें एक आशावाद है। समाज में विद्रोहात्मकता के जीवित होने के कारण ही वे आशावादी हैं। वरना आजादी के बाद जो खेल पूरे देशभर में घटित होता दिखाई पड़ता है, वह निराशाजनक है। 'भूल–गलती जिरह–बख्तर पहनकर हर आदमी के दिल के तख्त पर बैठ गई है और सचाई–ईमानदारी को उसने कैद कर लिया है।' ठीक मुक्तिबोध की तरह ही रेणु का मन भी लहूलुहान है। आजादी के संघर्ष और उसके आदर्श दरकिनार कर दिए जाते हैं। रेणु अपनी रचनाओं में बयालीस के भारत छोड़ो आन्दोलन को प्रायः याद करते हैं। 'मैला आँचल' की शुरुआत में भी उस आन्दोलन को कितनी बर्बरतापूर्वक कुचला गया था, उसके आतंक को उन्होंने इन शब्दों के साथ रूपायित किया था–

''यद्यपि 1942 के जन–आन्दोलन के समय इस गाँव में न तो फौजियों का कोई उत्पात हुआ था और न आन्दोलन की लहर ही इस गाँव तक पहुँच पाई थी, किन्तु जिले–भर की घटनाओं की खबर अफवाहों के रूप में यहाँ तक जरूर पहुँची थी।...मोगलाही टीशन पर गोरा सिपाही एक मोदी की बेटी को उठाकर ले गए। इसी को लेकर सिख और गोरे सिपाहियों में लड़ाई हो गई, गोली चल गई। ढोल–बाजा में पूरे गाँव को घेरकर आग लगा दी गई, एक बच्चा भी बचकर नहीं निकल सका। मुसहरू के ससुर ने अपनी आँखों से देखा था–ठीक आग में भूनी गई मछलियों की तरह लोगों की लाशें महीनों पड़ी रहीं, कौआ भी नहीं खा सकता था; मलेटरी का पहरा था।''

रेणु ने 'मैला आँचल' की भूमिका भी 9 अगस्त, 1954 को लिखी थी। यानी यह उपन्यास 9 अगस्त के भारत छोड़ो आन्दोलन की स्मृति में ही लिखा गया था।

1949 ई. में रेणु पूर्णिया से 'नई दिशा' नामक साप्ताहिक पत्रिका का सम्पादन–प्रकाशन करते थे। इस पत्रिका के 9 अगस्त, 49 के अंक को उन्होंने 'शहीद विशेषांक' के रूप में प्रकाशित किया था। इस अंक में उन्होंने 42 के आन्दोलन पर बहुत सारी रचनाएँ प्रकाशित की थीं। इसी अंक में उनकी 'धर्मक्षेत्रे–कुरुक्षेत्रे' शीर्षक कहानी प्रकाशित हुई। यह कहानी रेणु की सभी कहानियों से अलग है और कड़वे अनुभवों को अभिव्यक्त करती है।

क्रान्तिकारी चन्दन कुमार को गिरफ्तार करने के लिए मलेटरी के जवान–जिनमें गोरे भी हैं और भारतीय भी–एक गाँव को घेरकर जुल्म की हद कर देते हैं। वे बलात्कार, हत्या और आगजनी करते हैं। इस भीषण अत्याचार को देखकर करामत नामक सैनिक कई आततायी सैनिकों को अपनी रायफल से गोली मार देता है। फिर उसे भी गोली मार दी जाती है। इस आतंककारी दृश्य को रेणु ने जीवन्त रूप में कहानी के प्रारम्भ में चित्रित किया है। इस कहानी की कुछ पंक्तियाँ देखें। एक पूरा चित्र उभर आता है–''टाम के हाथ एक चौदह वर्ष की बालिका पड़ती है। बरसा

की रफ्तार और तेज हो जाती है। बिजलियाँ और जल्दी-जल्दी चमकने लगती हैं और फूल-जैसी बालिका के सीने पर बैठा इनसान और भी जानवर बनता जाता है। बिजली चमकती है-उसके सुन्दर मुखड़े को गोरा काट खाता है। बिजली चमकती, मुखड़े से लहू की बूँदें टपकती हैं। बिजली चमकती है-बच्ची की निष्कलंक आँखें पथराती जाती हैं...जमीन पर उसका शरीर निस्पन्द पड़ा रहता है। टाम खड़ा होकर पतलून का बटन लगाता है। फिर बिजली चमकती है-बच्ची की पलकें झिंपती नहीं, खुली की खुली रह जाती हैं।''

दूसरी तरफ क्रान्तिकारियों का दल है, जिसके नेता चन्दन कुमार अहिंसक हो चुके हैं। जिनके कारण अंग्रेज सैनिकों के द्वारा एक पूरे गाँव को तहस-नहस कर दिया जाता है, वही चन्दन कुमार क्रान्ति से मुँह मोड़ लेते हैं। किन्तु 'आजाद दस्ता' के वामपंथी क्रान्तिकारी इस दमन का बदला लेते हैं। लेकिन यह जो वाकया हुआ, ठीक उसकी उलटी खबर प्रचारित किया जाता है।

आजादी मिलने के बाद चन्दन कुमार कांग्रेसी विधायक बनते हैं। वे जमींदारों के मित्र हैं। समाजवादियों के शत्रु हो जाते हैं। इस कहानी के अन्त में रेणु लिखते हैं- ''अभी हाल में ही एक सभा में श्री चन्दन कुमार जी एम.एल.ए. का समाजवादी-विरोधी भाषण हो रहा था क्योंकि समाजवादियों ने यहाँ के किसानों को न जाने कैसे समझा दिया कि अब जमींदारी प्रथा नहीं रह सकती और जमीन पर जोतनेवालों का हक होना चाहिए और किसान-मजदूरों के राज्य का मतलब ही है असली सुराज।''

रेणु तब समाजवादी आन्दोलन में सक्रिय भाग ले रहे थे। उनके क्रान्तिकारी चिन्तन पर इसका प्रभाव देखा जा सकता है। यह वह समय था जब रेणु कहानियों से ज्यादा कथा-रिपोर्ताज लिख रहे थे। उनके ये रिपोर्ताज 'जनता' साप्ताहिक में प्रकाशित हो रहे थे। 1950 में लिखित उनकी कोई कहानी नहीं मिलती। 1950 के अन्त में वे नेपाली क्रान्ति में सक्रिय रूप से भाग लेते हैं। वहाँ से भीषण रूप में बीमार होकर खून की उल्टियाँ करते हुए मार्च, 1951 में वे अपने गाँव लौटते हैं और उन्हें पटना मेडिकल अस्पताल में भर्ती करवाया जाता था। मरते-मरते एक बार फिर बच जाते हैं। लतिका राय चौधरी से शादी करते हैं और 1952 ई. में 'मैला आँचल' लिखते हैं, साथ ही सक्रिय राजनीतिक जीवन को छोड़ देते हैं। उनकी पार्टी भी तब तक छिन्न-भिन्न हो चुकी होती है। 1953 ई. में उनकी दो कहानियाँ प्रकाशित होती हैं-'टौंटी नैन का खेल' और 'वंडरफुल स्टूडियो'।

'टौंटी नैन का खेल' विशुद्ध ग्रामीण परिवेश की कहानी है। ट्वेंटी नाइन को गाँववाले इसी तरह से उच्चारण करते हैं। यह तास का एक लोकप्रिय खेल है। गाँव-देहात में निठल्ले लोग दिन-दिन भर बैठकर इसे खेलते रहते हैं। यह चार खिलाड़ियों के बीच होता है और अपनी रोचकता के कारण चारों ओर से भीड़ लगाकर इसे देखनेवाले लोग भी होते हैं। इस खेल के रसिया लोगों की बातों में अपने इलाके की

मजेदार कहानियाँ या घटनाएँ भी होती हैं, जिन्हें लोग नमक-मिर्च लगाकर बयान करते हैं। इस कहानी की शुरुआत संवाद की शैली में होती है। इस संवाद के द्वारा यह उजागर होता है कि सीप्रसाद की गौरवर्ण की सुन्दर लड़की, जो मिडिल पास है, की शादी सुमरचन्ना से होना तय हुआ है। ताश का एक खिलाड़ी कहता है कि यदि यह बात तय है तो समझो कि पानी में आग लग गई! सुमरचन्ना अर्थात् सुमरचन्द विश्वास को मुश्किल से अक्षर ज्ञान है। यह बड़े अचरज की बात है कि सीप्रसाद बाबू जैसे अमीर आदमी ने सुमरचन्ना को ही क्यों अपनी मिडिल पास, दोहा-कवित्त जोड़नेवाली और गोरी लड़की के लिए वर चुना? सुमरचन्ना की माँ ऐसी झगड़ालू है कि दीवाल से भी झगड़ा करती है। बाप बहरा है। धन में दो भैंस हैं। देखने में भी वह महाकुरूप है। गाँव के निठल्ले नौजवानों के कलेजे पर साँप लोट रहे हैं।

यह शादी क्यों हो रही है और कैसे हो रही है—रेणु तमाम रहस्यों से धीरे-धीरे पर्दा उठाते हैं। पूरी कहानी में विसंगति और विडम्बना का ऐसा ताना-बाना खींचा गया है कि कहानी में सरस हास्य की सृष्टि होती है। किन्तु, यह हास्य रचना नहीं है। इस कहानी में सोशलिस्ट पार्टी के अखबार 'लाल पताका' के सम्पादक 'चिनगारी' जी का चरित्र भी उजागर होता है, जिनका चित्रण 'मैला आँचल' के एक दृश्य में रेणु करते हैं—"सैनिक जी के साथ में 'लाल पताका' साहित्य पत्र के सम्पादक श्री चिनगारी जी भी आए हैं। दुबले-पतले हैं, दिन-भर खाँसते रहते हैं, आँख पर बिना फ्रेम वाला चश्मा लगाते हैं। दिन-भर सिगरेट पीते रहते हैं। शायद इसीलिए 'चिनगारी जी' नाम पड़ा है। डॉक्टर ने अंडा खाने के लिए कहा है। बिना अंडा खाए इतना गरम अखबार कोई कैसे निकाल सकता है?...लेकिन मठ पर अंडे का प्रबन्ध कैसे हो सकता है? लक्ष्मी के अतिथि-सत्कार को भूलना असम्भव है। चिनगारी जी रात में सोते समय सैनिक जी से कहते हैं—मैं लछमी जी पर एक मुक्तछन्द लिखना चाहता हूँ...

"...ओ महान सतगुरु की सेविका
गायिका पवित्र धर्मग्रन्थ की
ओ महान मार्क्स के दर्शन की दर्शिका,
सुदर्शने, प्रियदर्शिनी
तुम स्वयं द्वन्द्वयुक्त भौतिकवाद की
सिनथिसिस हो!"

यही चिनगारी जी एक बार सीप्रसाद बाबू के यहाँ आए थे। जब शाम को चिनगारी जी ने आरती देवी 'मीरा' का भजन-कीर्तन सुना तो उनकी आँखें एकदम खुल गईं। प्रेम-विह्वल नारी, गोरा शरीर, सुडौल मुख-मंडल और गेरुआ वस्त्र में लिपटी हुई पवित्र जवानी! बस, उसी क्षण नास्तिक और मार्क्सवादी चिनगारी जी भगवान के भक्त हो गए। वे मीरा के दीवाने हो गए। मीरा को पाने के लिए भजन-

मंडली में शामिल हो गए। गेरुआ वस्त्रधारी हो गए। ऐन शादी के दिन मीरा को लेकर कैसे फरार हो गए, इसकी नाटकीय कथा रेणु ने इस कहानी में वर्णित की है। इस कहानी में अनेक कीर्तनियाँ दलों के साथ बराती और दूल्हे का भजन-कीर्तन करते हुए आना, सीप्रसाद के बूढ़े पिता के पोपले मुँह से निकली हुई वाणी का इतना सजीव चित्र उपस्थित हुआ है कि यह एक विलक्षण कहानी बन गई है। सुमरचन्ना ताश के खेल का चिड़िया का गुलाम है, जो लाल पान की बेगम के द्वारा काट दिया जाता है।

'वंडरफुल स्टूडियो' रेणु की सम्पूर्ण कहानियों में सबसे अलग और विलक्षण कहानी है। यह 'अवन्तिका' मासिक के जुलाई, 1953 में पहली बार प्रकाशित हुई थी। इस कहानी में रेणु ने वंडरफुल स्टूडियो में लगे विभिन्न आदमकद मूर्तियों के साथ फोटो खिंचवाने की आधुनिक प्रवृत्ति को उजागर किया है। कहानी के नायक को अपनी एक फोटो खिंचवाने की इच्छा होती है। वह इसके लिए वंडरफुल स्टूडियो जाता है। उस स्टूडियो में प्रवेश करते ही मोटे अक्षरों में लिखा मिलता है—"यह दुनिया एक वंडरफुल स्टूडियो है।" उस स्टूडियो का कर्ता-धर्ता एक पंजाबी सज्जन हैं, जिनका स्टूडियो पहले लाहौर में था। विभाजन के बाद वे कथा-नायक के शहर में आ जाते हैं। विभिन्न कलाकारों की मदद से वे एक से बढ़कर एक सेट बनवाते हैं। लोग अपनी रुचि और अभिलाषाओं के अनुरूप सेट पसन्द कर फोटो खिंचवाते हैं। यह सब देखकर कथा-नायक का सिर चकरा जाता है। पास की पड़ी तिपाई पर बैठते हुए वह कहता है—"वंडरफुल सा'ब! आपको किन शब्दों में धन्यवाद दूँ। आपने कितना बड़ा कल्याण किया है समाज का—यह कहने की बात नहीं। आपने यदि यह स्टूडियो नहीं खोला होता तो दुनिया के लोग पागल हो गए होते।...आप इनसान के मन में सोई हुई अतृप्त इच्छाओं की तस्वीर लेते हैं। यह तो बेजोड़ है। सही तस्वीर तो आप ही लेते हैं इनसान की। वाह!" वंडरफुल साहब ने जब पूछा कि आपके लिए कौन-सा सेट लगवाया जाए, तब कथा-नायक ने कहा कि वह अपने मन का पोज देना चाहता है—"मेरे गले में रस्सी का फन्दा डालकर एक पेड़ से लटका दो। फोटो ऐसा उतरे जिसमें मेरी आँखें और जीभ बाहर निकली हुई हों और हाथ में एक कागज का टुकड़ा हो जिस पर लिखा हो—खुश रहो वंडरफुल वतन हम तो सफर करते हैं।"

इस कहानी में रेणु ने वंडरफुल स्टूडियो के डायरेक्टर की भाषा, जो एक पंजाबी द्वारा बोली गई भाषा है, को जीवन्त रूप में प्रस्तुत किया है। पूरी कहानी चटपटी और रोचक है। इसे पढ़ते हुए बरबस हम मुस्कुरा उठते हैं। रेणु इस कहानी में बिलकुल नए अन्दाज में कहानी बयान करते हुए दिखाई पड़ते हैं।

'मैला आँचल' के पूर्व प्रकाशित रेणु की कहानियों में सबसे अन्तिम है—'दिलबहादुर दाज्यु'। यह कहानी 'नई धारा' पत्रिका के अप्रैल, 1954 अंक में छपी

थी। यह दिलबहादुर नामक एक गोरखा नौजवान के ऊपर लिखी हुई शब्द-चित्रात्मक कहानी है। 1945 में रेणु 'रखवाला' कहानी में इसके पूर्व एक नेपाली गोरखा की कहानी कह चुके थे। यही पात्र फिर उनके उपन्यास 'परती : परिकथा' में जित्तन के सहयोगी के रूप में उपस्थित होता है।

दिलबहादुर भारतीय सेना में भर्ती होने के लिए नेपाल के तीन पहाड़ के अपने गाँव को छोड़कर भारत आता है और कटिहार में 1942 ई. के क्रान्तिकारियों के साथ गिरफ्तार होकर जेल में आता है। उसे पता भी नहीं चलता कि उसे क्यों गिरफ्तार किया गया है। उसी जेल में रेणु से उसकी मित्रता होती है। वह सीधा-सच्चा इनसान है। उसे कुछ नहीं मालूम। उसने चारों तरफ सुराज-सुराज की चर्चा सुनकर एक बार रेणु से उसका मतलब पूछा। इस प्रसंग को रेणु ने इस प्रकार प्रस्तुत किया है-

"सुबह से लगातार चार घंटे तक 'द्वन्द्वात्मक भौतिकवाद' के क्लास में बैठे रहने के बाद, दोपहर को जरा-सा आराम करने के समय जब दिलबहादुर ने सुराज का मतलब पूछा तो मन अचानक ही कुढ़ गया। लेकिन दिलबहादुर के ओठों पर वही मुस्कुराहट लटक रही थी। मैंने उसे सुराज का अर्थ समझाने के सिलसिले में कहा था-हमारे देश के सुराज की लड़ाई में तुमने साथ दिया है। तुम्हारे देश में जब सुराज की लड़ाई होगी तो हम भी साथ देंगे।"

और, नेपाल तथा नेपाली जनता के मित्र रेणु ने नेपाली क्रान्ति में हिस्सा लेकर दिलबहादुर को दिए अपने वचन को निभाया।

रेणु की 'मैला आँचल' के प्रकाशन के पूर्व प्रकाशित कहानियों में वह सब कुछ है, जिसके कारण कोई बड़ा कथाकार बनता है। हर कहानी का वातावरण, कथानक, भाषा-शिल्प और वस्तु-सत्य बिलकुल अलग है। ये कहानियाँ किसी एक तर्ज पर नहीं लिखी गई हैं। हर कहानी की बुनावट में नवीन शिल्प का प्रयोग है। अनेक तरह के पात्र हैं और उनकी बोली-बानी, रंग-ढंग का अपना अन्दाज है। ये एक बड़े कथाकार की सधी हुई शैली में रचित कहानियाँ हैं, जिनमें झोल-झाल नहीं है।

रेणु की इन कहानियों को पढ़ते हुए 'मैला आँचल' की भूमिका की ये पंक्तियाँ बरबस याद हो आती हैं-"इसमें फूल भी हैं, शूल भी, धूल भी है, गुलाब भी, कीचड़ भी है, चन्दन भी, सुन्दरता भी है, कुरूपता भी-मैं किसी से दामन बचाकर निकल नहीं पाया।" यह उक्ति इन कहानियों पर भी अक्षरशः लागू होती है। यही वे कहानियाँ हैं, जिनकी जमीन पर एक बड़े लेखक के रूप में रेणु का विकास होता है। इन कहानियों को बाद देकर एक कथाकार के रूप में रेणु का समग्र मूल्यांकन नहीं हो सकता। रेणु का महत्त्व इस बात में भी है कि वे हर योनि के प्राणी को मानव-समाज में देखते हैं और सबकी वन्दना करते हैं, ठीक तुलसीदास की तरह-

देव दनुज नर नाग खग प्रेत पितर गन्धर्व
बन्दऊ किन्नर रजनिचर, कृपा करहूँ अब सर्व

2

हिन्दी कहानी अपनी विकास-यात्रा की कई मंजिलें तय कर चुकी है। अपने प्रारम्भिक दौर में ही इसे प्रेमचन्द जैसे प्रतिभाशाली कथाशिल्पी का योगदान मिल गया, जिसके कारण हिन्दी कहानी शिखर तक पहुँच गई। प्रेमचन्द ने वैविध्यपूर्ण कथा-क्षेत्रों का पहली बार उद्‌घाटन अपनी कहानियों में किया, साथ ही शिल्प के अनेक प्रयोग भी किए, प्रेमचन्द के परवर्ती कथाकारों जैनेन्द्र, अज्ञेय, यशपाल आदि ने उसे नए आयाम दिए, पर प्रेमचन्द की परम्परा से अलग हटकर सूक्ष्म ऐन्द्रिकता और कलात्मकता के साथ ये कथाकार हिन्दी कहानी के नागरिक जीवन की बारीकियों के उद्‌गाता हुए। फणीश्वरनाथ रेणु ने अपनी कहानियों के द्वारा प्रेमचन्द की विरासत को पहली बार एक नई पहचान और भंगिमा दी। रेणु-जैनेन्द्र, अज्ञेय, यशपाल की पीढ़ी तथा स्वातंत्र्योत्तर कथा-पीढ़ी, जिसे नई कहानी आन्दोलन का जन्मदाता कहा जाता है—के सन्धिकाल में उभरे कथाकार हैं। इसीलिए उनकी समवयस्कता कभी अज्ञेय, यशपाल के साथ, तो कभी 'नई कहानी' के कथाकारों के साथ घोषित की जाती रही है।

रेणु के प्रसिद्ध उपन्यास 'मैला आँचल' का प्रकाशन अगस्त, 1954 में हुआ था, और इसके ठीक दस वर्ष पूर्व अगस्त, 1944 में उनकी पहली कहानी 'बटबाबा' साप्ताहिक 'विश्वमित्र' (कलकत्ता) में छपी थी। यानी रेणु की कहानियाँ 'मैला आँचल' के प्रकाशन के दस वर्ष पहले से ही छपने लगी थीं। पाँचवें दशक में उनकी अनेक महत्त्वपूर्ण कहानियाँ प्रकाशित हुईं। ये कहानियाँ 'मैला आँचल' और 'परती : परिकथा' के प्रौढ़ कथाशिल्पी की ही कहानियाँ थीं, जिनमें एक बड़े कलाकार के रूप में आकार ग्रहण करनेवाले लेखक की कला-सजग आँखें, गहरी मानवीय संवेदना, बदलते सामाजिक एवं राजनीतिक मूल्यों की मजबूत पकड़ वैसी ही थी, जैसी उनकी बाद की रचनाओं में दिखाई पड़ती है। मगर 'मैला आँचल' और 'परती : परिकथा' की अपार लोकप्रियता और इन दोनों उपन्यासों पर प्रारम्भ से ही उत्पन्न विवादों एवं बहसों के फलस्वरूप रेणु की कहानियों का अपेक्षित मूल्यांकन नहीं हो पाया।

रेणु की कहानियाँ अपनी बुनावट या संरचना, स्वभाव या प्रकृति, शिल्प और स्वाद में हिन्दी कहानी की परम्परा में एक अलग और नई पहचान लेकर उपस्थित होती हैं। अन्ततः एक नई कथा-धारा का प्रारम्भ इनसे होता है। ये कहानियाँ प्रेमचन्द की जमीन पर होते हुए भी, जितनी प्रेमचन्द की कहानियों से भिन्न हैं उतनी ही अपने समकालीन कथाकारों की कहानियों से। इसीलिए रेणु की कहानियों के सही मूल्यांकन के लिए एक नया सौन्दर्यशास्त्र निर्मित करने की आवश्यकता है।

रेणु ने जिन कथाकारों से प्रेरणा ग्रहण की, वे हैं रूसी कथाकार मिखाइल शोलोखोव, बँगला कथाकार ताराशंकर बंद्योपाध्याय और सतीनाथ भादुड़ी तथा हिन्दी के महान कथाकार प्रेमचन्द। रेणु की कहानियों पर इन चारों का मिला-जुला

प्रभाव दिखाई पड़ता है। प्रेमचन्द द्वारा निर्मित कथा-भूमि को वे ग्रहण करते हैं, पर इसमें शोलोखोव की तरह सांस्कृतिक गरिमा को मंडित करते हैं, सतीनाथ भादुड़ी की तरह शिल्प में नवीनता और आधुनिकता तथा ताराशंकर की तरह स्थानीय रंग को विभूषित करते हैं। इसीलिए प्रेमचन्द के द्वारा रेशे-रेशे से उकेरा गया भारतीय ग्राम-समाज रेणु की कलम से इतना रससिक्त, प्राणवन्त और नए आयाम ग्रहण करता हुआ दिखाई पड़ता है।

स्वातंत्र्योत्तर हिन्दी कहानी के दौर में, जिसे 'नई कहानी' आन्दोलन के नाम से जाना जाता है, ग्राम-कथा बनाम नगर-कथा को लेकर तीखे विवाद चले। रेणु इन तमाम विवादों से परे रहकर कहानियाँ लिख रहे थे। इसलिए उनकी कहानियों की ओर दृष्टि बहुत बाद में गई। पहली बार 'कहानी' पत्रिका के 1956 के विशेषांक में डॉ. नामवर सिंह ने अपने लेख में उनका उल्लेख किया है। वे लिखते हैं–"निःसन्देह इन (विभिन्न अंचलों या जनपदों के लोक-जीवन को लेकर लिखी गई) कहानियों में ताजगी है और प्रेमचन्द की गाँव पर लिखी कहानियों से एक हद तक नवीनता भी।...फणीश्वरनाथ रेणु, मार्कंडेय, केशव मिश्र, शिव प्रसाद सिंह की कहानियों से इस दिशा में आशा बँधती दिखाई दे रही है।" 'नई कहानी' आन्दोलन के कथाकारों ने भी बाद में रेणु को श्रेष्ठ कथाकार के रूप में रेखांकित किया। इनमें प्रमुख हैं–राजेन्द्र यादव, निर्मल वर्मा, भीष्म साहनी, कमलेश्वर आदि। कमलेश्वर ने रेणु की महत्ता को इन शब्दों में प्रतिपादित किया–"बीसवीं सदी का यह संजय रूप, रंग, स्वर, नाद, आकार और बिम्बों के माध्यम से 'महाभारत' की सारी वास्तविकता, सत्य, घृणा, हिंसा, प्रमाद, मानवीयता, आक्रोश और दुर्घटनाएँ बयान करता जा रहा है। उसके ऊँचे माथे पर महर्षि वेदव्यास का आशीष अंकित है।" अज्ञेय ने उन्हें 'धरती का धनी' कहा है। निर्मल वर्मा रेणु की 'समग्र मानवीय दृष्टि' का उल्लेख करते हुए समकालीन कथाकारों के बीच उन्हें 'सन्त' की तरह उपस्थित बताते हुए लिखते हैं–"बिहार के एक छोटे भूखंड की हथेली पर उन्होंने समूचे उत्तरी भारत के किसान की नियति रेखा को उजागर किया।"

हिन्दी कहानी की परम्परा में रेणु के विशिष्ट महत्त्व को हिन्दी कहानी के अधिकांश शीर्षस्थ कथाकार स्वीकारते हैं। डॉ. नामवर सिंह के बाद के आलोचकों में डॉ. शिवकुमार मिश्र का नाम महत्त्वपूर्ण है। वे अपने प्रसिद्ध निबन्ध 'प्रेमचन्द की परम्परा और फणीश्वरनाथ रेणु' में लिखते हैं–"रेणु हिन्दी के उन कथाकारों में हैं, जिन्होंने आधुनिकतावादी फैशन की परवाह न करते हुए, कथा-साहित्य को एक लम्बे अर्से के बाद प्रेमचन्द की उस परम्परा से फिर जोड़ा जो बीच में मध्यवर्गीय नागरिक जीवन की केन्द्रीयता के कारण भारत की आत्मा से कट गई थी।" इस प्रकार हम पाते हैं कि रेणु हिन्दी के श्रेष्ठ कथाकारों की अगली पंक्ति में परिगणित होते रहे हैं। उनका महत्त्व आज निर्विवाद घोषित है।

अब रेणु की कहानियों की मूल विशेषताओं पर चर्चा की जाए।

रेणु हिन्दी के पहले कथाकार हैं, जो 'प्राणों में घुले हुए रंग' और 'मन के रंग' को, यानी मनुष्य के राग-विराग और प्रेम को, दुख और करुणा को, हास-उल्लास और पीड़ा को अपनी कहानियों में एक साथ लेकर 'आत्मा के शिल्पी' के रूप में उपस्थित होते हैं। साथ ही, वे मनुष्य का चित्रण एक ठोस जमीन पर, एक काल-विशेष में करते हैं। पर स्थानीयता या भौगोलिक परिवेश और इतिहास की एक कालावधि में साँस लेते हुए उनके पात्र सार्वदेशिक एवं समकालीन जीवन के मर्म को भी उद्घाटित करते हैं। कहा भी गया है कि रेणु का महत्त्व सिर्फ आंचलिकता में नहीं, अपितु उसके अतिक्रमण में है।

रेणु का 'मन मानो सरसों की पोटली' है। वे अपने कथासूत्रों के रिक्त स्थानों को इसके तीन दानों से भरते हैं। ये 'तीन बिन्दियाँ' यानी डॉट-डॉट-डॉट रेणु की कहानियों की सूक्ष्म अन्तर्ध्वनियाँ हैं। ये अपने भीतर रस का पूरा सागर समेटे हैं।

रेणु अपनी कहानी 'संवदिया' के हरगोबिन संवदिया की तरह अपने अंचल के दुखी-विपन्न-बेसहारा पात्रों का संवाद लेकर पाठकों के सामने उपस्थित होते हैं और उनके विषय में, उनकी पीड़ा के बारे में, उनके हाहाकार को अपने अन्तस में छुपाए उनका सही-सही संवाद देने में हिचकिचाते हैं। पर उसकी पूरी अभिव्यक्ति अन्ततः हो ही जाती है।

रेणु मनुष्य की लीलाओं का भाव-प्रवण चित्रण करते हैं। उनका ध्यान इस पर ज्यादा क्यों है? मनुष्य के पूरे संघर्षों, उसकी आपदा-विपदाओं, उसके दुख-दारिद्र्य के बीच ये लीलाएँ ही उस जीवन को आधार देती हैं, उसे टूटने से बचाती हैं, उसकी संघर्षशीलता को बढ़ाती हैं। रेणु की एक कहानी का शीर्षक ही है–'नित्य लीला'। यह लीला-भाव खासकर उनकी ठुमरी-धर्मा कहानियों में कुछ ज्यादा ही हैं। इसमें दो विरोधी भाव एक साथ उपस्थित होते हैं। कभी हताशा-निराशा का वातावरण वे सृजित करते हैं, तो कभी हर्ष-उल्लास का। इसके बीच प्रकृति की भी अर्थ-छवियाँ उद्घाटित होती चलती हैं। जीवन और प्रकृति की बारीक से बारीक रेखाओं से निर्मित ये कहानियाँ एक संगीत की तरह पाठकों के भीतर गूँजती रहती हैं। 'एक नीच ट्रेजडी' में फँसी जिन्दगी का चित्रण हमें बल देता है।

रेणु अपनी कहानियों में टूटते जीवन-मूल्यों या 'विघटन के क्षणों' को मूर्त रूप में आँकते हैं, उसकी पीड़ा को व्यंजित करते हैं और नए की अगुवाई दो कदम आगे बढ़कर करते हैं। 'रसप्रिया', 'आत्म-साक्षी', 'विघटन के क्षण', 'उच्चाटन' आदि कहानियाँ बदलते ग्रामीण जीवन के यथार्थ को एक नई भंगिमा के साथ उद्घाटित करती हैं। ये कहानियाँ टूटन और विघटन के रेखांकन के साथ ही मनुष्य के हाहाकार को भी व्यंजित करती हैं। रेणु का कथाकार-मन इस बदलते हुए परिवेश को चित्रित करता हुआ करुणा से आर्द्र दिखलाई पड़ता है। वे इन स्थितियों को त्रासदी के रूप

में लेते हैं। वे त्रस्त और भयावह ग्रामीण परिवेश में 'पहलवान की ढोलक' की गमक फिर से गुंजायमान देखना चाहते हैं। वे 'तॅबे ऍकला चलो रे' की तरह भूमि-संघर्षों और ग्रामीणों के आपसी झगड़ों को समाप्त करने में शहीद किशन महाराज के सही और मानवीय संघर्ष के पथ पर आगे बढ़ते हैं। नेपथ्य में जी रहे लोक-मंचों के कलाकारों को, चाहे 'रसप्रिया' का पंचकौड़ी मिरदंगिया हो, 'नेपथ्य का अभिनेता' के पारसी थियेटर का कलाकार या 'भित्तिचित्र की मयूरी' की भित्तिचित्रकार महिला या 'रसूल मिसतिरी' का कारीगर, अपनी कहानियों में पुनः प्रतिष्ठित करते हैं।

रेणु की कहानियों का परिवेश ग्राम-जीवन से लेकर शहरी जीवन तक विस्तृत है। उन्होंने जिस कूँची से धूसर, वीरान, अन्तहीन प्रान्तर के दुखी-विपन्न जन-जीवन का चित्रण किया है, उसी से शहरी परिवेश की 'टेबुल', 'विकट संकट', 'जलवा', 'रेखाएँ : वृत्तचक्र', 'अगिनखोर' जैसी कहानियाँ भी लिखी हैं।

ये कहानियाँ इकहरी नहीं हैं। इनमें मूलकथा के साथ-साथ कई उपकथाएँ जुड़ी होती हैं एवं मुख्य पात्रों के साथ उनसे जुड़े अनेक पात्रों का जीवन एक साथ उजागर होता है। वे अपने पात्रों को पूरे परिदृश्य या 'लैंडस्केप' के बीच रखकर चित्रित करते हैं।

ये कहानियाँ किसी आइडिया या विचार या आदर्श को केन्द्र में रखकर नहीं बुनी गई हैं, अपितु ये सीधे-सीधे हमें जीवन में उतारती हैं। इसलिए इन कहानियों से सरलीकृत रूप में निष्कर्ष निकालना जरा कठिन है।

रेणु की कहानियों का परिवेश जाना-चीन्हा होते हुए भी आकर्षित करता है। इन कहानियों को पढ़ते वक्त यह लगता है कि यह पहली बार घटित हो रहा है। कारण यह कि परिवेश के निर्माण में जो गन्धवाही चेतना, रंगों एवं ध्वनियों का योग है, वह साधारण जीवन में हम अनुभव नहीं कर पाते। रेणु असल कला-साधना के लिए गीतों में गन्ध की सन्धान की बात करते हैं (तीन बिन्दियाँ) और अपने कथा-चित्रों को सजीवता प्रदान करने के लिए उसे संगीत और ध्वनियों से लैस करते हैं। इसीलिए, इन कहानियों के परिपार्श्व में कभी मौन और कभी मुखर एक संगीत की अनुगूँज सुनाई पड़ती है।

रेणु की कथा-भाषा लोकभाषा की नींव पर खड़ी की गई है। यह भाषा मध्यकाल के सन्त-भक्त कवि–कबीर, सूर, तुलसी, मीरा, जायसी आदि की भाषा के सर्वाधिक करीब है। रेणु की भाषा एक पहाड़ी झरने की तरह प्रवाहित होती रहती है, पर उसकी गति, लय, प्रवाह और संगीत में लगातार परिवर्तन होता चलता है।

रेणु के उपन्यास

मैला आँचल

1

'मैला आँचल' ने अपने प्रकाशन के साथ ही हिन्दी उपन्यास के विकास में जो अहम भूमिका निभाई थी, अपने परवर्ती कथाकारों पर जो अमिट छाप छोड़ी थी वह आज भी बरकरार है। 'मैला आँचल' हिन्दी उपन्यासों के बीच मील-स्तम्भ की तरह है और इसकी महत्ता को बहुत कम उपन्यास स्पर्श तक कर पाए हैं। 'मैला आँचल' में वह शक्ति है कि घनघोर रूप में स्थानिक होते हुए भी यह लोकप्रियता के शिखर पर लगातार कायम है तथा इसका अनुवाद देश-विदेश की अनेक भाषाओं में लगातार होता गया है। आलोचकों की पुरानी पीढ़ी से लेकर नई पीढ़ी तक इसके मूल्यांकन के लिए उद्यत होती रही है। इस पर वाद-विवाद का दौर आज भी जारी है। पुनर्मूल्यांकन की कोशिशें भी होती रही हैं। 'मैला आँचल' के प्रकाशन के बाद हिन्दी में सैकड़ों उपन्यास प्रकाशित हुए, जिनमें अधिकांश काल के गर्त में दब गए किन्तु 'मैला आँचल' समय की कसौटी पर कालजयी उपन्यास सिद्ध हुआ।

'मैला आँचल' हिन्दी उपन्यासों की परम्परा में एक महत्त्वपूर्ण और नया पड़ाव है। इसे किनारे रखकर हिन्दी उपन्यासों पर कोई भी चर्चा अधूरी ही रहेगी। रेणु ने भी अपने जीवन में इसके समानान्तर कोई दूसरा उपन्यास नहीं लिखा। परवर्ती कथाकारों के लिए भी यह एक मानक कृति है। 'मैला आँचल' तत्सम के बरक्स तद्भव को महत्त्व देता है। महानायकों की जगह छोटे और गौण तथा महत्त्वहीन मनुष्यों की प्रतिष्ठा करता है। गाथा की जगह कथा को स्थापित करता है। इसके कथाकार को कथा और गीत दोनों का शौक है। यह आंचलिकता और राष्ट्रीयता दोनों छोरों को एक साथ साधता है। यह सांस्कृतिक चेतना से सम्पृक्त होते हुए भारत के असली सुराज की पड़ताल करता है। यह टूटे-बिखरे हुए समाज को जोड़ने की कोशिश करता है। यह मध्यकालीन सन्तों की वाणी एवं चेतना से सम्पृक्त है। इसमें परम्परा और आधुनिकता का अनोखा सन्तुलन है। 'मैला आँचल' की शक्ति है उसका मारक व्यंग्य और प्रखर राजनीतिक चेतना जो बहुत कम

उपन्यासों में ही दिखाई पड़ता है। वह स्थान एवं काल-सम्बद्ध होते हुए भी सार्वकालिक एवं सर्वदेशीय है।

2

'मैला आँचल' का प्रकाशन अगस्त, 1954 में हुआ। इसके प्रकाशन के बाद ही हिन्दी के अलावा अन्य कई भारतीय भाषाओं में भी इसकी चर्चा होने लग गई थी और इसे लेकर तरह-तरह के विवाद और बहसें लम्बें समय तक चलती रहीं और आज भी कमोबेश यह स्थिति बरकरार है। इसके आधार पर 'आंचलिक उपन्यास' नामक उपन्यासों की एक नई श्रेणी की अवधारणा हिन्दी के अलावा अन्य भारतीय भाषाओं में भी निर्मित हुई और 'आंचलिकता' को लेकर आज भी कई बहस-तलब लेख लिखे जा रहे हैं। इस उपन्यास के प्रकाशनोपरान्त 'प्रेमचन्द की परम्परा' पर भी हिन्दी में सार्थक बहसें हुईं। 'मैला आँचल' ने न सिर्फ रेणु को हिन्दी साहित्य में एक बड़े कथाकार के रूप में प्रतिष्ठित किया, अपितु हिन्दी की उपन्यास विधा में एक युगान्तर भी उपस्थित किया। इस गौरवशाली, कालजयी उपन्यास ने हिन्दी भाषा के अभूतपूर्व कौशल, व्यंजना और संगीतात्मकता की गहरी क्षमता से पहले-पहल परिचित कराया। यह कहना बिलकुल सही है कि रेणु ने भाषा को पार्श्व संगीत दिया।

'मैला आँचल' का प्रकाशन 1954 में हुआ, पर उसके लेखन में रेणु 1950 में ही लग गए थे। रेणु ने इस उपन्यास को पहले दूसरी तरह से लिखना शुरू किया था, बाद में यानी दूसरे ड्राफ्ट में उन्होंने पहले प्रारूप को बदला। 1950 के डॉ. गोपीकृष्ण प्रसाद के नाम लिखे एक पत्र में 'मैला आँचल' की रूपरेखा और उसके लिखे जाने के उद्देश्य को स्पष्ट करते हुए उन्होंने एक पत्र लिखा था, जिसकी कुछ पंक्तियों को उद्धृत करना यहाँ समीचीन होगा–

"समय मिलते ही मैं कुछ न कुछ लिखने बैठ जाता हूँ। बड़ी चीज के कैनवस पर रेखाएँ खींच रहा हूँ–रंग घोल रहा हूँ।...गोपीजी, सच कहता हूँ–डर लगता है, इतनी बड़ी चीज सँभाल सकता हूँ या नहीं।...सुनिए, जहाँ तक लिख चुका हूँ उसका सारांश–एक ही साल 'पटना मेडिकल कॉलेज' से तीन डॉक्टर निकलते हैं। डॉ. कयूम, रामनाथन और सन्तोष। तीनों अपने-अपने विषय के विशेषज्ञ, तीनों को विदेश जाकर शिक्षा प्राप्त करने की सुविधा मिलती है।

लेकिन डॉ. कयूम ने इंडियन नेशनल एम्बुलेंस कोर ऑर्गेनाइज किया, बड़े-बड़े लीडरों से मिला, पत्रकारों से मिला। अपीलें निकलीं, प्रोत्साहन की बातें कही गईं, चन्दे और दान मिले। पंडित नेहरू ने 'कश्मीर फ्रंट' पर सेवा करने की उसकी इच्छा का स्वागत किया। पटने में एक बड़े सामाजिक भोज में उसका आखिरी बयान, जिसमें मानवता, गांधीजी और विश्वबन्धुत्व पर बहुत-सी पुरानी बातें दुहराई गई

थीं। और उसके बाद, पटना जंक्शन स्टेशन पर अपने जत्थे के साथ दिल्ली की ओर–जनता एक्सप्रेस।

डॉ. रामनाथन गुमसुम प्रकृति का आदमी। एक रात को चुपचाप पटने से गायब हो जाता है। बाद में डॉ. सन्तोष को खत मिला। एक 'कुष्ठ कुटीर' यही इच्छा है। रहे डॉ. सन्तोष। उनसे अनुरोध किया गया कि जनरल रेसिडेंसियल सर्जन का कार्यभार सँभालें, लेकिन वे तैयार नहीं हुए। मिनिस्टर साहब ने समझाया, पार्लियामेंटरी सेक्रेटरी साहब ने समझाया, वह अपनी जिद्द पर डटा रहा। वह पूर्णिया या सहरसा के किसी इलाके में रहकर अनुसन्धान कार्य करना चाहता–काला आजार–टायफाइड–कोशी–महानन्दा। बहुत–सी नई बातों का पता लगाया जा सकता है। पूर्णिया के पूर्वी अंचल में एक अस्थायी काला आजार–मलेरिया सेंटर खुलने वाला था–डॉ. सन्तोष को वहीं भेज दिया जाता है–एक की जगह पर एक मिनिस्टर साहब सिफारिश कर देते हैं। अनुसन्धान कार्य के लिए 200/–माहवारी मिलता है। गाँव में वे आते हैं।

अब गाँव शुरू होता है। एकदम पुराना गाँव। वहाँ के लोग। वह अजीब भूभाग। डॉ. सन्तोष का एक–एक रोगी अपने साथ बड़ा–बड़ा इतिहास रखता है। इसलिए उसका हर रोगी एक 'कैरेक्टर'। इतने चरित्रों के अलग–अलग चित्रण की बात याद आते ही डरने लगता हूँ।...रात लिख रहा था–गाँव में रामलीला कम्पनी आई है। दरभंगा के कुछ गरीब ब्राह्मणों का दल। सीता–स्वयंवर के दिन गाँव में फैली हुई सरगर्मी। रात में जनक–फुलवारी में घूमती हुई सीता और धनुष तोड़ते हुए राम को देखकर एक जवान लड़की बेहोश जो जाती है–भक्ति से बेहोश। बेचारी विधवा है...राम बननेवाले जवान बाबाजी साक्षात् देवता हो जाएँगे। लेकिन पोखर में स्नान करते वक्त वह उसकी ओर देखता क्यों था?...

बस, इतनी–सी बात को बयान करने के लिए मैं पूरे तीन घंटे तक हाथ–पाँव मारता रहा। मैं देखता हूँ कि सब कुछ मेरे इस संसार में समा जाना चाहता है। गाँव की कोई भी चीज छूट न जाए, सोचने की जरूरत नहीं। गाँव के मठ, मठाधीश, सेठ, गोलेदार...छोटे–छोटे जमींदार, मुसहर, सन्थाल। गाँव के नाच, मेले–तमाशे, शादी–ब्याह, बरात...झगड़े–मुकदमे, राजनीतिक चेतना कितनी? स्वास्थ्य–सारे रोगों की जड़ में डॉ. सन्तोष देखता है–गरीबी, दरिद्रता, भूख, बेहाली। ज्यादातर रोगों के कारण आर्थिक हैं। और सभी रोगों की जड़ में पूँजीवादी समाज–व्यवस्था है। डॉ. सन्तोष सिरिंज छूना छोड़ देता है। बाद में वह एक सन्थाल आन्दोलन (बटैया आन्दोलन) के जुर्म में जेल जाता है। दिल की दुनिया और दिल के किस्से भी हैं।

मौजूदा अकाल तक पहुँचा देना है। कहानी का अन्त–इसे मैंने अभी रिजर्व रखा है। मैं किसी की कुछ नहीं सुनूँगा। कहानी का अन्त मैं अपने ढंग से करूँगा।

दुनिया के पर्दे पर जल्दी–जल्दी बदलनेवाली घटनाओं को देखता हूँ। समझने की चेष्टा करता हूँ। सही समझ पाता हूँ या नहीं, कह नहीं सकता। लेकिन ये बदलती

हुई तस्वीरों के बदलते हुए लोग...। मेरा मन इस बात को मानने के लिए एकदम तैयार नहीं होता कि तीसरी लड़ाई होकर रहेगी। मन डरता है, वह लड़ाई नहीं चाहता–इसलिए 'लड़ाई होगी ही', यह सुनना नहीं चाहता।"

रेणु के इस पत्रांश से 'मैला आँचल' के प्रारम्भिक प्रारूप की जानकारी मिलने के साथ ही उनकी रचना-प्रक्रिया को समझने में भी मदद मिलती है। रेणु ने 'मैला आँचल' का लेखन 1950 में ही प्रारम्भ कर दिया था, पर दिसम्बर, 1950 में नेपाल के राणाशाही के विरुद्ध कोइराला-बन्धुओं द्वारा आरम्भ किए गए आन्दोलन में शरीक हो गए और मार्च, 1951 तक उसी में व्यस्त रहे। 1951 के मध्य तक इस आन्दोलन पर लम्बा रिपोर्ताज 'हिल रहा हिमालय' नाम से लिखते रहे, जो 'जनता' में धारावाहिक रूप में प्रकाशित हुआ। इसी वर्ष वे भीषण रूप से बीमार पड़े और लगभग छह महीने तक अस्पताल में भर्ती रहे। पूर्णत: स्वस्थ होने के बाद मार्च, 1952 से वे फिर इसके लेखन में जुट गए और अक्टूबर, 1952 तक इसे पूर्ण कर लिया। रेणु ने 'मैला आँचल' के डॉक्टर का नाम पहले सन्तोष रखा था, पर बाद में प्रशान्त कर दिया। इसके पीछे भी एक कहानी है।

3

रेणु जब 1942 के आन्दोलन में गिरफ्तार होकर भागलपुर जेल में थे, तब वहाँ उन्होंने एक 'गब्बे गोष्ठी' यानी गप्प हाँकने की गोष्ठी बना रखी थी, जिसमें बारी-बारी से हर सदस्य को कहानी सुनानी पड़ती थी। रेणु की जब कहानी सुनाने की बारी आई, तो उन्होंने तत्काल गढ़कर एक कहानी सुना डाली थी, जिसका नायक प्रशान्त उनके अन्दर वर्षों तक उपस्थित रहकर उनके व्यक्तित्व का हिस्सा-सा हो गया। रेणु ने इन तमाम प्रसंगों का पूरा वृत्तान्त 'अपनी कथा' शीर्षक रचना में प्रस्तुत किया है। वे जब 1952 में लम्बी बीमारी से मुक्त हुए तो अनिद्रा-रोग के कारण देर रात तक नींद नहीं आती। वे 'अपनी कथा' के अन्त में लिखते हैं–"एक रात को छटपटा रहा था कि मेरे अन्दर प्रशान्त बनर्जी ने आवाज दी–क्यों भाई, नींद नहीं आ रही?...मैं जानता हूँ। इस अनिद्रा से लाभ क्यों नहीं उठाते?"

"प्रशान्त, मुझे बताओ, मैं क्या करूँ?"

"मेरी सहायता लोगे? दोस्ती तोड़ोगे तो नहीं?"

"कभी नहीं।"

"उठो! तुम्हारे पास 1950 की एक मोटी, किन्तु एकदम निष्कलंक डायरी है। ले आओ। कलम पकड़ो। लिखो, प्रशान्त की कहानी, कमली की कहानी। हमें जीवन दो। हम तुम्हारे साथ रहेंगे। हम दोस्त हैं।" और मैंने शुरू कर दी प्रशान्त की कहानी, कमली की कहानी...अन्ततोगत्वा अपनी ही कहानी...।

और रेणु ने जो लिखा, वह क्या सिर्फ एक प्रेम-कहानी ही है? प्रशान्त और कमली की प्रेम-कहानी? 'मैला आँचल' की मटमैली, धूसर, उदास धरती पर इतने जीवन्त, संघर्षरत, गतिशील पात्रों के बीच, कल्पना-प्रसूत ये पात्र क्या वास्तव में रेणु की 'अपनी कथा' से मेल खाते हैं?

'मैला आँचल' का प्रकाशन कितनी मुश्किलों से, किस तरह हुआ, इसकी एक लम्बी कहानी है। रेणु उसकी पांडुलिपि लेकर प्रकाशन के लिए लम्बे समय तक दौड़-धूप करते रहे। अन्त में लतिका जी के गहने बेचकर कागज की व्यवस्था की और यूनियन प्रेस, पटना में इसका मुद्रण-कार्य प्रारम्भ हुआ। प्रकाशन का नाम रखा गया—समता प्रकाशन। 'मैला आँचल' के छपने में लगभग एक साल लग गया। 'मैला आँचल' के पूर्व रेणु कहानीकार, कवि और रिपोर्ताज-लेखक के रूप में प्रसिद्ध हो गए थे। उनकी 'टौंटी नाइन का खेल' कहानी, जो 'राष्ट्र-सन्देश' के 4 अप्रैल, 1953 के अंक में छपी थी, के साथ लेखक-परिचय में जो टिप्पणी लिखी गई है, उससे इसका पता चलता है, साथ ही अब वे एक उपन्यासकार के रूप में भी (मैला आँचल के द्वारा) पदार्पण करनेवाले थे, इसकी जानकारी भी। रेणु का 'राष्ट्र-सन्देश' में प्रकाशित वह परिचय रेणु के पाठकों के लिए बहुत ही महत्त्वपूर्ण है, इसलिए उसे यहाँ उद्धृत किया जा रहा है :

''इन दिनों साहित्य-संसार जिसे 'रेणु' के रूप में जानने लगा है, वह पूर्णिया के उत्तरी अंचल के साधारण किसान का बेटा फणीश्वरनाथ है। आशुकवि स्व. पं. रामदेनी तिवारी 'द्विजदेनी' की कर्मभूमि औराही ग्राम में श्री शिलानाथ के घर पैदा होकर किसी दिन फणीश्वरनाथ रेणु बनेगा, यह उसी स्वप्न-द्रष्टा, कविगुरु 'द्विजदेनी' का आशीष था। सिमरबनी मिडिल स्कूल के मध्य एक छोटे विद्यार्थी का 'कविता कीजिए', 'कविता कीजिए' का सतत सरल आग्रह, उसके अन्तस्तल से झाँकते हुए काव्यानुराग का परिचायक था। सचमुच उस बालक की सरल रागात्मिका वृत्ति को, अनुपम प्राकृतिक सौन्दर्य को, पर्वतीय देश नेपाल ने परिपुष्ट किया और वह कवि हो गया। इन्कलाबी कवि रेणु जेल से मुक्त होने पर कवि, कहानीकार, रिपोर्ताज लेखक और सम्पादक के रूप में अब तक आ चुका है। बहुत शीघ्र उसे हम एक सफल उपन्यासकार के रूप में देखेंगे। इस बहुमुखी प्रतिभावान व्यक्ति की विशेषता इसकी मौलिक भाषा में है और हिन्दी के साहित्यकारों में प्रेमचन्द के बाद रेणु में ही अपनी मिट्टी का मोह और ममता है। जंगली और मैले-कुचैले देहात में पैदा लेने और पलनेवाला व्यक्ति इसी मिट्टी में काफी सामग्री पा लेता है—अपनी साहित्यिक रचना के लिए। इसके लिए उसे शहर के चिकचाक्य की चाह नहीं रहती। वह इसी देहात के अकृत्रिम और सरल जीवन में मानव के असली रूप को देखता है। उसकी कहानी को पढ़कर आप स्वयं अनुभव करेंगे।''

रेणु का यह परिचय 'मैला आँचल' के प्रकाशन के पूर्व का है, पर आज भी इसमें कही कोई बात घटाई नहीं जा सकती। यह परिचय तब लिखा गया था, जब 'मैला आँचल' का मुद्रण प्रारम्भ हो चुका था। इस बीच राजकमल प्रकाशन के तत्कालीन प्रबन्धक ओमप्रकाशजी से रेणु का सम्पर्क हुआ। ओमप्रकाशजी ने 'मैला आँचल' के वितरण की व्यवस्था राजकमल प्रकाशन से करने की स्वीकृति दे दी। तथ्य की जानकारी रेणु के इस पत्रांश से मिलती है :

''राजकमल प्रकाशन ने सोल एजेंसी स्वीकार कर ली है। वह हमें वही कमीशन देंगे, जो 'बलचनमा' पर दिया है। और 30 प्रतिशत कमीशन पहले ही चुका देंगे। राजकमल एक तगड़ी प्रकाशन संस्था है। सारे भारत में उसकी पहुँच है। 'प्रकाशन-समाचार' निकालकर वह अपनी किताबों का जोरदार वैज्ञानिक प्रचार भी करता है। 'आलोचना' त्रैमासिक उसी की है और हिन्दी का एक बेजोड़ पत्र समझा जाता है। फोल्डर छापने के लिए कुछ लोगों की राय का संग्रह कर लिया है–बतौर Review के। नागार्जुन, नलिन विलोचन शर्मा, दिवाकर प्रसाद विद्यार्थी, नर्मदेश्वर प्रसाद, अनूप आदि की राय मिल चुकी है। नर्मदेश्वरजी ने बहैसियत सोशियोलॉजी के हेड ऑफ डिपार्टमेंट लिखा है–किताब समाज विज्ञान के विद्यार्थियों के लिए भी उपयोगी है।''

रेणु का यह पत्र अपने एक ग्रामीण बन्धु को 10 फरवरी, 1954 को लिखा गया है। इस पत्र से रेणु के मन में राजकमल प्रकाशन के प्रति तीव्र आकर्षण के कारण का पता चलता है। रेणु ने 'मैला आँचल' के साथ एक फोल्डर भी छपवाया था, जिसमें पटना के कई विद्वानों की 'मैला आँचल' पर समीक्षात्मक टिप्पणियाँ भी छपी थीं, जिनमें नर्मदेश्वर प्रसाद की एक पंक्ति को रेणु ने इस पत्र में उद्धृत किया है। 'मैला आँचल' का मुद्रण मार्च, 1954 तक पूर्ण हो चुका था, पर आर्थिक दिक्कतों के कारण यह अगस्त में छपकर बाहर आया। अगस्त के अन्त में ही रेणु के पटना-निवास पर इसका विमोचन हुआ। जैसा कि रेणु के पत्र से ज्ञात है, नलिन विलोचन शर्मा ने इसके प्रकाशन के पूर्व ही इसे पढ़ लिया था और एक समीक्षात्मक टिप्पणी लिखी थी। इसके प्रकाशनोपरान्त इन्होंने विस्तृत समीक्षा लिखी, जो आकाशवाणी से प्रसारित हुई। कहा जाता है कि इस समीक्षा से ही हिन्दी साहित्य का ध्यान इस उपन्यास की ओर गया। नलिन विलोचन शर्मा ने इस समीक्षा का सारांश बाद में 'आलोचना' के पन्द्रहवें अंक में प्रकाशित करवाया। नलिन जी ने 'मैला आँचल' पर बेहद ही महत्त्वपूर्ण बातें कही थीं, जिनका महत्त्व आज भी है। मैं उनकी समीक्षा की कुछ पंक्तियाँ उद्धृत कर रहा हूँ :

'' 'मैला आँचल' फणीश्वरनाथ रेणु का प्रथम उपन्यास है। यह ऐसा सौभाग्यशाली उपन्यास है, जो लेखक की प्रथम कृति होने पर भी उसे ऐसी प्रतिष्ठा प्राप्त करा दे कि वह चाहे तो कुछ और न भी लिखे। मैंने इसे 'गोदान' के बाद हिन्दी का वैसा

दूसरा महान उपन्यास माना है।...इसके लेखक को चित्रणीय जीवन का आत्मीयतापूर्ण ज्ञान है, व्यापक दृष्टि है, परकाय-प्रवेशवाली उपन्यासकारोचित सामर्थ्य है और सर्वोपरि है चित्रांकन के समय ऐकान्तिक तटस्थता और निर्लिप्तता बनाए रखनेवाली कलाकारोचित प्रतिभा। रेणु ने अपने हृदय की सारी ममता और करुणा उड़ेलकर ही अपने गाँव और वहाँ रहनेवालों को जाना होगा।...मैं यहीं यह भी कह दूँ कि अपनी सम्पूर्णता में काव्य का प्रभाव उत्पन्न करनेवाले इस उपन्यास में यही वह अधिक से अधिक कवितापन है, जिसकी छूट लेखक ने अपने को दी है।...'मैला आँचल' केवल आंचलिक उपन्यास ही नहीं है।...अनगिनत गरीब और धनी, अशिक्षित और उच्च शिक्षित, स्त्री और पुरुष पात्रों से संकुल हुए उपन्यास का चित्रित जीवन किसी स्थल में अविश्वनीय नहीं होता–वहाँ भी नहीं, जहाँ नाटकीय घटनाएँ घट जाती हैं–क्योंकि लेखक ने उस सत्य का चित्रण अपना लक्ष्य रखा है, जो कभी-कभी गल्प में भी, सचमुच ही, विचित्रतर होता है।

'मैला आँचल' की भाषा से हिन्दी समृद्ध हुई है। रेणु ने कुशलता से ऐसी शैली का प्रयोग किया है, जिसमें आंचलिक भाषा-तत्त्व परिनिष्ठित भाषा में घुलमिल जाते हैं। हिन्दी के उपन्यास-साहित्य में, यदि गत्यवरोध था, तो इस 'कृति' से वह हट गया है।''

4

'मैला आँचल' एक वर्ष के भीतर ही श्रेष्ठ उपन्यास के रूप में प्रसिद्ध हो गया था। हिन्दी के महत्त्वपूर्ण लेखकों ने और लगभग सभी पत्रिकाओं ने इस पर लिखा। अचानक मिले इतने अधिक यश का परिणाम बाद में यह हुआ कि 'मैला आँचल' को खारिज करनेवाले लेख छपने लगे। उस समय की पटना से प्रकाशित मासिक 'अवन्तिका' पत्रिका के नवम्बर, 1955 में लक्ष्मीनारायण भारतीय की एक टिप्पणी छपी–'मैला आँचल : एक दृष्टिकोण'। इसमें 'मैला आँचल' को निम्नकोटि का उपन्यास साबित करनेवाले कई तर्क दिए गए। ये तर्क रेणु जैसे निर्लिप्त रहनेवाले कलाकार को भी तिलमिला देनेवाले थे। इसकी प्रतिक्रियास्वरूप 'अवन्तिका' के जनवरी, 1956 के अंक में 'मैला आँचल : स्वस्थ दृष्टियाँ और उचित दृष्टिकोण' नामक रचना सुश्री गौरा, एम.ए. के नाम से छपी। यह रचना रेणु जी के हस्तलेख में छपने आई थी, जिसे पटना के उनके कुछ निकट के लेखकों ने छपने के पूर्व देख लिया कि यह तो रेणु जी का ही लिखा हुआ है। इस बात को प्रचारित भी किया गया। तत्पश्चात् रेणुजी ने गौरा के सही मायने में लेखक होने की सम्पुष्टि की। गौरा का 'प्रकाशन-समाचार' में एक पत्र भी छपा। पर वह रचना रेणु ने ही लिखी थी, यह निर्विवाद सत्य है। इसमें रेणु का एक इंटरव्यू भी है, जिससे रेणु की कई मान्यताओं

का पता चलता है। इस लेख में 'मैला आँचल' के विरुद्ध दिये गएं तर्कों का उचित उत्तर तो दिया ही गया है, इससे रेणु के एक भिन्न स्वरूप का भी पता चलता है। 'मैला आँचल' पर जो प्रमुख आरोप लगाए गए थे, उनमें प्रमुख हैं—अनैतिकता, भ्रष्ट भाषा, दूसरी भाषा में अनुवाद का न हो पाना आदि। रेणु ने इन आरोपों को एक जगह संकलित कर 'मैला आँचल' का एक विज्ञापन तैयार किया था, जिसे पढ़ने से उस पर लगाए गए आरोपों का खुलासा होता है :

"मैला आँचल? वही उपन्यास जिसमें हिन्दी का एक भी शुद्ध वाक्य नहीं है? जिसे पढ़कर लगता है कि कथानक की भूमि में सती-सावित्री के चरण-चिह्नों पर चलनेवाली एक भी आदर्श भारतीय नारी नहीं है? मद्य-निषेध के दिनों में जिसमें ताड़ी और महुए के रस की इतनी प्रशस्ति गाई गई है कि लेखक जैसे नशे का ही प्रचारक हो! सरकार ऐसी पुस्तकों को प्रचारित ही कैसे होने देती है जी!

वही 'मैला आँचल' न जिसमें लेखक ने न जाने लोक-गीतों के किस संग्रह से गीतों के टुकड़े चुराकर जहाँ-तहाँ चस्पाँ पर दिए हैं? क्योंजी, इन्हें तो उपन्यास लिखने के बाद ही इधर-उधर भरा गया होगा?

'मैला आँचल'! हैरत है उन पाठकों और समीक्षकों की अक्ल पर जो इसकी तुलना 'गोदान' से करने का साहस कर बैठे! उछालिए साहब, उछालिए! जिसे चाहे प्रेमचन्द बना दीजिए, रवीन्द्रनाथ बना दीजिए, गोर्की बना दीजिए! जमाना ही डुग्गी पीटने का है!

तुमने तो पढ़ा है न 'मैला आँचल'? कहानी बाताओगे? कह सकते हो उसके हीरो का नाम? कोई घटना-सूत्र? नहीं न! कहता ही था। न कहानी, न कोई चरित्र ही पहले पन्ने से आखिरी पन्ने तक छा सका है। सिर्फ ढोल-मृदंग बजाकर, 'इन्किलास जिन्दाबाघ' जरूर किया गया है। 'पाटी' और 'कलस्टर' और 'संघर्ख' और 'जकसैन'- भोंड़े शब्द भरकर हिन्दी को भ्रष्ट करने का कुप्रयास खूब सफल हुआ है!

मुझे तो लगता है कि हिन्दी साहित्य के इतिहास में या यूँ कहूँ कि हिन्दी-साहित्यिकों की आँखों में, ऐसी धूलझोंकाई इससे पहले कभी नहीं हुई। मैला आँचल, मैला आँचल सुनते-सुनते कान पक गए। धूल भरा मैला-सा आँचल! लेखक ने इस धूल की बात तो स्वयं भूमिका में कबूल कर ली है एक तरह से! फिर भी...

अरे, हमने तो यहाँ तक सुना है, मैला आँचल नकल है किसी बँगला पुस्तक की और बँगला पुस्तक के मूल लेखक जाने किस लाज से कह रहे हैं, "नहीं, मैला आँचल अद्वितीय, मौलिक कृति है।" एक दूसरे समीक्षक ने यह भी कह दिया, जाने कैसे, कि यदि कोई कृतियाँ एक ही पृष्ठभूमि पर लिखी गई विभिन्न हो सकती हैं तो ये हैं!

पत्थर पड़े हैं उन कुन्दजेहन आलोचकों के और तारीफ के पुल बाँधनेवालों के जो इसे ग्रेट नॉवेल कह रहे हैं। ग्रेट नॉवेल की तो एक ही परख हमें मालूम है, उसका

अनुवाद कर देखिए! कीजिए तो 'मैला आँचल' का अनुवाद अंग्रेजी में, फिर देखिए उसका थोथापन!''

रेणु में आत्मालोचन और अपनी ही हँसी उड़ाने की प्रवृत्ति अपने समकालीन लेखकों में सबसे अधिक है। यहाँ 'मैला आँचल' पर जितने तरह-तरह के आरोप लगाए जा रहे थे, उनका कोई ठोस उत्तर न देकर उन्होंने व्यंग्य की शैली में दुहरा दिया है और वे आरोप एक प्रकार से हास्यास्पद लगने लगते हैं।

'मैला आँचल' के सन्दर्भ में एक बात का और उद्घाटन करना चाहूँगा। रेणु के आत्मीय शिष्य जयशंकर ने एक बार उनसे पूछा कि इस उपन्यास में इतने अधिक चरित्र हैं, पर आप कहीं नहीं नजर आते। रेणु ने बताया कि इसमें मेरा चरित्र भी एक जगह आया है। जब आजादी का जुलूस निकाला जाता है, तो वे भी एक नारा लगाते हैं—''यह आजादी झूठी है! देश की जनता भूखी है।'' इस पर मेरीगंज के लोग बिगड़ जाते हैं। बालदेवजी कहते हैं—अरे भाई, हिंगना-औराही का सोसलिट है, तो हिंगना-औराही में जाकर अपने गाँव का नारा लगाए। यहाँ काबिलयती छाँटने का क्या जरूरत था? अपना मुँह है; बस लगा दिया नारा यह आजादी झूठी है!''

इतने लम्बे समय के बाद देश आजाद हुआ। आजादी के नशे में पूरा देश मग्न। पर रेणु 'मैला आँचल' के द्वारा असली आजादी के लिए संघर्ष करते हुए दिखाई पड़ते हैं। आजाद भारत की सच्ची तस्वीर पेश करते हुए उनकी आस्था बामनदास की मृत्यु के साथ ही टूटती है। लोग अशिक्षा, अज्ञान, साम्प्रदायिकता, जातिवाद, रूढ़िवादिता के अन्धकार में जी रहे हैं—भूखे, बदहाल, विपन्न। आदमी जानवर से भी बदतर जीवन जी रहा है। 'मैला आँचल' के डॉक्टर को सभी रोगों की जड़ में भूख और गरीबी दिखाई पड़ती है और उसे लगता है कि अभी पहला काम है जानवर को आदमी बनाना।

'मैला आँचल' के प्रकाशन के बाद उसको लेकर दो महत्त्वपूर्ण घटनाएँ घटीं। पहला यह कि रेणु पर मानहानि का मुकदमा दायर किया गया और दूसरा उसे सतीनाथ भादुड़ी के उपन्यास 'ढोंढ़ाईचरितमानस' की नकल में लिखा गया बिहार के ही कुछ लेखकों द्वारा प्रचारित किया गया। मुकदमा लड़ते हुए रेणु ने वाचस्पति पाठक को इसका पूरा ब्योरा एक पत्र में लिख भेजा। रेणु ने लिखा है—

''कानून और कचहरी के पैन्तरे! भगवान बचाएँ। मुकदमा दिलचस्प है, इसलिए मेरी तारीख के दिन कचहरी में भीड़ लग जाती है।...मेरे गाँव के पास एक सज्जन हैं—उन्होंने 'मैला आँचल' के तहसीलदार को अपनी तस्वीर समझ लिया है। मूरख आदमी है, पुराना मुकदमेबाज है। सम्भवतः उसने अपने वकील से पहले भी सलाह ली होगी।''...रेणु उसी पत्र में आगे लिखते हैं—''मुकदमे की पेशी के दिन संचालक, सूत्रधार छाते की ओट से फौजदारी कचहरी कम्पाउंड के बाहर, दीवानी कचहरी के आसपास चक्कर मारते रहते हैं। पिछली तारीख को दलित-संघ के सेक्रेटरी साहब

भी कचहरी में नहीं आए, क्योंकि वकीलों की टोली 'मैला आँचल' तथा अन्य रचनाओं के जीते-जागते पुतलों को उँगलियाँ बता-बताकर इधर-उधर चक्कर मारती है। बेवजह पान की दुकान पर खड़े एक आदमी से नाम पूछ लेते हैं–आपका नाम? क्या आपका घर फारबिसगंज थाना है?–"जी मेरा नाम...?" पान खाते हुए नौजवान वकील साहब ने नाम को एक बार दुहराया, फिर ठठाकर हँस पड़ा–"ओ, आप 'मैला आँचल' के फलाने जी हैं।" एक नया वकील-जो अपने लेखक को भी समझता है–इन मौकों का फायदा उठा रहा है। उसने सिर्फ तीन ही पेशी के दिन घूम-घूमकर देख लिया है–'अलबत्ता तस्वीर उतारी है, तस्वीर बनानेवाले ने!'"

रेणु की कथाकृतियों के अधिकांश पात्र वास्तविक भूमि पर भी वैसी ही छवि रखनेवाले हैं। आप कभी रेणु के इलाके में जाइए तो लोग बताएँगे 'मैला आँचल' या 'परती : परिकथा' या अमुक कहानी के अमुक पात्र ये हैं, वे हैं आदि। रेणु और उनकी रचनाओं से उस क्षेत्र के अधिकांश लोग परिचित हैं। 'मैला आँचल' के प्रकाशनोपरान्त धर्मवीर भारती ने जो यह उद्घोषणा कर दी थी कि "गद्य में भी मिथिला की भूमि विद्यापति पैदा कर सकती है, यह मुझे विश्वास हो गया।" और मैंने देखा कि अपने जनपद में रेणु विद्यापति की तरह ही परिव्याप्त हैं।

'मैला आँचल' की अपार लोकप्रियता के कारण बिहार के कई तथाकथित लेखकों में उनके प्रति ईर्ष्या-द्वेष का भाव उदित हुआ और वे रेणु पर और उनकी रचनाशीलता पर तरह-तरह के आरोप लगाते फिरते। इनका उत्तर राजकमल प्रकाशन के तत्कालीन प्रबन्ध निदेशक ओमप्रकाशजी ने अप्रैल, 1956 के 'प्रकाशन समाचार' में विस्तार से दिया। वे लिखते हैं–"मैला आँचल के शिल्प और वस्तु ने एक अनुपम चमत्कार के समान हिन्दी क्षेत्र को अभिभूत कर लिया। एकदम इस नितान्त अपरिचित कलाकार को जो ख्याति और यश मिला, उसे पाने का बहुत ही कम लेखकों को सौभाग्य हुआ होगा। अपने पहले ही प्रयत्न से वह साहित्यकारों की अगली पाँत में आ बैठे। हिन्दी की प्रत्येक साहित्यिक पत्रिका में 'मैला आँचल' की विस्तृत, मुख्यतः प्रशस्तिमूलक, समीक्षाएँ प्रकाशित हुईं। इस प्रतिभा के स्वागत में मानो होड़-सी मच गई, जो स्वयं में एक आश्चर्य से कम नहीं है। लेकिन यह उत्साह स्वस्थ मनोभाववाले, उदारचेता साहित्यिकों तक ही सीमित था। यह तब मालूम हुआ, जबकि दिसम्बर, 1955 में, जबकि रेणु की सफलता की गाथा इस छोर से उस छोर तक फैल रही थी, बिहार से ही यह 'व्हिस्परिंग कैम्पेन' आरम्भ हुआ कि 'मैला आँचल' बंगाली के प्रसिद्ध लेखक श्री सतीनाथ भादुड़ी की कृति 'ढोंढ़ाईचरितमानस' का अनुवाद है।..." जो साहित्यकार महोदय रेणु पर आरोप लगा रहे थे, उन्होंने भादुड़ी जी से इस सन्दर्भ में पत्राचार किया। भादुड़ी ने उनके पत्र का उल्लेख करते हुए रेणु को बँगला में पत्र लिखा, जिसका हिन्दी अनुवाद इस प्रकार है : प्रियवर,

आपका पत्र अभी मिला। कुछ दिन पूर्व किसी हिन्दी साहित्यिक ने 'ढोंढ़ाईचरितमानस' और आपकी पुस्तक के सामंजस्य के विषय में एक प्रश्नात्मक पत्र लिखा था। उनके पत्र के उत्तर में मैंने लिखा था कि मेरी पुस्तक की विषयवस्तु है 1905 से 1945 ई. का समाज और आपकी पुस्तक का विषय है 1946 ई. के बाद की सामाजिक स्थिति। इस कारण सामंजस्य का प्रश्न ही नहीं उठता। पत्र लेखक का नाम है श्री...। मौखिक प्रचार के विरुद्ध लिखित प्रचार करने की क्या बहुत ही आवश्यकता है? अभियोग का लिखित उत्तर देने की अपेक्षा तो यही अच्छा होगा कि हम अपनी ओर से उस हिन्दी पत्र में उसका प्रतिवाद करें।...जी क्या आपके मित्र हैं? मित्र होने के नाते तो वे अपने पत्र में इन बातों को स्थान दे सकते हैं। 'ढोंढ़ाईचरितमानस' का अनुवाद यदि हिन्दी में हो जाए तो इस विवाद का अन्त ही हो जाएगा। इस तरह की कुछ व्यवस्था होनी चाहिए। साहित्यिक का विचार आखिर साहित्य द्वारा ही होगा। नमस्कार स्वीकार करें।–सतीनाथ।

ओमप्रकाशजी ने भी भादुड़ी जी को एक पत्र लिखा, जिसका उत्तर भादुड़ी जी ने अंग्रेजी में उन्हें दिया था–"आपके पत्र के लिए धन्यवाद। मैं समझता हूँ कि आपमें से किसी ने भी मेरी पुस्तक 'ढोंढ़ाईचरितमानस' नहीं पढ़ी है। 1905 से 1945 तक की तुलना से एक पिछड़े हुए वर्ग में सामाजिक और राजनीतिक जागृति को इस उपन्यास में करने का प्रयास किया गया है, जबकि 'मैला आँचल' में 1945 के बाद की घटनाओं के बारे में लिखा गया है। दोनों की कथावस्तु भिन्न है। (Cover Different Grounds)। दोनों की कथ्य-गाथा अलग-अलग है (Own-Story to Tell)। 'मैला आँचल' एक मौलिक कृति (Original) है और इसके लेखक पर चोरी का आरोप लगाना नितान्त अन्यायपूर्ण (Grossly Unfair) होगा।"

रेणु के विरोधी अब भी यत्र-तत्र उन पर यह आरोप लगाते दीख जाते हैं, इसीलिए इस प्रसंग को संक्षेप में यहाँ प्रस्तुत किया गया। 'ढोंढ़ाईचरितमानस' का हिन्दी अनुवाद प्रकाशित हुए कई वर्ष हो गए हैं। हिन्दी के पाठकों को इन दोनों उपन्यासों को एक साथ पढ़कर फैसला करना चाहिए कि इस आरोप में कितनी सत्यता है।

5

'मैला आँचल' स्वातंत्र्योत्तर कथा-साहित्य की सबसे बड़ी उपलब्धि है। अब तक हिन्दी में इसके समान विराट् विजन या विस्तृत परिदृश्य के बहुत कम उपन्यास लिखे गए हैं। इस पर अनेक खारिज करनेवाले तीखे लेख लिखे जा चुके हैं फिर भी इसका महत्त्व आज तक अक्षुण्ण बना हुआ है। और अभी तक यह उपन्यास प्रमुख कथा-समीक्षकों को नई दृष्टि से मूल्यांकन के लिए आकर्षित करता है। 'मैला आँचल' धरतीपुत्रों की सिर्फ व्यथा-कथा प्रस्तुत करनेवाला उपन्यास ही नहीं है, न सिर्फ

भूमि-संघर्षों को उजागर करनेवाला उपन्यास और न सिर्फ लोक-संस्कृति की रंगारंग अर्थ-छवियाँ प्रस्तुत करनेवाला उपन्यास। अपितु यह भारत की राष्ट्रीय समस्याओं को प्रस्तुत करनेवाला एवं बदलते हुए राजनीतिक, सामाजिक तथा आर्थिक मूल्यों पर गहरी नजर रखनेवाला भी है। प्रकारान्तर से यह आंचलिक होते हुए भी देश की वास्तविक छवि को प्रस्तुत करता है। हिन्दी में बहुत कम ऐसी कथा-कृतियाँ हैं जो अपनी स्थानीयता या स्थानीय रंग के कारण याद तो की जाती ही हों, साथ ही जो अपनी संकेतात्मकता या मूल आशय में इतनी बड़ी परिव्याप्ति लिये हुए हों। 'मैला आँचल' में उस ऐतिहासिक काल को लिया गया है जब द्वितीय विश्वयुद्ध के बाद हिन्दुस्तान में कांग्रेस की 'मिनिस्टरी' बनती है, आजादी मिलती है, विभाजन होता है, दंगे होते हैं, गांधी की हत्या होती है। भारतीय राजनीतिक पार्टियों की आपसी दलबन्दी, उठापटक, सत्तालोलुपता और पतनशीलता के यथार्थ चित्र भी इस उपन्यास में मिलते है। ये सभी बातें 'मैला आँचल' को आंचलिकता की सीमा से ऊपर उठाती है। प्रसिद्ध कथाकार निर्मल वर्मा के शब्दों में कहें-''रेणु का महत्त्व उनकी आंचलिकता में नहीं, आंचलिकता के अतिक्रमण में निहित है। बिहार के एक छोटे भू-खंड की हथेली पर उन्होंने समूचे उत्तरी भारत के किसान की नियति-रेखा को उजागर किया था। यह रेखा किसान की किस्मत और इतिहास के हस्तक्षेप के बीच गुँथी हुई थी।''

6

लांजाइनस ने उदात्त-तत्त्व की स्थापना करते हुए लिखा है-''वास्तव में महान रचना वही है जो बार-बार कसौटी पर कसी जाने पर भी सदा खरी उतरे, जिससे प्रभावित न होना कठिन ही नहीं, लगभग असम्भव हो जाए और जिसकी स्मृति इतनी प्रबल और गहरी हो कि मिटाए न मिटे।'' और 'मैला आँचल' एक ऐसा ही उपन्यास है, जिसके प्रकाशन से लेकर अब तक यानी 1954 से आज तक लगातार मूल्यांकन-पुनर्मूल्यांकन की कोशिश होती रही है। यह एक ऐसी कृति है जिस पर अनेक तरह की बहस और विवाद भी होते रहे हैं। 'मैला आँचल' के प्रकाशन के बाद पहली बार प्रेमचन्द की परम्परा पर बहस हुई। आंचलिकता को लेकर वाद-विवाद हुए। साहित्य में नैतिकता का सवाल उठाकर अश्लीलता पर बहस हुई। रेणु को जीवन-दर्शन एवं विचारधाराविहीन लेखक मानते हुए कई मार्क्सवादी आलोचकों ने उन्हें प्रतिक्रियावादी लेखक तक सिद्ध करने की कोशिश की। किन्तु, 'मैला आँचल' बार-बार कसौटी पर कसी जाती रही और इसने हर पीढ़ी के पाठक-आलोचक को प्रभावित किया। राजनीतिक मतवाद से ऊपर उठकर जिन आलोचकों ने भी इस पर लिखा, इसकी महानता को रेखांकित किया। अपने अब तक की इस यात्रा ने यह प्रमाणित किया कि यह एक कालजयी कृति है। एक ऐसा उपन्यास

जिसके उत्कर्ष तक बहुत कम उपन्यास पहुँच पाए। आनेवाली कथा-पीढ़ियों के सामने आज भी चुनौती बरकरार है कि 'गोदान' और 'मैला आँचल' के समानान्तर कोई उपन्यास लिखें।

हर महान कृति अपनी परम्परा से चली आती लेखन की व्यवस्था (System) से सिर्फ अपने को विलग कर सिर्फ न लिखी जाती है, अपितु अपने समकालीनों के बीच भी वह अलग से पहचान ली जाती है। यानी उसका व्यक्तिगत या निजी व्यक्तित्व इस तरह निर्मित होता है कि वह अपना एक अद्वितीय, अनुपम एवं प्रेरणादायी स्वरूप ग्रहण करता है। आजादी के पहले के उपन्यासों के बीच 'गोदान' ऐसा ही उपन्यास है और आजादी के बाद के उपन्यासों के बीच 'मैला आँचल'। नई कविता में सबसे अलग, सबसे बिरल और विराट व्यक्तित्व जिस तरह गजानन माधव मुक्तिबोध का है, वैसा ही नए कथाकारों के बीच फणीश्वरनाथ रेणु का। ये दोनों अपने समकालीनों के बीच एक नया शिल्प, नई भाषा एवं विषयवस्तु लेकर उपस्थित हुए एवं नई कविता एवं नई कहानी की जड़ीभूत सौन्दर्याभिरुचि को तोड़ते हुए एक गतिशील जीवन-यथार्थ के बहुस्तरीय परतों को उघाड़कर एक अलग दृष्टिकोण से देखते हुए उसे अभिव्यक्त किया। ये अभिव्यक्ति के खतरे उठानेवाले लेखक हैं। अन्याय का प्रतिरोध करनेवाले लेखक हैं। किसी सत्ता-प्रतिष्ठान या मठ में बैठकर क्रान्तिकारिता बघारनेवाले रचनाकार नहीं।

रेणु ने 'मैला आँचल' शीर्षक सुमित्रानन्दन पन्त की 'भारतमाता' कविता की निम्न पंक्तियों से लिया है–

भारतमाता ग्रामवासिनी।
खेतों में फैला है श्यामल
धूल भरा मैला-सा आँचल
मिट्टी की प्रतिमा उदासिनी
भारतमाता ग्रामवासिनी।

पन्त की 'ग्राम्या' नामक कविता-संग्रह में यह कविता संकलित है। 'ग्राम्या' हिन्दी का पहला कविता-संग्रह है, जिसमें ग्रामीण वातावरण के बहुआयामी जीवन के अनेक प्रभावशाली रेखाचित्र हैं। रेणु 'ग्राम्या' की कविताओं से बेहद प्रभावित थे। 'मैला आँचल' की रचना का आधार है–'भारतमाता' जो गाँव में निवास करती है, उसका मैला आँचल धूल से भरा हुआ श्यामल है जो खेतों में फैला हुआ है। इस तरह रेणु ने गाँव के जीवन को चित्रित करते हुए भारतमाता का चित्र ही उकेरा है। इसीलिए कहा जाता है कि रेणु जितने आंचलिक हैं, उतने ही राष्ट्रीय। रेणु की आंचलिकता या क्षेत्रीयता उनकी सीमा नहीं, शक्ति है, जिसके द्वारा वे राष्ट्रीय-अन्तर्राष्ट्रीय प्रश्नों से जूझते हैं।

''साम्राज्य-लोभी शासकों की संगीनों के साए में वैज्ञानिकों के दल खोज कर रहे हैं, प्रयोग कर रहे हैं।...गंजी खोपड़ियों पर लाल-हरी रोशनी पड़ रही है।...मारात्मक, विध्वंसक और सर्वनाशक शक्तियों के सम्मिश्रण से एक ऐसे बम की रचना हो रही है जो सारी पृथ्वी को हवा के रूप में परिणत कर देगा...एटम ब्रेक कर रहा है मकड़ी के जाल की तरह! चारों ओर एक महा-अन्धकार! सब वाष्प! प्रकृति-पुरुष...अंड-पिंड! मिट्टी और मनुष्य के शुभचिन्तकों की छोटी-सी टोली अँधेरे में टटोल रही है। अँधेरे में आपस में टकराते हैं।...वेदान्त...भौतिकवाद... सापेक्षवाद... मानवतावाद!...हिंसा से जर्जर प्रकृति रो रही है। व्याध के तीर से जख्मी हिरण-शावक-सी मानवता को पनाह कहाँ मिले?''

यह है 'मैला आँचल' की अन्तर्राष्ट्रीय चिन्ता! चारों ओर निराशा का माहौल है। द्वितीय विश्वयुद्ध के बाद पूरी दुनिया में यह स्थिति बरकरार थी। ऐसे में 'मैला आँचल' में आशा का एक दिया टिमटिमाता हुआ जल रहा है, जो आश्वस्त भी करता है–''विधाता की सृष्टि में मानव ही सबसे बढ़कर शक्तिशाली है। उसको पराजित करना असम्भव है, प्रचंड शक्तिशाली बमों से भी नहीं।...पागलों! आदमी आदमी है, गिनीपिग नहीं।...सबारि ऊपर मानुस सत्य।'''

मैला आँचल का उद्देश्य है–''मिट्टी और मनुष्य से मुहब्बत।'' और ''आँसू से भीगी हुई धरती पर प्यार के पौधे लहलहाएँगे। मैं साधना करूँगा, ग्रामवासिनी भारतमाता के मैले आँचल तले! कम-से-कम एक ही गाँव के कुछ प्राणियों के मुरझाए ओठों पर मुस्कुराहट लौटा सकूँ, उनके हृदय में आशा और विश्वास को प्रतिष्ठित कर सकूँ।''

उद्देश्य है दुखी-विपन्न जन-जीवन को सुखी-सम्पन्न बनाना। उनके बीच मानवता का, प्रेम और भ्रातृत्व का बीज बोना। वह तभी सम्भव है जब मिट्टी से, धरती से और उसमें रहनेवाले लोगों से प्रेम किया जाए। 'मैला आँचल' में यह वाक्य बार-बार आता है–भारतमाता जार-जार रो रही है। ऐसा क्यों है? भारतमाता सिर्फ दुख-दारिद्र के कारण नहीं रो रही है। वह इसलिए रो रही है कि सत्ता पर अवैध तत्त्व हावी हो रहे हैं। स्वाधीनता की लड़ाई में घर-बार त्यागकर संघर्ष करनेवाले उपेक्षित हो रहे हैं और भ्रष्ट, धन-लोलुप लोग जन-नायक बन रहे हैं। बावनदास की यह वाणी आजादी के बाद के हिन्दुस्तान का एक कटु यथार्थ है–''बिलैती कपड़ा के पिकेटिंग के जमाने में चानमल-सागर मल के गोला पर पिकेटिंन के दिन क्या हुआ था, सो याद है तुमको बलदेव? चानमल मड़वाड़ी के बेटा सागरमल ने अपने हाथों सभी भोलटियरों को पीटा था; जेहल में भोलटियरों को रखने के लिए सरकार को खर्चा दिया था। वही सागरमल आज नरपतनगर थाना कांग्रेस का सभापति है। और सुनोगे?...दुलारचन्द कापरा को जानते हो न?

वही जुआ कम्पनी वाला, एक बार नेपाली लड़कियों को भगाकर लाते समय जो जोगबनी में पकड़ा गया था, वह कटहा थाना का सिकरेटरी है।...भारथमाता और भी, जार-बेजार रो रही हैं।''

जातिवाद का विष समाज में ही नहीं घुल रहा है, बल्कि यह सभी राजनीतिक पार्टियों में भी परिव्याप्त है। कांग्रेस पार्टी के बारे में बावनदास सोचता है–अब लोगों को चाहिए अपनी-अपनी टोपी पर लिखवा लें–भूमिहार, राजपूत, कायस्थ, यादव, हरिजन।...'' सोसलिस्ट पार्टी के जिला मंत्री कालीचरण से मेरीगंज गाँव की जानकारी इस प्रकार लेते हैं–''अच्छा कॉमरेड, आपके गाँव में सबसे ज्यादा किस जाति के लोग हैं?...यादव! ठीक है। भूमिहार?...एक घर भी नहीं? गुड!!'' बालदेव का मानना है–''जाति बहुत बड़ी चीज है।...जाति की बात ऐसी कि सभी बड़े लीडर अपनी-अपनी पाटी की जाति में हैं...यह तो राजनीति है।'' गाँव की राजनीति से लेकर देश की समग्र राजनीति में यह जातिवाद व्याप्त है। बावनदास इस यथार्थ को इस प्रकार व्यक्त करता है–''भूमिहार, कैथ, राजपूत, जादव, हरिजन सब लड़ रहे हैं–अगले चुनाव में तिगुने मेले (एम.एल.ए.) चुने जाएँगे। किसका आदमी ज्यादा चुना जाए, इसी की लड़ाई है।...''

यह है 1947 ई. के आसपास के भारत का माहौल! इसीलिए भारतमाता रो रही है। आजादी के साथ ही हिन्दू-मुस्लिम दंगों से देश की धरती लहूलुहान हो जाती है। बावनदास कहता है–''दंगा हो रहा है। सुनते हैं कि दिल्ली, कलकत्ता, नखलौं (लखनऊ), पटना सब जगह हिन्दू-मुसलमान में लड़ाई हो रही है।''

'मैला आँचल' आजादी की त्रासदी की गहराई से पड़ताल करता है और उसकी विडम्बना को उजागर करता है। आजादी की निरर्थकता इसलिए है कि देश की जनता भूखी है। देश की जनता भूखी इसलिए है कि रक्तपायी वर्ग का समाज पर, पूँजी पर, सत्ता पर वर्चस्व कायम हो गया है। इस तरह 'मैला आँचल' आंचलिक लोक-गीतों, लोक-कथाओं, लोक-जीवन या लोक-संस्कृति को ही सिर्फ उजागर नहीं करता, वरन् राष्ट्रीय समस्याओं को, राष्ट्रीय प्रश्नों को प्रबल ढंग से उठाता है। उसके लेखक को यह बात सबसे अधिक उद्वेलित करती है कि भारतमाता रो रही है। जिन प्रश्नों को भारतेन्दु हरिश्चन्द्र ने उन्नीसवीं शताब्दी में 'भारत-दुर्दशा' में उठाया था, रेणु ने 'मैला आँचल' में उन्हें विस्तार दिया है। 'मैला आँचल' आंचलिक होते हुए भी, लोक-संस्कृति से सम्पृक्त होते हुए भी राष्ट्रीय समस्याओं से अछूता नहीं है। यह आंचलिकता और राष्ट्रीयता के दोनों छोरों पर एक साथ खड़ा होता है। आंचलिक जीवन में रचा-बसा होने पर भी इसने राष्ट्रीय सवाल उठाए हैं। और, उन सवालों के यथार्थ के बहु-स्तरीय परतों को उघाड़कर उठाया गया है।

रेणु ने 'टूटते-बिखरते सपनों की दास्तान' में बताया है–'' 'मैला आँचल' मेरा पहला उपन्यास हुआ। साहित्यिकों ने मुझे पीढ़ी-पानी ही नहीं दिया, यानी पंगत में ही

नहीं बिठाया, बल्कि अगली पंगत में बिठाया और बहुत धूमधाम से बिठाया! मेरा हौसला बढ़ा। आलोचनाएँ छपने लगीं, प्रशस्तियाँ हुईं, फिर प्रत्यालोचना! किसी भी लेखक के लिए पागल हो जानेवाली स्थिति होती है, अगर उसकी पहली ही चीज इस तरह हाथोहाथ ले ली जाए। मगर मैं पागल नहीं हुआ। इसका कारण यह था कि उन प्रशस्तियों और प्रत्यालोचनाओं के बीच कुछ बातें अन्दर-ही-अन्दर पक रही थीं।''

यह सही है कि 'मैला आँचल' को 'गोदान' के बाद का सबसे महत्त्वपूर्ण उपन्यास माना गया। किन्तु, उसकी धज्जियाँ उड़ा देनेवाली आलोचना भी कम नहीं हुई। लक्ष्मीकान्त भारतीय एवं नरोत्तम नागर ने बहुत सारे उदाहरण देकर उसे एक विकृत यथार्थ का उपन्यास सिद्ध किया, जिसमें व्यापक तौर पर यौन-सम्बन्धों का चित्रण था। बिहार के ही कुछ लेखकों ने यह अफवाह फैलाई कि 'मैला आँचल' बांग्ला लेखक सतीनाथ भादुड़ी के उपन्यास 'ढोंढ़ाईचरितमानस' का अनुवाद या कार्बन कॉपी है। फिर रेणु की जाति की खोज हुई। रेणु धानुक जाति के थे और इस जाति के पहले लेखक थे। इस कारण भी बिहार में उनकी उपेक्षा होनी शुरू हुई। उन्होंने लिखा है–''मैं गाँव छोड़कर पटना में था, तो पटना छोड़कर इलाहाबाद चला गया। वह भी यह देखने के लिए कि सारा हिन्दुस्तान अपना है या नहीं! पढ़ने के समय बनारस हिन्दू यूनिवर्सिटी में ऐसा लगता था सारा हिन्दुस्तान अपना है। लेकिन इस दौरान आजादी के बाद ऐसा माहौल हुआ था कि अपने ही प्रान्त में मैं उत्तर का हूँ या दक्षिण का, पूरब बिहार का हूँ या दक्षिण बिहार का या इस जाति का हूँ या उस जाति का–यह बात आम हो रही थी।''

इलाहाबाद में रेणु प्रगतिशील लेखक संघ की बैठकों में भी गए और समाजवादियों द्वारा निर्मित परिमल की गोष्ठियों में भी। और दोनों में रेणु की जाँच की गई। रेणु ने लिखा है–''मतलब यह कि यहाँ भी वही बात थी कि अपना अगर कोई मुखौटा हो, तो खोलो। अपने पास कोई मुखौटा था नहीं जो मैं खोलता। मैं मुकम्मिल आदमी हूँ, हाथ में मेरी कलम है और मैं लिखता हूँ। अगर मैं प्रेम-कहानियाँ लिखता होता, अगर मेरा पहला उपन्यास प्रेम-उपन्यास होता, तो बात और होती। किताब गवाह है, मैंने बुनियादी सवाल उठाए थे।...आजादी के तुरन्त बाद की बात है। मेरा एक गांधीवादी पात्र है–बौना। गांधीजी की मृत्यु के बाद उसका दिल इतना टूटता है कि वह निर्मोही हो जाता है। वह अपने माहौल को देखता है और कहता है कि सभी लोग एम.एल.ए. होना चाहते हैं। इलाके को कौन देखेगा? आम लोगों के सुख-दुख की बात कौन सुनेगा? वह जो कुछ अपने चारों ओर देखता है, उससे उसको चोट लगती है। वह कहता है कि अब हर कांग्रेसी को अपनी-अपनी टोपियों पर लिख लेना चाहिए–भूमिहार कांग्रेसी, ब्राह्मण कांग्रेसी, कायस्थ कांग्रेसी, राजपूत कांग्रेसी। इतना ही नहीं, वह गांधीजी के मरने के बाद कहता है–अब कौन रह गया है? एक जयपरगास बाबू हैं, उनको भी कोई किसी दिन गोली मार देगा। और जिस दिन

आजादी का जश्न मनाया जा रहा था, शहरों और कस्बों में फुलझड़ियाँ छूट रही थीं, तब वह अकेला बौना हिन्दुस्तान और पाकिस्तान की सीमा पर स्मगलरों की गाड़ी के नीचे दबकर मर गया–दबाकर मार दिया गया। बैलगाड़ियाँ उस पर से पार हो गईं, उसकी हड्डी पटपटाकर रह गई।...हिन्दुस्तान–पाकिस्तान की सीमा पर नागर नदी होती है। स्मगलरों ने उसे उठाकर उस पार पाकिस्तान में फेंक दिया। पाकिस्तानी सिपाही जब गश्त लगाने आए तो उन्होंने पहचाना कि अरे यह तो उस पार का बौना है। इधर किसलिए मारकर फेंक दिया? अब बेकार रिपोर्ट–विपोर्ट लिखने की जरूरत हो जाएगी; फेंको इसको उस पार! उन लोगों ने उसको बीच नदी में डाला और उसके बैग को एक पेड़ में बाँधकर लटका दिया। मैंने लिखा–"उस बौने ने फिर से दो देश की ईमानदारी को दो ही डग में नाप लिया।" यह मेरा दुख था। यह मेरा दर्द था। मैं समझता हूँ कि मेरा 'मैला आँचल' बहुत पैथेटिक या दुखान्त उपन्यास है, लेकिन उसमें एक प्रेम–कथा भी है–उसका सुखान्त हुआ है। इसका मतलब यह है कि एक भरोसा है–उम्मीद है–आशा है।"

'मैला आँचल' का सबसे प्रभावशाली पात्र है–बावनदास। वह एक सन्त हृदय का, वैरागी मन का पात्र है, जो अपने देश और अपनी धरती से इतना लगाव रखता है कि उसे बीभत्स और कुरूप बनानेवाली शक्तियों से अकेला लड़ता रहता है। वह स्वाधीनता के संघर्ष में लगातार सक्रिय रहता है और स्वाधीनता के बाद अपनी मातृभूमि के लिए शहीद हो जाता है। इसके चित्रण में रेणु ने अपनी पूरी आत्मा उड़ेल दी है। यही कारण है कि उसकी स्मृति 'चेथरिया पीर' के रूप में बनी रह जाती है। 'मैला आँचल' की समाप्ति नए शिशु नीलोत्पल के जन्म–दिवस के महोत्सव एवं उसकी किलकारियों के रूप में होती है। किन्तु रेणु उपन्यास का अन्तिम वाक्य बावनदास, जो अब 'चेथरिया पीर' के रूप में लोक–जन–मानस में परिव्याप्त है, उसे याद करते हुए लिखते हैं–"कलीमुद्दीनपुर घाट पर चेथरिया–पीर में किसी ने मन्नत करके एक चीथड़ा और लटका दिया।"

'मैला आँचल' के अन्तिम अध्याय में तहसीलदार का हृदय–परिवर्तन होना और गाँववालों को उनकी हड़पी हुई जमीन लौटा देना, एक ऐसा प्रसंग है जिसे अधिकांश आलोचकों ने इस उपन्यास का एक कमजोर पक्ष माना है। ललितांशुमयी, जिन्होंने उनके जीवनकाल में ही उनके कथा–साहित्य पर शोध–कार्य किया था, एक बातचीत में उनसे पूछा–" 'मैला आँचल' में विश्वनाथ प्रसाद के चरित्र में जो आदर्श भाव दिखाया गया है, वह क्या आरोपित है या कि परिस्थितियों के दबाव के कारण उन्हें आदर्शवादी बनना पड़ता है?" इस पर रेणु ने जो स्पष्टीकरण दिया है, वह ध्यान देने योग्य है–"यह आदर्श भाव परिस्थिति के प्रभाव से सर्वत्र स्वाभाविक हो उठा है। सबसे पहले, विश्वनाथ प्रसाद एक मुनीम किस्म के आदमी हैं। जब उन्होंने समझा कि इस जमीन को ज्यादा दिनों तक अपने अधिकार में नहीं रखा जा

सकेगा, क्योंकि जमींदारी प्रथा खत्म हो गई और जमीन की बन्दोबस्ती दूसरे ढंग से होनेवाली थी, तो उन्होंने सबको पाँच-पाँच बीघा जमीन दान में दे दी। ऐसा करने पर ग्रामवासियों की नजर में वे काफी ऊपर उठ गए। सबसे बड़ी बात कि उनकी बेटी कमला के लिए लड़का मिल जाता है जिसकी तलाश वे पिछले कई वर्षों से कर रहे थे। कोई तैयार नहीं हो रहा था। इसके अलावा कमला की शादी के लिए उन्हें कम-से-कम बीस हजार रुपए खर्च करने पड़ते। यदि डॉक्टर शादी करने से अस्वीकार करता, तो कमला के शादी से पूर्व गर्भवती हो जाने के कारण उनकी इज्जत मिट्टी में मिल जाती। फलस्वरूप डॉक्टर जैसे ही दामाद बनना स्वीकार लेता है, यह मान लेना पड़ेगा कि पापहारिणी गंगा स्वयं आकर उसके पापों को धो जाती है और वे भी पूरी तरह निश्चिन्त हो जाते हैं। आनन्द के इस सघन क्षण में यदि थोड़ी-सी उनकी उदारता प्रकट हो जाती है, तो यह यथार्थ कारणों से ही होती है, जो मानव स्वभाव के अनुकूल है। फिर हम यह भी देखते हैं कि भूदान यज्ञ में लोग हजारों बीघा जमीन दान करते हैं। यह उदारता या हृदय-परिवर्तन परिस्थिति के प्रभाव से ही होता है। यह कहीं से भी आरोपित नहीं है।'' 'मैला आँचल' में तहसीलदार विश्वनाथ प्रसाद के शब्द देखिए-''सुमरितदास! लोगों से कह दो...हरेक परिवार को पाँच बीघा के दर से जमीन मैं लौटा दूँगा। साँझ पड़ते-पड़ते मैं सब कागज-पत्तर ठीक कर लेता हूँ।...और सन्थालटोली में जाकर कहो...वे लोग भी आकर रसीद ले जाएँ। एक पैसा सलामी या नजराना, कुछ भी नहीं! अरे, मैं क्यों दूँगा? दे रहा है नया मालिक!...मालिक साहब का हुकुम है, सुनते हो नहीं! रौ रहा है वह! वह हुकुम दे रहा है। लौटा दो! दे दो, खेलावन को उसकी जमीन का सब धान दे दो।''

यानी तहसीलदार साहब कमली के शादी के पूर्व के रह गए गर्भ से उत्पन्न बच्चे को वैध ठहराने के लिए ताकि गाँव में अपयश न फैले, उस बच्चे के नाम पर यह दान कर रहे थे। फिर वह जमीन उनसे शीघ्र ही छिन भी जाती। उसके बाद वे प्रशान्त को समझाते हुए कहते हैं-''मुँह क्या देखते हो? मुझे पागल समझते हो? ठीक है, पागल क्यों नहीं समझोगे? योगेश्वर कृष्ण ने अपनी सारी विद्याबुद्धि लगाकर कोशिश की, मगर दुर्योधन ने साफ कह दिया-सुई की नोक पर जितनी मिट्टी चढ़ती है उतनी भी नहीं दूँगा।...जमीन!...धरती! एक इंच जमीन के लिए हायकोट तक मुकदमा लड़ते हैं लोग! और मैं सौ बीघे जमीन दे रहा हूँ। पागल तो तुम लोग हो! अरे, यह जमीन तो उन्हीं किसानों की है, नीलाम की हुई, जब्त की हुई, उन्हें वापस दे रहा हूँ।...'' यानी तहसीलदार साहब में आया यह कोई हृदय-परिवर्तन नहीं है, अपितु बहुत सोच-समझकर किया गया उनका फैसला है। इसके पीछे बदनामी से बचना है और लोगों के मुँह को बन्द भी करना है। रेणु का दूसरा उपन्यास 'परती : परिकथा' सर्वे-सेटलमेंट से शुरू होता है। यानी जमीन को अवैध ढंग से कब्जा कर रखना अब मुश्किल है। इसलिए तहसीलदार का यह प्रसंग यथार्थवाद से जुड़ा है, न

कि आदर्शवाद से। तहसीलदार आदर्शवादी पात्र प्रारम्भ से ही नहीं है, फिर अचानक उसमें आदर्शवादिता का आ जाना, उपन्यास की दृष्टि से एक कमजोर प्रसंग होता।

नामवर सिंह का मानना है कि 'मैला आँचल' हिन्दी उपन्यास के इतिहास में घटना है। भाषा और रूप-विधान में नयापन तो है ही, आजादी के बाद के भारत के मिजाज को व्यक्त करनेवाला यह पहला उपन्यास है—आजादी के बाद बदलते हुए गाँवों की तस्वीर और इसके बीच गांधीवादी बावनदास की शहादत ध्यान देने योग्य है। (कहना न होगा, पृष्ठ 223) 'मैला आँचल' के प्रकाशन के बाद 1954 में ही लिखित अपने लेख—'समाज, साहित्य और लेखक का व्यक्तित्व' (जो उनकी पुस्तक 'इतिहास और आलोचना' में संकलित है) में नामवर सिंह ने 'मैला आँचल' की चर्चा की है। उनका मानना है कि रेणु का आविर्भाव एक निश्चित ऐतिहासिक परिस्थिति का परिणाम है। इसी तरह हर लेखक की प्रतिभा एक निश्चित परिस्थिति और परम्परा की उपज होती है। "अभी-अभी एकदम नए लेखक फणीश्वरनाथ रेणु का उपन्यास 'मैला आँचल' निकला है। उपन्यास पढ़ते ही कौतुकी लोग चौंक उठे और विस्मयादि बोधक स्वर में 'प्रतिभा-प्रतिभा' चिल्लाने लगे। कुछ लोगों ने तो यहाँ तक भविष्यवाणी कर दी कि रेणु अब ऐसी अथवा इससे अच्छी रचना न कर सकेंगे। इनके कहने से भी ऐसा ही लगता है गोया यह कृति अचानक बन पड़ी है। परन्तु रेणु का यह उत्थान क्या सचमुच आकस्मिक है?" नामवर जी ने यह जो प्रश्न उठाया है, वह मेरे भीतर भी कभी उठा था और जब मैंने 'मैला आँचल' के पूर्व की उनकी रचनाओं की खोज की तो वे विपुल रचनाएँ मिलीं, जो 1944 से ही प्रकाशित हो रही थीं और जन-संघर्षों में भाग लेनेवाले रेणु और उनकी अथक साधना मिली, जिसका अग्रिम चरण 'मैला आँचल' था। रेणु की 'मैला आँचल' के पूर्व की रचनाओं से उनके अभूतपूर्व रचना-कौशल, विराट जन-जीवन की अपने अन्तर्विरोधों सहित अभिव्यक्त करने की क्षमता का पता चलता है। अतः रेणु की प्रतिभा अचानक पैदा नहीं हो गई और उन्होंने अचानक 'मैला आँचल' जैसा महान उपन्यास नहीं लिखा, जिसे एक ऐतिहासिक घटना की तरह लिया गया। इसके पीछे एक प्रदीर्घ साहित्य-साधना थी, साथ ही मनुष्य और समाज को बहुत गहराई से देखने का परिणाम था। नामवर जी ने आगे लिखा है—"लेखक ने इसमें मिथिला के एक गाँव का सर्वांगीण जीवन इतने सजीव रूप में उपस्थित किया है कि हम दंग रह जाते हैं। यही रेणु की विशेषता है, क्योंकि रेणु से पहले किसी अन्य व्यक्ति ने यह कार्य इतनी सफलता से नहीं किया था।...रेणु की विशेषता यही है कि उन्होंने मिथिला के ग्रामीण जीवन को औरों से अधिक अच्छी तरह समझा है और समझकर उसे साहित्य में बदल दिया है। सवाल यह है कि उन परिस्थितियों को इस एक लेखक ने ही इतना क्यों समझा? जाहिर है कि औरों की अपेक्षा वह इन परिस्थितियों को समझने की स्थिति में अधिक था। लेकिन स्वयं उस गाँव के रहनेवाले किसान तो लेखक से अधिक उस परिस्थिति में हैं फिर उन्होंने

अपनी स्थिति को इस तरह समझकर 'उपन्यास' क्यों नहीं लिखा?...क्योंकि वे खेती करते हैं और उन्हें इतनी फुरसत और सुविधा नहीं है कि अपनी बुद्धि का विकास इस दिशा में कर सकें। मेहनत और पेशे का बँटवारा हो जाने के कारण लेखक ने सोचने-विचारने और पढ़ने-लिखने के क्षेत्र में अपना विकास कर लिया है।''

मतलब यह है कि रेणु में किसानों या ग्रामीण जीवन का जो गहरा अनुभव है, वह उनके बीच रहकर पैदा हुआ तथा लेखकीय प्रतिभा का विकास निरन्तर पढ़ने-लिखने से। रेणु हिन्दी के पहले बड़े कथाकार थे जिनकी जीविका का आधार कृषि था। वे खेती के दिनों में गाँव में रहकर एक कृषक का जीवन जीते थे और शेष समय पटना में रहकर एक लेखकीय जीवन बिताते थे। इसीलिए उनके कथा-साहित्य में ग्रामीण जीवन के इतने विविध और प्रगाढ़ चित्र मिलते हैं। साथ ही उनमें आम आदमी के पक्ष में खड़ी एक राजनीतिक चेतना भी विद्यमान मिलती है, वह उनमें लगातार किसान-मजदूर संघर्षों एवं कई राष्ट्रीय आन्दोलनों में भाग लेने के कारण। 'अन्याय के दिव्य प्रतिवाद से ज्वलित' उनका जीवन किसी झंडे या डंडे को हाथ में लेकर उपस्थित नहीं होता, किसी भ्रष्ट राजनीति का हिमायती नहीं बनता, अपितु आम जन के पक्ष में खड़ा होता है। इसी आम जन, जिसे किसान कह लें या मजदूर, से एकाकार होकर उन्होंने अपनी कथा-कृतियों का सृजन किया है।

रेणु का विश्वास है कि 'घृणित-कदर्य-अश्लील पशुता पर मंगलकामना का जयघोष गूँजेगा' और एक दिन आँसू से भीगी हुई धरती पर प्रेम के पौधे लहलहाएँगे और 'मैला आँचल' में रोती हुई भारतमाता की आँखों में आँसू नहीं होंगे, अपितु अधरों पर मुस्कान होगी।

परती : परिकथा

'मैला आँचल' पर जब तरह-तरह के आरोप लगाए जा रहे थे, आलोचना-प्रत्यालोचना का माहौल गरम था, रेणु 'परती : परिकथा' के लेखन में जुटे थे। इलाहाबाद से उपेन्द्रनाथ अश्क के सम्पादन में 'संकेत' नामक वृहद् संकलन प्रकाशित हुआ, जिसमें रेणु का रिपोर्ताज 'एकलव्य के नोट्स' छपा। 'एकलव्य के नोट्स' के कई अंश रेणु ने 'परती : परिकथा' में शामिल किए। इस उपन्यास का लेखन उन्होंने पटना में शुरू किया, पर वहाँ जब रेणु के विषय में तरह-तरह की अफवाहें उड़ाई जाने लगीं, तो वे गाँव चले गए। पर गाँव में अनेक तरह की समस्याएँ और झंझट! वे वहाँ से हजारीबाग चले आए और 'परती : परिकथा' के एक भाग को यहीं लिखा। हजारीबाग में रेणुजी की ससुराल थी। वे यहाँ भी लम्बे समय तक नहीं रह सकते थे। उस वक्त राजकमल प्रकाशन और ओमप्रकाशजी की मुख्य गतिविधियों का केन्द्र इलाहाबाद था। ओमप्रकाशजी ने रेणु को इलाहाबाद में बुलवा लिया और रेणु वहाँ लूकरगंज मुहल्ले

में एक मकान लेकर रहने लगे। 'परती : परिकथा' का तीन-चौथाई भाग वहीं लिखा गया। बाद में, इलाहाबाद में भी रेणु को परेशान करनेवाली शक्तियाँ ज्यादा कारगर होने लगीं, तो वे बनारस चले गए और उपन्यास वहीं पूरा किया। बनारस के ही सन्मति मुद्रणालय में इसका मुद्रण हुआ। सितम्बर, 1957 में इसका प्रकाशन हुआ। राजकमल प्रकाशन इस उपन्यास का विज्ञापन काफी पहले से कर रहा था और इस कृति की प्रतीक्षा इसके प्रकाशन के पूर्व ही होने लगी थी। राजकमल प्रकाषन ने दिल्ली और पटना में इसका भव्य प्रकाशनोत्सव मनाया। दिल्ली के तीन दैनिक पत्रों–'हिन्दुस्तान टाइम्स', 'हिन्दुस्तान' तथा 'नवभारत टाइम्स' में यह विज्ञापन छपवाया गया कि 'परती : परिकथा' के लेखक श्री रेणु पुस्तक के प्रकाशन के दिन यानी 21 सितम्बर, 1957 को 2 से 5 बजे सायं तक राजकमल प्रकाशन में उपस्थित रहेंगे तथा जो पाठक इस उपन्यास को खरीदेंगे, उस पर अपने हस्ताक्षर देंगे। पाठकों तथा लेखकों में इस प्रकार सम्पर्क स्थापित करने का यह पहला प्रयास था। अनेक पाठकों ने 'मैला आँचल' लिखकर एकाएक ख्याति पानेवाले अपने प्रिय लेखक से व्यक्तिगत परिचय प्राप्त करने के इस सुअवसर का लाभ उठाया और लेखक को भी अनेक जीवन-स्तरों से आनेवाले पाठकों से मिलकर एक नया अनुभव हुआ। यही कार्यक्रम 28 सितम्बर, 1957 को राजकमल प्रकाशन के पटना कार्यालय में दुहराया गया। दिल्ली में 21 सितम्बर, 1957 को शाम के छह बजे वेंगर रेस्तोराँ में 'परती : परिकथा' के प्रकाशनोत्सव के उपलक्ष्य में जलपान का आयोजन हुआ। इस अवसर पर हिन्दी के उदीयमान और वयोवृद्ध लेखकों तथा प्रकाशकों का जो सम्मिलन हुआ, वह अभूतपूर्व था। श्री दिनकर, बालकृष्ण शर्मा नवीन, जैनेन्द्र, बनारसीदास चतुर्वेदी, आचार्य चतुरसेन शास्त्री, नगेन्द्र, उदयशंकर भट्ट, बारान्निकोव, रामधन शास्त्री, नरेश मेहता, रघुवीर सहाय, महावीर अधिकारी, गोपालकृष्ण कौल, लक्ष्मण राव जोशी, सुहैल अजीमाबादी, प्रयागनारायण त्रिपाठी, मन्मथनाथ गुप्त, सत्यवती मल्लिक, सावित्री देवी वर्मा, विष्णु प्रभाकर, क्षेमचन्द्र सुमन, शिवदानसिंह चौहान, सन्तराम, नेमिचन्द्र जैन, राधाकुमुद मुखर्जी, शमशेरसिंह नरूला, श्रीराम शर्मा 'राम' तथा नर्मदेश्वर चतुर्वेदी आदि लेखक मौजूद थे। इस अवसर पर शिवदानसिंह चौहान ने 'परती : परिकथा' पर अपना लम्बा भाषण दिया। 'परती : परिकथा' पर बोलते हुए उन्होंने कहा, "यह हिन्दी का अब तक का सर्वश्रेष्ठ उपन्यास है, इसे सर्वश्रेष्ठ भारतीय उपन्यासों में रखा जा सकता है और पाश्चात्य साहित्य में इस बीच (यानी पिछले पाँच-सात वर्षों में) जो महत्त्वपूर्ण उपन्यास प्रकाशित हुए हैं, उनमें से किसी से भी यह टक्कर ले सकता है।...यह हम सबके लिए गर्व का विषय है।" बालकृष्ण शर्मा नवीन ने कहा, "आपमें निरीक्षण और स्थिति-चित्रण का अद्भुत सामर्थ्य है। भारतीय ग्राम-जीवन में जो कुछ कुत्सित, द्वेषपूर्ण, संकुचित, कलहप्रिय, नीच-वृत्ति है, उसे आपने अत्यन्त सहानुभूतिपूर्वक व्यक्त किया है। इस निम्न वृत्ति में आप खो नहीं गए हैं। भारत के गाँवों में आपने

मानवत्व को देखा है। आप निराश नहीं हैं। आप पराजयवादी नहीं हैं। आपने आशावादिता को पंक से कमलवत् उत्थित, विकसित और पुष्पित किया है।...'परती : परिकथा' उपन्यास नहीं है, वह तो भारतीय जन की आत्मकथा है।''

पटना में 'परती : परिकथा' का प्रकाशनोत्सव शनिवार, 28 सितम्बर, 1957 को शाम छह बजे सिन्हा लाइब्रेरी के हॉल में मनाया गया। इसमें सैकड़ों लेखक, सम्पादक, प्रकाशक तथा नगर के प्रतिष्ठित व्यक्ति मौजूद थे। इनमें प्रमुख व्यक्तियों के नाम हैं–आचार्य शिवपूजन सहाय, रामधारीसिंह दिनकर, नलिनविलोचन शर्मा, छविनाथ पांडेय, नवलकिशोर गौड़, हरिमोहन झा, अनूपलाल मंडल, नर्मदेश्वर प्रसाद, बी.एन. माधव, प्रफुल्लचन्द ओझा मुक्त, कामताप्रसाद सिंह 'काम', देवेन्द्रप्रसाद सिंह, सुशीला कोइराला (बी.पी. कोइराला की पत्नी), रामदयाल पांडेय, हिमांशु श्रीवास्तव, शिवचन्द्र शर्मा, सुमन वाजपेयी, रंजन सूरिदेव आदि। आचार्य शिवपूजन सहाय ने रेणु को आशीर्वाद दिया। नलिनविलोचन शर्मा ने रेणु के कृतित्व का संक्षिप्त परिचय देते हुए बधाई दी। दिनकरजी ने इस अवसर पर कहा कि 'परती : परिकथा' में लेखक ने जो ईमानदारी बरती है, उससे अधिक ईमानदारी की किसी लेखक से उम्मीद भी नहीं की जा सकती। उन्होंने बताया कि उपन्यास ने उन्हें इतना पकड़ा कि जरा भी फुर्सत पाने पर वे उसे पढ़ने बैठ जाते थे।

'परती : परिकथा' के छपते ही सम्पूर्ण हिन्दी जगत् में इसकी धूम मच गई। वरिष्ठ कथाकार यशपाल ने 'परती : परिकथा' पढ़कर उन्हें एक लम्बा पत्र लिखा, जिसे धरोहर की तरह यहाँ उद्धृत किया जा रहा था :

''(पुस्तक) आज दोपहर तक पूरी पढ़ डाली है। इस बीच दाँत-दर्द ने भी कुछ शिथिलता की और 'परती : परिकथा' ने दाँत-दर्द सहने में सहायता दी।''

''बीसियों लोगों ने प्रशंसा की होगी। जिसे नहीं रुची, उसकी समझ कुछ और ही ढंग की होगी। मुझे तो आरम्भ से अन्त तक इतना सुन्दर लगा कि प्रशंसा में अत्युक्ति का भय ही नहीं रहता। अभिव्यक्ति के लिए ध्वनियों का प्रयोग, मुहावरों के लटके और भाषा की सरलता की क्या प्रशंसा करूँ! भाषा का चुनाव वस्तु-वर्णन के बिना भी एक विशेष वातावरण और चेतना जगाए रखता है। सहज भाषा के लिए क्या कहूँ, वह आपकी अपनी भाषा और आपके रक्त और स्वभाव में रमी हुई है। जैसे भाव उसी में से उद्‌भूत हैं! हम इस भाषा को लाख सीखें, परन्तु आपका सहज कौशल हमारी पहुँच में कैसे आएगा? प्रयोजन को भी आपने ऐसे बैठाया है कि प्ले-बैक के जोड़ की अनुभूति की उखड़न कहीं नहीं हो पाती। शब्द और अर्थ दोनों ही ढंग का हास्य भी, पुलाव में काली मिर्च की तरह अन्दाज से बिखरा हुआ है, आद्यन्त चमक बनी रहती है।''

एक ओर इस कृति को हिन्दी के महानतम उपन्यास के रूप में स्वीकारा जा रहा था, तो दूसरी ओर इसकी प्रतिकूल समीक्षाएँ भी आईं। श्रीपत राय, जिन्होंने 'मैला आँचल' की बेहद प्रशंसा की थी, 'कल्पना' के फरवरी, 1958 के अंक में 'उपन्यास के मौलिक आग्रह तथा 'परती : परिकथा' लेख लिखकर इसे उपन्यास तक मानने से इनकार किया। बालकृष्ण राव, शम्भुनाथ सिंह आदि ने भी श्रीपत राय की तरह ही इसकी प्रतिकूल समीक्षा की और इसे उपन्यास के शास्त्रीय निकष पर एक असफल कृति माना। यहाँ तक कि आचार्य नलिनविलोचन शर्मा ने 'साहित्य' के जनवरी, 1958 के अंक में 'परती : परिकथा' को खारिज करते हुए लेख लिखा। इसी क्रम में डॉ. रामविलास शर्मा ने 1958 में ही रेणु के 'मैला आँचल' और 'परती : परिकथा' पर तीखा आलोचनात्मक लेख लिखा, जो उनकी पुस्तक 'आस्था और सौन्दर्य' में संकलित है। रेणु के प्रति इन आलोचकों के इस रवैए पर यशपालजी बेहद क्षुब्ध हुए और उन्होंने 'नया पथ' के मार्च, 1958 के अंक में एक आक्रामक लेख लिखा–'आलोचना का उल्कापात : परती : परिकथा की अद्‌भुत समीक्षाएँ।'

'मैला आँचल' और 'परती : परिकथा' स्वातंत्र्योत्तर कथा-साहित्य की बहुत बड़ी उपलब्धि हैं। हिन्दी में अब तक इन दोनों उपन्यासों के समान विस्तृत परिदृश्य के बहुत कम उपन्यास लिखे गए। इन दोनों कथा-कृतियों पर अनेक खारिज करनेवाले तीखे लेख लिखे जा चुके हैं, फिर भी इनका महत्त्व आज तक बना हुआ है और अब भी ये उपन्यास प्रमुख कथा-समीक्षकों के सामने नई दृष्टि से मूल्यांकन के लिए आकर्षित करते हैं। इन दोनों उपन्यासों ने हिन्दी साहित्य में 'आंचलिक उपन्यास' नामक एक नई विधा को जन्म दिया और आंचलिकता पर उस समय से अब तक एक लम्बी बहस जारी है।

'मैला आँचल' और 'परती : परिकथा' धरती-पुत्रों की सिर्फ व्यथा-कथा प्रस्तुत करनेवाली कथा-कृतियाँ ही नहीं हैं, न सिर्फ भूमि-संघर्षों को उजागर करनेवाली कथा-कृतियाँ। इनमें सिर्फ लोक-संस्कृति की रंगारंग अर्थ-छवियाँ ही नहीं हैं। इन उपन्यासों में भारत की राष्ट्रीय समस्याओं, बदलते हुए राजनीतिक-सामाजिक मूल्यों पर गहरी नजर है। ये उपन्यास आंचलिक होते हुए भी देश की वास्तविक छवि को प्रस्तुत करनेवाले हैं। हिन्दी में ऐसी कथा-कृतियाँ बहुत कम हैं, जो अपनी स्थानीयता या स्थानीय रंग के कारण याद तो की ही जाती हों, साथ ही जो अपनी संकेतात्मकता या मूल आशय में इतनी परिव्याप्ति भी लिये हुए हों।

चार लघु उपन्यास

'मैला आँचल' और 'परती : परिकथा' के बाद प्रकाशित रेणु के चार लघु उपन्यास हैं–'पल्टूबाबू रोड', 'कलंकमुक्ति' (दीर्घतपा), 'जुलूस' और 'कितने चौराहे'।

'पल्टूबाबू रोड' पटना से प्रकाशित मासिक पत्रिका 'ज्योत्स्ना' के दिसम्बर 1959 से दिसम्बर, 1960 के अंकों में धारावाहिक रूप से प्रकाशित हुआ था। इसका पुस्तकाकार प्रकाशन रेणु के निधन के बाद पटना के अनुपम प्रकाशन से 1979 में हुआ। 'कलंकमुक्ति' पहले 'दीर्घतपा' नाम से बिहार ग्रन्थ कुटीर, पटना से दिसम्बर, 1963 में प्रकाशित हुआ था। बाद में इसका परिवर्द्धित संस्करण हिन्द पॉकेट बुक्स, दिल्ली के द्वारा 1972 में 'कलंकमुक्ति' के नाम से प्रकाशित हुआ। इस उपन्यास का नवीन संस्करण राजकमल पेपर बैक्स के द्वारा 1986 में प्रकाशित हुआ। 'जुलूस' उपन्यास 1965 में भारतीय ज्ञानपीठ से प्रकाशित हुआ। 'कितने चौराहे' अनुपम प्रकाशन, पटना से 1966 में प्रकाशित हुआ। इस उपन्यास के वृत्तान्त में रेणु ने अपने जीवन की कई घटनाओं को संयोजित किया है।

रेणु 'मैला आँचल' और 'परती : परिकथा' जैसे युगान्तरकारी उपन्यास बाद में क्यों नहीं लिख सके? यह प्रश्न रेणु-अध्येताओं के मन में उठ सकता है। रेणु के बाद के चारों उपन्यास अपनी काया में ही सिर्फ लघु नहीं, बल्कि उनकी परिव्याप्ति भी बहुत सीमित हैं। यह बात गहरी पड़ताल की माँग करती है।

रेणु अपने समय, समाज और जीवन का चित्रण करनेवाले सजग कथाशिल्पी थे। वे सिर्फ कथ्य के स्तर पर ही नहीं, बल्कि कथा-कृति की संरचना के प्रति भी बेहद सजग दिखाई देते हैं। यह सजगता उन्हें दुहराव से बचाती थी। वे अपनी कथा-कृतियों में किसी बात को नाम-धाम बदलकर दुहराते नहीं थे। 'मैला आँचल' और 'परती : परिकथा' को ही यदि ध्यान से देखा जाए, तो दोनों में कहीं भी किसी कथ्य, लोक-तत्त्व, पात्र और शिल्प का दुहराव नहीं मिलेगा। जबकि अधिकांश कथाकारों में रूप और नाम बदलकर एक ही पात्र या कथ्य आगे की कृतियों में दिखाई पड़ते हैं। रेणु का जो अपार जीवनानुभव था, ग्रामीण समाज के प्रति उनकी समझ और दृष्टि थी, लगता है, वह पूरी की पूरी दोनों उनके प्रारम्भिक उपन्यासों में मिल जाती है। कहा जा सकता है कि गाँव में ऐसा कुछ भी नहीं, जिसका चित्रण रेणु ने इन उपन्यासों में न किया हो। इसीलिए, बाद में उपन्यास-लेखन में वे अपनी कथा-भूमि को बदलते हैं। 'पल्टूबाबू रोड' में एक कस्बे को अपनी कथा का आधार बनाते हैं और 'कलंकमुक्ति' में पटना शहर के वर्किंग वुमेन्स हॉस्टल को। यहाँ रहनेवाले नैतिक रूप से पतनशील पात्रों के जीवन की विसंगतियाँ सम्पूर्णता में उभारी गई है। लेकिन रेणु का संवेदनशील मन इसमें नहीं रमता। लघु उपन्यासों में उनका मन अगर कुछ कहीं रमता है तो 'जुलूस' की रचना में। इसीलिए, 'जुलूस' उनके अन्य लघु उपन्यासों में श्रेष्ठ बन पड़ा है।

रेणु पर आंचलिक उपन्यासकार का ठप्पा लग चुका था। उससे वे इन उपन्यासों में मुक्त होने की कोशिश भी करते हैं। दूसरी बात यह कि 'मैला आँचल' और 'परती : परिकथा' में तमाम निराशा-हताशा के माहौल, जीवन की पतनशीलता,

राजनीतिक आदर्शों के क्षरण के चित्रण के बावजूद एक आस्था और विश्वास है कि भविष्य में सब कुछ बेहतर हो जाएगा। इसीलिए वे 'मैला आँचल' में मिट्टी और मनुष्य से मुहब्बत करनेवाले प्रशान्त को देखकर आस्थावान होते हैं तो 'परती : परिकथा' में देश भर में हो रहे नव-निर्माण के कार्यों को देखकर उन्हें लगता है कि आदमी सिर्फ कत्ल और बलात्कार ही नहीं करता, वह गढ़ भी सकता है। गढ़ रहा है, बना रहा है, रचना कर रहा है, समाज के लिए, जी-तोड़ परिश्रम कर रहा है आदमी। वे गाँव की संकीर्ण राजनीति, दलबन्दी, जाति-पाँति, छुआछूत, वैमनस्य, अन्धविश्वास, टूटन-अलगाव तथा परती पड़ी हुई मानसिकता को खत्म करने के लिए लोक-सांस्कृतिक जागरण के तहत 'पंचचक्र' जैसे दर्शन को प्रस्तुत करते हैं। 'पंचचक्र' अर्थात् अन्नमय, प्राणमय, मनोमय, विज्ञानमय एवं आनन्दमय। रेणु लोक-जीवन को इस पंचचक्र से पूरित करने का उपक्रम 'परिकथा' में करते हैं और इस 'पंचचक्र' को नाट्य-रूप में लोक-कला मंच पर अवतरित कर सम्पूर्ण मनुष्य जाति को समरस भूमि पर उपस्थित करने की कोशिश करते हैं। यही वह मुक्ति का मार्ग है, जिस पर समाज को अग्रसर करना उनका अभिप्रेत है। इसके लिए मनुष्य को सामाजिक और समाज को मानवीय बनाना होगा, यही रेणु का मूल दर्शन है। और यह तभी सम्भव होगा, जब 'पंचचक्र' को समझा जाएगा।

'पल्टूबाबू रोड' और 'कलंकमुक्ति' में आकर रेणु ने एक कठोर, विकृत और ह्रासोन्मुख समाज को बड़े ही बेलौस ढंग से अपनी कथा का आधार बनाया है। यहाँ समाज के इस घृणित स्वरूप की पड़ताल रेणु बहुत भीतर जाकर करते हैं, पर उनका मन उस तरह इसके चित्रण में नहीं रमता, जिस तरह 'मैला आँचल' और 'परती : परिकथा' की रचना में रमता रहा।

'पल्टूबाबू रोड' में अपने गाँव-इलाके को छोड़कर रेणु बैरगाछी जैसे कस्बे को अपनी कथा-भूमि बनाते हैं। बैरगाछी कस्बा–जिसकी नियति पल्टूबाबू जैसे काँइयाँ, धूर्त, कामुक बूढ़े के हाथ में है। पल्टूबाबू ने इस कस्बे के लिए ऐसी राह निर्मित की है, जिस पर राजनीतिज्ञ, ठेकेदार, व्यापारी, वकील–यानी पूरे कस्बे के लोग–चल रहे हैं, इस तरह जैसे वे शतरंज के मोहरे हों और पल्टूबाबू उनके संचालक।

एक कस्बे में रह रहे उच्च वर्ग के अन्तर्विरोधों, उसकी गिरावट, राजनीतिक और आर्थिक सम्बन्धों में यौन-व्यापार आदि का चित्रण इस उपन्यास का अभिप्रेत है। इस उपन्यास में निम्न वर्ग का बहुत ही कम प्रवेश हो पाया है। आदर्शवादी पात्र एक-दो ही हैं, वे हाशिए पर खड़े उदासीन-से दिखाई पड़ते हैं।

'कलंकमुक्ति' उर्फ 'दीर्घतपा' की कथावस्तु का निर्माण 'वर्किंग वुमेन्स हॉस्टल' को लेकर किया गया है। 'कलंकमुक्ति' का संसार, नारी-जीवन के क्रूरतम अन्तर्विरोधों का संसार है, जिसे रेणु ने बड़ी ही सहजता के साथ रचा है। इसमें चित्रित 'वर्किंग वुमेन्स हॉस्टल' का चकलाघर में बदल जाना भारतीय समाज के नियन्ता वर्ग के

दुहरे चरित्र और झूठे लोकतंत्र की विडम्बनाओं का कच्चा-चिट्ठा है। प्रश्न उठता है कि इन सबके लिए जिम्मेदार कौन है? और उपन्यास की प्रत्येक पंक्ति इस प्रश्न का उत्तर देती है।

'दीर्घतपा' के पहले संस्करण की भूमिका में रेणु ने लिखा है–"यह उपन्यास 30 दिसम्बर, 1961 को ही पूरा हो चुका था। तब सोचा गया था कि वर्षों से दिन-रात सिर पर सवार पाँच (प्रेतनियों) देवियों को अलग-अलग रूपायित करके एक अलबमनुमा उपन्यास संक्षिप्त वक्तव्यों से (कमेंट्री) गूँथ-गाँथकर 'पंच कन्या' के नाम से प्रस्तुत किया जाए। अन्ततः वह योजना अनेकानेक कारणों से सफल नहीं हो सकी। अब इन्हें अलग-अलग ही पेश करने के क्रम में यह पहली दीर्घतपा-नारी! (हाँ, चार और हैं। आ रही हैं एक-एक कर!)" पर पहली 'दीर्घतपा' के बाद अन्य चार पंच-कन्याओं के बारे में विवरण देकर ही रह जाते हैं। बेला गुप्त के अलावा अन्य चार कन्याएँ हैं–यूथिका, फातिमा, सरस्वती देवी और आयसा।

रेणु 'पंचकन्या' को यदि पूर्ण कर पाते तो वह हिन्दी साहित्य की अमूल्य निधि होती, क्योंकि जब बेला गुप्त लेखक को चुनौती-सी देती हुई कहती है–"इस बात का हमेशा खयाल रखिएगा–नारी-हृदय को यथार्थ-रूप से पहचानना, किसी पुरुष के लिए सहज नहीं। और यदि वह नारी बेला गुप्त जैसी धीर-स्थिर-शान्त हो तो उसे समझ पाना और भी कठिन है।" इस पर रेणु का वक्तव्य उनके आत्म-विश्वास और आत्म-गौरव का परिचायक है। वे कहते हैं–"मैं मानता हूँ। और यह भी जानता हूँ कि जीवन और संसार की मंगल कामना मेरे मन में प्रबल रहे तो...तो...नारी क्या...मैं सिरजनहार के हृदय को भी...।"

रेणु 'पंचकन्या' सिरीज के उपन्यासों को पूर्ण नहीं कर पाए, पर बेला गुप्त के समानान्तर एक और नारी-पात्र पवित्रा चटर्जी को केन्द्र में रखकर उन्होंने 'जुलूस' की रचना की।

हिन्दी में देश के विभाजन की त्रासदी पर अनेक महत्त्वपूर्ण कथा-कृतियाँ लिखी गई हैं, पर वे सभी कथा-कृतियाँ प्रायः पश्चिमी शरणार्थियों पर लिखी गई हैं। पूर्वी बंगाल के शरणार्थियों पर हिन्दी में रेणु का इकलौता उपन्यास 'जुलूस' है। पश्चिम के पंजाबी शरणार्थियों की दशा धीरे-धीरे बेहतर होती गई, पर बंगाली शरणार्थियों की स्थिति अब तक सर्वहारा की बनी हुई है। विभाजन की त्रासदी को व्यक्त करनेवाली 'परती : परिकथा' में इरावती जैसी महत्त्वपूर्ण नारी है, जो आजाद भारत में भी बलात्कार और यंत्रणा का शिकार होती है। उसके भीतर के प्रेम का स्रोत धीरे-धीरे सूख गया है। इरावती का ही अगला चरण है पवित्रा। पवित्रा, जगह-जगह अनेक लोगों की आँखों में कासिम को झाँकता हुआ पाती है, पर उससे त्रस्त नहीं होती, उसका इस्तेमाल करती है। रेणु ने पवित्रा के रूप-सौन्दर्य के बारे में एक ग्रामीण पात्र के मुख से इस तरह कहलाया है : "तालेवर गोढ़ी के दरबार के सभी

मुँह-लगुवे जब चले गए, तो जयराम सिंह ने लम्बी साँस छोड़कर, नाटकीय अन्दाज में कहा-इस्स! मालिक, सीटी फूँक दिहीस था कि।...तालेबर गोढ़ी ने पूछा-क्या सीटी फूँक दिहीस? जयरामसिंह ने बताया-वही पाकिस्थनियाँ सब! कहते हैं कि रात में, माने कॉलोनी में आना मना है। बहुत बड़ा कानून है। लेकिन, एक बात सवा सोलहो आना ठीक है कि जो असली बंगालिन है, उसको एड़ी तक केश है।''

राजकमल चौधरी ने लिखा है-''चोटी से एड़ी तक लम्बे केश वाली यह असली बंगालिन, पवित्रा है--पवित्रा देवी, जिसके व्यक्तित्व में फणीश्वरनाथ रेणु ने बीते हुए जमाने की बीती हुई स्त्रियों को 'मिक्स' करने की कोशिश की है। बंकिमचन्द्र और शरत्चन्द्र की स्त्रियाँ न सही, लेकिन फिर भी, बीते हुए जमाने की स्त्रियाँ।...ऐसी पवित्र और ऐसी सन्तुलित स्त्रियाँ क्रय-शक्ति और विक्रय शक्ति के इस संकट-युग में आकर अपवित्र, असन्तुलित और जर्जर हो गई हैं, अपनी वय से अधिक अस्वस्थ, अपने शरीर से अधिक असमर्थ।''

पवित्रा भी कथानक के अन्त तक अकेली, उदास, आत्मकेन्द्रित होती जाती है। रेणु उसमें जीवन और प्राण का संचार करने के लिए उससे अन्त में यह वक्तव्य दिलवाते हैं : ''मैं जी गई फिर। मैं अकेली नहीं। मैं निस्संग नहीं। मैं कहीं निर्जन में नहीं। मैं एक विशाल परिवार की बेटी हूँ।...इन आत्मीय-स्वजनों के बीच पारस्परिक सहानुभूति और सहयोगिता को फिर से पनपाऊँगी मैं।...अपने गाँव-समाज में लोगों के वीरान हृदय में आनन्द-मुखर स्वर फिर से भरना होगा।...खोई हुई चीजों का उद्धार करना होगा।...अपरिचय, अजनबीपन, उदासीनता, अकेलापन, आत्मकेन्द्रीयता, विच्छिन्नता को दूर करके भूले-भटके लोगों को, अपने लोगों के पास लौटाकर लाना होगा।...मैं अपनी सत्ता को समाज में विलीन कर रही हूँ। लोक-संस्कृतिमूलक समाज के गठन के लिए-आमि आमा के उत्सर्ग कोर्लाम! आमि आज जीवने प्रथम बार धन्य हइ लाय!'' कहने की आवश्यकता नहीं कि पवित्रा के मुँह से स्वयं रेणु बोल रहे हैं।

लोक-संस्कृतिमूलक समाज की संरचना रेणु का ध्येय और स्वप्न था। इसकी विस्तृत रूपरेखा उन्होंने 'परिकथा' में 'पंचचक्र' वाले रूपक के द्वारा प्रस्तुत किया है। 'जुलूस' में रेणु पुनः अपनी जड़ों की ओर लौटते हैं-'पल्टूबाबू रोड' और 'कलंकमुक्ति' में जिसे छोड़ चुके थे।

'कितने चौराहे' रेणु ने आजादी के लिए संघर्ष और अपना बलिदान देनेवाले युवकों को केन्द्र में रखकर आज के किशोरों में देश-प्रेम, सेवाभाव, त्याग आदि आदर्शों को स्थापित करने के लिए लिखा। इस उपन्यास में उन्होंने अपने ही जीवन की कई घटनाएँ जोड़ दी हैं।

'कितने चौराहे' उपन्यास का मूल उद्देश्य व्यक्तिगत दुख-सुख, स्वार्थ-मोह से ऊपर उठकर देश के लिए आत्मोत्सर्ग करनेवालों के मानवीय, संवेदनशील रूप को

उभारना और पाठकों के मन में उनके प्रति श्रद्धा जगाना है, ताकि वह परम्परा कायम रह सके! चारों तरफ फैले हुए आज के भ्रष्टाचार को, व्यक्ति-सीमित स्वार्थपरता को देखते हुए उस परम्परा की आवश्यकता का तीखा बोध जाग उठता है पाठक के मन में। और, किशोरों के लिए लिखा हुआ होने पर भी आंचलिकता का विश्वसनीय पुट, ज्वलन्त चरित्र-सृष्टि, मार्मिक कथावस्तु, फड़कती हुई चरित्रानुकूल भाषा और साधारण में निहित असाधारणता का उन्मेष रेणु के उपन्यास-शिल्प की आधारभूत विशेषताएँ 'कितने चौराहे' में भी विद्यमान हैं।

रेणु की कविता

लोक-भावना ने जिनको
आगे रक्खा चुन
'रेणु' फणीश्वरनाथ, साथ
'यात्री' नागार्जुन
कथाकार-कवि दो
बिहार के जाग्रत् सपने
सत्साहित्यिक-भारत की
जनता के अपने

ये पंक्तियाँ हिन्दी के प्रसिद्ध कवि शमशेर बहादुर सिंह ने इमर्जेंसी के दौरान लिखी थीं। रेणु और नागार्जुन के पूरे साहित्यिक व्यक्तित्व पर ये पंक्तियाँ पूरी तरह लागू होती हैं। इसमें 'लोक-भावना' और 'भारत की जनता के अपने'–इन पर सार्थक हैं। रेणु और नागार्जुन दोनों के कथा-साहित्य में जो एक खास तरह का साम्य दिखाई पड़ता है, जिसे 'आंचलिक' कहकर भी अभिहित किया गया है, वह दोनों के व्यक्तित्व को एक साथ जोड़ता है। ये दोनों लेखक कई किसान और मजदूर आन्दोलनों में भाग लेते रहे, दोनों ने जेल-यातनाएँ सहीं। ये दोनों लेखक साधारण जनता की आँखों से देश-दुनिया और उसके क्रिया-व्यापारों को देखते हैं। दोनों ग्रामीण जन-जीवन से एकाकार हैं। पर इन दोनों के साहित्यिक व्यक्तित्व में एक खास प्रकार का फर्क भी है। रेणु की पहचान मूलतः कथाकार रूप में है, जबकि एक दर्जन उपन्यासों की रचना के बावजूद नागार्जुन मूलतः कवि के रूप में जाने जाते हैं।

रेणु भी कवि होना चाहते थे। 'कवि होने' से तात्पर्य कवि के रूप में पहचाने जाने से है। वे अपने समय के महत्त्वपूर्ण कवि त्रिलोचन शास्त्री पर स्केच लिखते हुए यह आत्म-स्वीकृति प्रस्तुत करते हैं–"कविता मेरे लिए समझने-बूझने या समझाने का विषय नहीं, जीने का विषय है। कवि नहीं हो सका, यह कसक सदा कलेजे को सालती रहेगी।"

रेणु के लिए कविता जीने का विषय थी, इसीलिए उनके व्यक्तित्व से कविता की बूँदें टपकती रहती थीं। ऐसा कवि-व्यक्तित्व रखते हुए भी वे कवि नहीं हो

सके, यह उनके लिए विडम्बना ही कही जा सकती है। फिर भी, बहुत कम संख्या में उपलब्ध अपनी कविताओं के द्वारा उनका कवि-रूप नागार्जुन की तरह ही प्रखर और बहुआयामी है। नागार्जुन की तरह ही वे हिन्दी के अलावा मैथिली और बँगला में भी कभी-कभार कविताएँ लिखते दीखते हैं, कभी लोक-लय पर राजनीतिक व्यंग्य की कविताएँ लिखते हैं, तो कभी छन्दों के नए प्रयोग करते हुए मुक्तिकामी गीत लिखते हैं, और कभी मुक्तछन्द तथा आधुनिक ढाँचे की गद्य-कविता। इस प्रकार नागार्जुन की कविता से भी रेणु की कविताओं का गहरा साम्य है।

आजादी का मिलना हमारे देश के लिए सर्वाधिक महत्त्वपूर्ण घटना है, पर आजादी मिलने के साथ ही देश का विभाजन और साम्प्रदायिक दंगे—सबसे बड़ी त्रासदी। यह युवा रेणु के मन को बेहद झकझोरती है। वे उन दंगों का चित्रण करते हुए लिखते हैं—

मादरजात नंगी औरतों पर
हमल के बोझ ढोती औरतों पर
खिलौनों-सी अबोली बच्चियों पर
गली, बाजार, सड़कों, नुक्कड़ों पर
धरम का मुँह किया काला
धरम-मजहब परस्तों ने
हमल को चीर नन्हों को निकाला
नचाया भोंककर भाला
लगाकर कौम का नारा—
हर-हर बम : अल्ला हो अकबर!

ऐसा करने से देश की मिट्टी मर गई। नई-नई मिली आजादी के साथ ही ऐसे बीभत्स कुकृत्य का होना अपने आपमें एक शर्मनाक दौर था। रेणु लिखते हैं—

मरी मिट्टी कि जिसमें—
हजारों युवतियों ने माँग के सिन्दूर धोए
बहनों ने अस्मत और ईमान बोए
उगा जिस दिन हमारे देश का आजाद पौधा
उसी दिन मर गई मिट्टी
कहो यह व्यंग्य कैसा?

रेणु के जिले की मिट्टी सरहदी हो जाने के बावजूद ऐसे साम्प्रदायिक दंगों से बची रही। इसका कारण था रेणु जैसे क्रान्तिकारी लोग उस धरती पर थे, जो यह प्रण कर चुके थे कि "तुम्हारे जिस्म पर पड़ने नहीं देंगे/कदम नापाक उन फिरकापरस्तों का!"

रेणु जैसे धरती–पुत्र का बेहद लगाव है इस मिट्टी से। वे सजग हैं कि धरती से प्रेम–अपनत्व–भाईचारा समाप्त नहीं हो जाए–

सजग हम हैं
कि तू आबाद रह मिट्टी
हँसो तू कमल के संग रोज अपने प्रिय तलैयों में
सरस सरसों के खेतों में
बसन्ती डाल घूँघट
सदा तू मुस्कुराओ
हरे मैदान में, खलिहान में, तू मस्त इतराओ।

रेणु के मन में धरती और धरती–पुत्रों के प्रति वह अपार लगाव ही उन्हें अन्याय, अत्याचार के विरुद्ध रण–क्षेत्र में उतारता है। वे मुक्तिकामी जनता का हृदय होकर कहते हैं–

अन्याय के
द्विव्य प्रतिवाद से ही जीवन जलता है

हमारी, यह मिट्टी रंगीन है, जो मन–प्राणों में घुली हुई है। इसीलिए इतनी विविधता, अनेकता के बावजूद यह देश एक है। साम्राज्यवादियों की लगातार साजिश करने के बावजूद यह देश अखंड है। ये पंक्तियाँ बांग्लादेश ही नहीं, हिन्दुस्तान पर भी लागू होती हैं, उसी तरह–

एक भाई देकर बलिदान
सैकड़ों मरने को तैयार
भाल पर रक्त–तिलक की छाप
हृदय में मातृभूमि का ज्वार!
हमारी माटी यह रंगीन
घुला है मन–प्राणों के रंग
हमारी रंगीनी को देख
आज सारी दुनिया है दंग।

आज हिन्दू–मुसलिम सभी एक मन–प्राण हैं, एक ही जननी की सभी सन्तान–महज इनसान–

आज हैं हम एक
सबके मन–प्राण
नहीं अब भेद की वह भावना कलुषित
नहीं हिन्दू–न मुस्लिम
हम महज हैं
एक जननी की सभी सन्तान
महज इनसान।

रेणु मनुष्यता के पक्षधर, स्वाधीनता के प्रेमी, नवीनता के आग्रही और प्रेम से भरे हुए जीवन के गायक कवि हैं—

नव-स्फूर्ति भर दे नव-चेतन
टूट पड़े जड़ता के बन्धन
शुद्ध स्वतंत्र वायुमंडल में निर्मल तन, निर्भय मन हो।
प्रेम पुलक मय जन-जन हो
नूतन का अभिनन्दन हो।

पर आज की व्यवस्था ने जो विषमता की खाई पैदा कर दी है, तमाम सुख-सुविधाएँ चन्द लोगों को मुहैया कर अधिकांश जनता को भूखा-नंगा-अभिशापित बनाकर रख दिया है। रेणु ऐसे उत्पीड़ित जन-समाज का स्वर बनकर मुखरित होते हैं—

श्रम-बल और दिमाग खपावें
तुम भोगों हम भिक्षा पावें?
जाति-धर्म-धन के पचड़े में
प्यार नहीं हम करने पावें
रक्खो अपना धरम-नियम अब
अर्थशास्त्र, कानून गलत सब
डोल रही है नींव हमारी
वर्ग हमारा जाग उठा अब।

दिनकर की शवयात्रा से लौटकर रेणु ने जो कविता लिखी है, वह देश में चल रही घृणित राजनीति, सत्ता की बढ़ती हुई निरंकुशता और जनता के मन में—'धुआँ और उमस में/छटपटाता हुआ प्रकाश/खुलकर बाहर आया' जन आन्दोलन की शक्ल में—को चित्रित करती है। जब रेणु के रोजनामचा में कितना कुछ घटित हो गया था—जम गए थे खून के थक्कों की तरह कितने ही शब्द! —जिसकी अभिव्यक्ति बँगला में लिखी कविता 'शब्द कहेगा' में हुई। 1974 के जन-आन्दोलन में शरीक रेणु ने पुलिस की लाठियाँ खाईं, दो महीने तक जेल का नरकवास भोगा और अन्त में इमर्जेंसी की यातना सही। इसी इमर्जेंसी में रोगग्रस्त जर्जर शरीर और पीड़ित मनःस्थिति में वे पटना अस्पताल के इमर्जेंसी वार्ड में भर्ती हुए। अस्पताल के इमर्जेंसी वार्ड पर उन्होंने अपने जीवन की अन्तिम रचना 'इमर्जेंसी' शीर्षक कविता लिखी, जो उनके लिए दोहरी त्रासदी थी। वे इमर्जेंसी के त्रासद परिवेश का चित्रण करते हुए लिखते हैं—

हर रात रोती काली बिल्ली, हर दिन
प्रयोगशाला से बाहर फेंकी हुई
रक्तरंजित सुफेद
खरगोश की लाश
'ईथर' की गन्ध में ऊँघती जिन्दगी।

और–
रोग-मुक्त, किन्तु, बेहोश काया में
बूँद-बूँद टपकती रहती है–इमर्जेंसी।

रेणु आज नहीं हैं, न इमर्जेंसी है, पर भारतीय इतिहास का वह दौर आज भी काले पन्नों पर लिखा है। रेणु ने जिस अवसरवादी कांग्रेसी प्रभुसत्ता की आलोचना 1950 के आस-पास की थी, उसकी विकृतियाँ धीरे-धीरे और भी बढ़ी हैं। 'जनता के नामे गद्दी चढ़ बैठे/झुट्ठन के सरताज।' नेताओं का वर्चस्व आज भी कायम है। 'पूँजी-पतियन के पाँचों अँगुलियाँ/नेशनल घी में आज' भी पूरी तरह डूबा है, और 'महँगी के चक्की में पिसल मुलुकवा/मिल-मलिकन के राज' की स्थिति अब भी बरकरार है। रेणु का कवि ऐसे अराजक और घोर पतनशील व्यवस्था में प्रखर व्यंग्यकार की भूमिका निभाता है, ठीक नागार्जुन की तरह।

रेणु के लिए कविता जीने का विषय थी और वे उसे जीवन के हर धरातल पर जीते हैं। इसीलिए इनके गद्य की आत्मा में भी कविता का रस छलकता हुआ दीखता है।

रेणु के रिपोर्ताज

हिन्दी के पहले रिपोर्ताज-लेखक शिवदान सिंह चौहान थे, जिनका पहला रिपोर्ताज 'लक्ष्मीपुरा' सुमित्रानन्दन पन्त द्वारा सम्पादित मासिक पत्रिका 'रूपाभ' के दिसम्बर, 1938 के अंक में छपा था। शिवदान सिंह चौहान ने इसके बाद कई रिपोर्ताज लिखे, जो 'हंस' एवं 'कहानी' नामक मासिक पत्रिकाओं के अंकों में छपे। रिपोर्ताज-विधा पर पहली बार विचार करते हुए उन्होंने नवम्बर, 1941 की 'कहानी' पत्रिका में लम्बा लेख लिखा–'रिपोर्ताज क्या है?' इस लेख के प्रारम्भ में वे बताते हैं कि रिपोर्ताज हिन्दी में नहीं के बराबर हैं। यह साहित्य का ऐसा रूप-प्रकार (Form) है जिसका महत्त्व बिना आज की सामाजिक परिस्थिति को जाने नहीं समझा जा सकता क्योंकि उसका जन्म इन्हीं परिस्थितियों से हुआ है। आगे वे बताते हैं कि प्रथम विश्वयुद्ध के दौरान रूस की समाजवादी क्रान्ति का रिपोर्ताज जॉन रीड ने अपनी पुस्तक–Ten Days Shock the World में प्रस्तुत की, जिसने पूरी दुनिया में असर डाला। वे जोसेफ फ्रीमैन को उद्धृत करते हैं–पिछले दिनों यूरोप और अमेरिका में समाज की नींव हिला देनेवाला जो साहित्य उत्पन्न हुआ है उसमें से अधिकांश रिपोर्ताज है।

फणीश्वरनाथ रेणु का कथा-लेखन द्वितीय विश्वयुद्ध के अन्तिम दौर से शुरू होकर आठवें दशक तक अविराम चलता रहा। 1942 के 'भारत छोड़ो आन्दोलन' में गिरफ्तार होने के बाद रेणु 1944 के मध्य में जेल से छूटे और कहानियाँ एवं रिपोर्ताज लिखना प्रारम्भ किया। 27 अगस्त, 1944 के साप्ताहिक 'विश्वमित्र' में रेणु की पहली कहानी 'बटबाबा' छपी एवं इसी पत्रिका के 1 अगस्त, 1945 के अंक में पहला रिपोर्ताज 'बिदापत नाच' का प्रकाशन हुआ। रेणु का मानना था– "...गत महायुद्ध ने चिकित्सा-शास्त्र के चीर-फाड़ (शल्य-चिकित्सा) विभाग को पेनसिलिन दिया और साहित्य के कथा-विभाग को रिपोर्ताज!"

कथाकार होने के साथ-साथ रेणु राजनीतिक-कार्यकर्ता भी थे। उन्होंने भारत और नेपाल की जनता की मुक्ति के लिए कई आन्दोलनों में भाग लिया था। वे अन्य रचनाकारों की तरह स्थितियों के मात्र मूकद्रष्टा नहीं थे, असल मायनों में मुक्ति योद्धा थे; सामाजिक और राजनीतिक परिवर्तन के लिए कलम के साथ-

साथ बन्दूक थामने के भी हिमायती थे। इसीलिए जो लोग उनकी कलम के जादू से सम्मोहित थे, उनकी कमर में लटक रहे रिवॉल्वर को देखकर अचम्भित होते थे।

रेणु के इसी रूप ने उन्हें पत्रकारिता की ओर अग्रसर किया। जिन सामाजिक-राजनीतिक हलचलों और आन्दोलनों में वे शरीक थे, उन्हें अंकित करने को उनका कथाकार उन्हें उद्वेलित करता रहता था, इसीलिए उन्होंने रिपोर्ताज लिखना शुरू किया। सोशलिस्ट पार्टी के मुख-पत्र 'जनता' (पटना) का प्रकाशन 1946 से प्रारम्भ हुआ और सोशलिस्ट पार्टी में शरीक होने के साथ उन्होंने अपने जिले और नेपाल के बारे में उसमें 'रिपोर्ताज' लिखना शुरू किया। साप्ताहिक 'जनता' में उनके कई लम्बे रिपोर्ताज प्रकाशित हुए, जो उस समय काफी चर्चित भी हुए। बाढ़ पर 'जै गंगा' एवं 'डायन कोसी' (1948), अकाल पर 'हड्डियों का पुल' एवं नेपाल पर धारावाहिक रिपोर्ताज 'हिल रहा हिमालय'। इसके अलावा भी उनके कई महत्त्वपूर्ण रिपोर्ताज इसमें प्रकाशित हुए। डालमिया नगर के मिल-मजदूरों की हड़ताल पर भी उनका एक रिपोर्ताज 'घोड़े की टाप पर लोहे की रामधुन' शीर्षक से छपा था।...पर 'जनता' में प्रकाशित उनके प्रारम्भिक रिपोर्ताजों में सिर्फ दो–'सरहद के उस पार' एवं 'हड्डियों का पुल' ही अब तक उपलब्ध हो पाए हैं।

1954 से 56 तक रेणु ने पटना से ही प्रकाशित साप्ताहिक 'आवाज' में भी कई रिपोर्ताज लिखे। इसके अलावा भी पटना के कई साप्ताहिकों में उनके रिपोर्ताज छपे। पर अनथक खोज के बावजूद इन साप्ताहिक पत्रों की पूरी फाइल कहीं उपलब्ध नहीं हो पाने के कारण वे रिपोर्ताज अब तक उपलब्ध नहीं हो पाए हैं। यदि रेणु के सभी रिपोर्ताज संकलित हो जाएँ, तो वे लगभग हजार पृष्ठों के होंगे एवं उनसे उनके एक बड़े रिपोर्ताज-लेखक की छवि उभरकर आएगी।

'डायन कोसी' रिपोर्ताज इनमें सर्वाधिक महत्त्वपूर्ण था, कारण उसी समय उर्दू में भी इसका अनुवाद प्रकाशित हुआ एवं 1950 में डॉ. केसरी कुमार द्वारा सम्पादित 'प्रतिनिधि कहानियाँ' पुस्तक में इसे कहानी के रूप में संकलित किया गया। केसरी कुमार ने इस कहानी को संकलित करने के पहले रिपोर्ताज विधा एवं 'डायन कोसी' पर अपने विचार रखे हैं। चूँकि रेणु की किसी रचना पर केसरी कुमार के द्वारा पहली बार विचार किया गया एवं वह इतना सटीक एवं सारगर्भित है कि उसे यहाँ उद्धृत करना समीचीन है। वे लिखते हैं :

"इधर कथा-क्षेत्र में जो नए-नए विकास हुए उनमें रिपोर्ताज का विकास भी शामिल है। दूसरे महायुद्ध की देन है यह। यह भी कहा जाता है कि पत्रकारिता के नूतन विकास ने भी रिपोर्ताज की उद्भावना में सहायता की है। रिपोर्ताज शब्द रिपोर्ट से ही बना है, जो इस बात का परिचायक है कि अखबारों की रिपोर्ट-शैली से इसका कुछ सम्बन्ध है। दरअसल, द्वितीय महायुद्ध की घटनाओं का तकाजा था कहानी से

एक ऐसी भिन्न पद्धति का, जो रिपोर्ट और कहानी को समन्वित करे। इसी तकाजे को रिपोर्ताज ने पूरा किया।

स्मरण रहे, रिपोर्ताज का आधार वास्तविक घटित घटना ही होती है। उसी घटना की अभिव्यक्ति इस ढंग से हो कि वह खालिस रिपोर्ट न होकर मनोरंजक, प्रभावोत्पादक और रुचिकर लगे। लेखक को कल्पना के बहुत अंश जोड़ने की स्वतंत्रता नहीं रहती लेकिन घटित घटना में रंग भरने में कहानी के तत्त्वों का वह सहारा ले सकता है लेकिन एक हद के अन्दर ही। कहानी और रिपोर्ताज में बुनियादी फर्क यह है कि कहानी का आधार कल्पित घटना होता है जबकि रिपोर्ताज का घटित घटना। इसलिए बाज-बाज विषयों पर रिपोर्ताज कहानी की अपेक्षा ज्यादा प्रभावोत्पादक होती है क्योंकि पाठक समझता है कि घटना बिलकुल घटित है। जाहिर है, घटित घटना कल्पित घटना से अपेक्षाकृत ज्यादा प्रभावशाली हो सकती है।

दरअसल कहानी का इतना विकास हो चुका है कि अब यह कला-विधान अपनी नूतन सम्भावनाओं की खोज में लगा है; रिपोर्ताज एक नूतन सम्भावना ही है।

फणीश्वरनाथ 'रेणु' इस वक्त हिन्दी के रिपोर्ताज लिखने वालों में अग्रणी हैं। आप बिहार के पूर्णिया जिले के निवासी हैं। साहित्य और राजनीति, ये ही उनके जीवन के मकसद हैं। समाजवादी होने के नाते उनकी दृष्टिबिन्दु घटित घटना की तह पर पहुँचती है।

पूर्णिया निवासी होने के कारण कोसी के ध्वंस को उन्होंने आँखों देखा है, और हर साल देखते हैं। यह कोई साधारण ध्वंश नहीं–करोड़ो के जीवन का सवाल है। विषयवस्तु का सम्बन्ध करोड़ों की अनुभूति से है। 'कोसी डायन' रिपोर्ताज में रेणु ने विषय की विशद अभिव्यक्ति की है। उनकी कलम में अद्‌भुत शक्ति है। जन जीवन की तह की बातें उनकी आँखें देख लेती है। इनसान के भाव-स्थल की पकड़ उनमें है। 'कोसी डायन' में उन्होंने हमारा परिचय इतने तरह के पात्रों से कराया है कि हम एक दूसरी ही यथार्थ दुनिया में पहुँच जाते हैं। इस रिपोर्ताज में जितना कल्पना का अंश है वह विषय को और भी स्पष्ट करता है। रेणु की शैली मानो रिपोर्ताज लिखने के लिए ही है। आप अब तक 'जै गंगा', 'नया सवेरा', 'हड्डियों का पुल' आदि कई सफल रिपोर्ताज लिख चुके हैं। 'कोसी डायन' उनकी सर्वोत्कृष्ट रचना है और साथ ही हिन्दी की श्रेष्ठ रिपोर्ताजों में से एक। यथार्थ के साथ एक दृष्टि का योग है इसमें।''

रेणु के अब तक कुल सत्रह रिपोर्ताज उपलब्ध हो पाए हैं, जिनमें तीन 'ऋण-जल धन-जल' एवं 'नेपाली क्रान्ति कथा' पुस्तक रूप में राजकमल प्रकाशन से प्रकाशित हो चुके हैं। कुछ रिपोर्ताज उनके कहानी-संग्रहों में एवं कुछ 'श्रुत-अश्रुत पूर्व' में संकलित किए जा चुके हैं। शेष असंकलित हैं। ये सभी रिपोर्ताज पहली बार एक जगह, एक साथ 'समय की शिला पर' नामक पुस्तक में संकलित किए गए हैं।

इसमें पहला रिपोर्ताज 'बिदापत नाच' 1945 में प्रकाशित हुआ था एवं अन्तिम पटना-जलप्रलय पर लिखा रिपोर्ताज 1975 में। इस तरह ये रिपोर्ताज रेणु के प्रारम्भिक दौर से लेकर अन्तिम दौर तक के लेखन का सिर्फ साक्ष्य ही नहीं प्रस्तुत करते, अपितु 45 से 75 ई. के बीच के तीस वर्षों की कई महत्त्वपूर्ण घटनाएँ, रेणु के लेखन के विभिन्न मूड्स, जीवन-स्थितियाँ, आस्था एवं लगाव भी इन रिपोर्ताजों में पाठकों को दिखलाई पड़ेंगे। इनमें वस्तु या कथ्य की जितनी विविधता है, उतनी ही भाषा-शैली की भी। इन रिपोर्ताजों में कथा-साहित्य की विभिन्न विधाओं का प्रयोग हुआ है। कुछ रिपोर्ताजों में कहानी-विधा का प्रयोग हुआ है (इसीलिए 'डायन कोसी' एवं 'पुरानी कहानी: नया पाठ' कहानी-संकलनों में भी संकलित हुए।) तो कुछ में संस्मरण का। कुछ रिपोर्ताज रिपोर्टिंग के करीब हैं, तो कुछ डायरी, निबन्ध के और कई यात्रा-कथात्मक हैं। इन रिपोर्ताजों के लिए रेणु 'वृत्तान्त' शब्द का प्रयोग भी करते थे। पर वे अन्य कथा-विधा का समावेश इन रिपोर्ताजों में करने के साथ ही, उनके बने-बनाए ढाँचे को तोड़ते भी हैं। रेणु का महत्त्व इसलिए भी है क्योंकि वे अपनी ही बनाई सीमा को बार-बार दूसरी रचना में तोड़ते हैं। उनकी कथा-शैली, भाषा, ग्रामीण बोली एवं गीतों के प्रयोग के कारण उन्हें 'आंचलिक' कहा गया। पर रेणु-साहित्य का महत्त्व ही इसलिए है कि वह अपने स्वर या 'टोन' में आंचलिकता का बराबर अतिक्रमण करता है। खासकर ये रिपोर्ताज इसके सशक्त उदाहरण हैं। इनमें रेणु का कथाकार लोक-जीवन से लेकर नेपाल, बँगलादेश, पाकिस्तान युद्ध तक और दक्षिणी बिहार के अकालग्रस्त क्षेत्र से लेकर बम्बई की फिल्मी दुनिया तक जाता है। यहाँ जाने से तात्पर्य सशरीर यात्रा के साथ मन की यात्राओं से भी है। रेणु का इन रिपोर्ताजों में देखना एक ही साथ हर तरफ देखना है। वे वर्तमान को देखते हुए सुदूर अतीत के स्मृति-चित्रों को कभी याद करते हैं, तो कभी भविष्य में भी झाँकने की कोशिश करते हैं, परन्तु उनका ज्यादा देखना वर्तमान के क्रिया-कलापों को ही है। वे यथार्थ को उसकी बहुरंगी बहुरूपी विविधता एवं जटिलता में अत्यन्त सूक्ष्मता के साथ इन रिपोर्ताजों में अंकित करते हैं—अपने उपन्यासों एवं कहानियों से भी ज्यादा। रेणु ने जितनी तन्मयता और श्रम से उपन्यासों और कहानियों की रचना की है, उतनी ही तन्मयता और श्रम से इन रिपोर्ताजों को रचा है।...पर इन रिपोर्ताजों में रेणु का भावप्रवण मन व्यंग्य-धर्मी कुछ ज्यादा ही हो गया है, खासकर उन प्रसंगों में, जहाँ वे जीवन की विसंगतियों एवं राजनीतिक-सामाजिक विद्रूपताओं का चित्रण करते हैं।

'बिदापत-नाच' रेणु का पहला रिपोर्ताज है। इसमें रेणु अपने क्षेत्र यानी अंचल के प्रसिद्ध लोक-नृत्य 'बिदापत-नाच' का परिचय हिन्दी पाठकों से करवाते हैं। इस नृत्य का आयोजन 'मैला आँचल' के एक दृश्य के रूप में भी संयोजित है और 'रसप्रिया' कहानी का नायक पंचकौड़ी मिरदंगिया भी बिदापत-नाच में मृदंग

बजानेवाला एक पात्र है। इस रचना के प्रारम्भ में वे लिखते हैं–''नृत्यकला के आचार्य श्री उदय शंकर जी से प्रार्थना करूँगा कि वे इसे मेरी अनधिकार चेष्टा कदापि न समझें। मेरा तो अनुमान है कि उन्होंने इस 'नाच' का नाम भी न सुना होगा।''

यहाँ उदय शंकर जी के प्रति सम्मान का भाव रखते हुए भी रेणु को पूर्ण आत्म-विश्वास है कि इस नाच के बारे में उनको भी जानकारी न होगी। मुसहरों, धाँगड़ों, दुसाधों यानी दलित वर्ग के हरिजनों के बीच प्रचलित यह लोक-नृत्य लेकर रेणु पूरे आस्था-विश्वास के साथ पाठकों के बीच पहले-पहल अवतरित है। यहाँ शहरी आभिजात्य के सामने लोक-जीवन में व्याप्त कलाकारों को पहली बार उपस्थित किया गया है–एक चुनौतीपूर्ण मुद्रा के साथ। रेणु का अधिकांश साहित्य भी लगभग इसी मुद्रा-विशेष से रचा गया प्रतीत होता है। वे इस नाच के प्रारम्भिक परिचय के बाद ही पाठकों को एक मुसहर बस्ती में ले जाते हैं और इस नाच को हम पढ़ते नहीं, मानो साक्षात् देखने लगते हैं। इस नृत्य की नाटकीयता और हास-उल्लास के चित्रण के साथ ही वे उन लोक-कलाकारों की पीड़ा को भी उभारते हैं। बिकटा को जब कोड़े से पीटने का दृश्य आता है तो वह कहता है कि–''मुझे पीटकर बेकार समय बर्बाद किया जा रहा है। जमींदार के जूते खाते-खाते मेरी पीठ की चमड़ी मोटी हो गई है।''

इस एक वाक्य से उस पर हुए जुल्म की पूरी तस्वीर उभरकर आ जाती है और हम उसकी पीड़ा को अनुभव करने लगते हैं। 'बिकटा' के द्वारा बनाए गए गीत के टुकड़े इस वर्ग के जीवन की पूरी त्रासदी को उभारते हैं।

दूसरा रिपोर्ताज 'सरहद के उस पार' का प्रकाशन 'जनता' के 2 मार्च, 1947 के अंक में हुआ था। रेणु के क्षेत्र से सटा हुआ नेपाल का विराटनगर जहाँ उनका लम्बा प्रारम्भिक जीवन कोइराला-बन्धुओं के बीच बीता। यहीं उन्हें पूरी तरह साहित्य और राजनीति की दीक्षा मिली। इसीलिए नेपाल के दो बड़े जन-आन्दोलनों में उन्होंने जमकर हिस्सा लिया था। 'सरहद के उस पार' में वे विराटनगर के मिल-मजदूरों की बदतर जीवन-स्थितियों का यथार्थ चित्र खींचने के साथ ही वहाँ के पूँजीपतियों एवं राणाशाही पर तीखे व्यंग्य भी करते हैं। इसके अलावा इस रिपोर्ताज में हम रेणु के प्रखर वामपंथी स्वरूप के भी दर्शन पाते हैं।...इस रिपोर्ताज के प्रकाशन के बाद ही विराटनगर के मजदूरों का प्रखर आन्दोलन शुरू हुआ। इस आन्दोलन ने बाद में चलकर नेपाल में पहली बार तख्ता-पलट में पृष्ठभूमि का काम किया–यानी 'नेपाली क्रान्ति-कथा' की 'भूमिका' बना।

विराटनगर में कई पूँजीपतियों ने विभिन्न कारखाने स्थापित किए। वे राणाशाही की सरकार की सहायता से मिल-मजदूरों के साथ पशुवत् व्यवहार करते। उनमें यूनियन बनाने की भी छूट नहीं थी। वे अपनी जायज माँगों को लेकर भी हड़ताल

नहीं कर सकते थे। रेणु उनकी यथार्थ दशा को लेकर जब 'सरहद के उस पार' लिख रहे थे, उसी समय उनके बीच दबे-छुपे ढंग से यूनियन भी कायम कर रहे थे। 2 मार्च, 1947 को यह रिपोर्ताज प्रकाशित हुआ और 4 मार्च से विराटनगर के मजदूरों का ऐतिहासिक आन्दोलन प्रारम्भ हुआ। इस आन्दोलन पर रेणु ने 'विराटनगर की खूनी दास्तान' नामक एक रिपोर्ताज उसी समय लिखा, जो स्वतंत्र पुस्तक के रूप में प्रकाशित हुआ। इस रिपोर्ताज की चर्चा पूर्णिया जिले के रेणुजी के मित्रगण आज भी करते हैं, पर इसकी प्रति आज तक उपलब्ध नहीं हो पाई है। धीरे-धीरे यह आन्दोलन जोर पकड़ता गया और इसका विस्तार होता गया। कुछ दिनों बाद रेणु कोइराला-बन्धुओं को इस आन्दोलन को नेतृत्व देने के लिए ले आए। पूर्णिया जिले के प्रमुख सोशलिस्ट पार्टी के कार्यकर्ता एवं रेणु के सहकर्मी भी इस आन्दोलन में शामिल हुए। इस आन्दोलन को कुचलने के लिए राणा सरकार ने कई बार गोलियाँ भी चलवाईं, जिसमें कई लोग मारे गए एवं असंख्य लोग घायल हुए। रेणु भी इसमें बुरी तरह जख्मी हुए। मजदूरों का यह आन्दोलन धीरे-धीरे पूरे नेपाल में व्याप्त हो गया। नेपाल की जनता हर शहर में सड़कों पर उतर आई और निरंकुश राणाशाही के खिलाफ प्रदर्शन करने लगी। नेपाल में यह पहला व्यापक आन्दोलन था। पर इसे अन्ततः दबा दिया गया। इस आन्दोलन के प्रायः सभी प्रमुख व्यक्तियों को जेल में बन्द कर दिया गया। बाद में, रेणु भी गिरफ्तार हुए एवं लम्बे समय तक जेल में रहें।...1950 के अन्तिम दिनों से राणाशाही के खिलाफ दूसरा सशस्त्र संग्राम शुरू हुआ, जिसके फलस्वरूप 1951 में नेपाल में पहली बार प्रजातंत्र की स्थापना हुई। नेपाल की इस क्रान्ति-कथा के नियामकों में रेणु का भी प्रमुख हाथ था। वे अपनी पार्कर 51 कलम के साथ ही रायफल लेकर इसमें सक्रिय भूमिका निभा रहे थे। उन्होंने 'जनता' में 'हिल रहा हिमालय' धारावाहिक रिपोर्ताज लिखकर इस आन्दोलन की पृष्ठभूमि तैयार की थी। इस आन्दोलन में पर्चे एवं गीत वगैरह लिखने के साथ ही, कोइराला-बन्धुओं में तीसरे-तारिणी प्रसाद कोइराला के साथ मिलकर स्वतंत्र-प्रजातंत्र नेपाल रेडियो की स्थापना भी उन्होंने इसी आन्दोलन के दौरान की थी। 'नेपाली क्रान्ति कथा' का महत्त्व रेणु के लिए कितना था, इस बात का पता इससे भी चलता है कि आन्दोलन के ठीक बीस वर्षों बाद उन्होंने 'दिनमान' 1971 के अंकों में उसे धारावाहिक रूप में प्रकाशित करवाया। आज नेपाल में पुनः प्रजातांत्रिक सरकार का गठन हुआ है और इतिहास बन चुकी तो इस 'क्रान्ति-कथा' का पुनरावलोकन अब और भी आवश्यक हो गया है।

रेणु ने कई किसान-आन्दोलनों में भाग लिया था। 25 नवम्बर, 1949 को पटना में ऐतिहासिक किसान-सम्मेलन हुआ था। इसके लिए पूर्णिया से पैदल मार्च करते हुए किसानों का एक बड़ा जत्था पटना गया था। पूर्णिया से पटना तक का यह किसान-मार्च उनके लिए 'नए सवेरे की आशा' थी। 'नए सवेरे' से उनका तात्पर्य

'मजदूर-किसान राज्य' कायम करने से था। वे मजदूर-किसान राज्य की स्थापना को ही असली 'सुराज' मानते थे। 'नए सवेरे की आशा' का कथा-नायक ज्ञान दरअसल रेणु का ही चरित्र है, जो किसान-मार्च के साथ एकाकार होकर ज्यादा प्रखर और तेजस्वी रूप ग्रहण करता है।

1950 में रेणु ने अकाल पर अपना प्रसिद्ध रिपोर्ताज 'हड्डियों का पुल' लिखा, जो 1966 में प्रकाशित 'भूमिदर्शन की भूमिका' से कई अर्थों में भिन्न है। 1950 में पूर्णिया-सहरसा का अकाल यानी अन्न-संकट या भुखमरी बाढ़ आने के बाद की पैदा हुई स्थिति है, जबकि 1966 का दक्षिण बिहार का अकाल सूखे यानी अनावृष्टि (ऋणजल) के कारण पड़ा था। 'हड्डियों का पुल' रिपोर्ताज की संरचना रेणु की कहानियों के ज्यादा करीब है। इसीलिए रेणु ने इसमें अपने चरित्र को राजेन नामक पात्र के रूप में चित्रित किया है, जबकि 'भूमिदर्शन की भूमिका' की संरचना यात्रा-कथात्मक है। इनमें रेणु भूखे-नंगे दलित वर्ग के लोगों के बीच हमें चुपचाप ले जाकर खड़ा कर देते हैं। भूख से तड़प-तड़पकर मरते हुए मनुष्यों का दर्शन कराकर रेणु 'असली हिन्दुस्तान' का साक्षात् करवाते हैं। इन दोनों रिपोर्ताजों में रेणु जीवन की विसंगतियाँ दिखलाकर व्यंग्य पैदा करते हैं। पर इन दोनों रिपोर्ताजों में संरचना के स्तर पर फर्क होने के साथ ही रेणु के दो रूपों का परिचय मिलता है। 'हड्डियों का पुल' के लेखक जन-संघर्षों में भाग लेनेवाले, जनता की क्रान्तिकारी चेतना पर विश्वास करनेवाले सामाजिक कार्यकर्ता तीस वर्षीय रेणु हैं, जबकि 'भूमिदर्शन की भूमिका' के लेखक रेणु टूटी आस्था-विश्वास लिये हमारे सामने उपस्थित होते हैं। 1950 में उन्हें पूरा विश्वास है कि मजदूर-किसानों का राज्य कायम होगा, ये बदतर स्थितियाँ अवश्य ही बदलेंगी। पर 1966 में आकर वे महसूस करने लगते हैं कि कहीं कुछ नहीं होगा। उनका लेखक जनता की समस्याओं को असाध्य समझने लगता है। उसके लिए कई शब्द अपनी अर्थवत्ता खो चुके हैं। इसीलिए रेणु अपने लेखक को 'बोतल प्रसाद' कहकर सम्बोधित करते हैं, अपना ही मजाक उड़ाते हैं।

बाढ़ पर रेणु के दो रिपोर्ताज हैं-'पुरानी कहानी-नया पाठ' एवं 'पटना-जलप्रलय' पर 1975 का लिखा प्रसिद्ध रिपोर्ताज। बाढ़ का आना रेणु के लिए पुरानी कहानी की तरह था। वे बचपन से ही बाढ़ की विभीषिका को हर वर्ष झेलते आए थे। पर उसका 'नया पाठ' प्रस्तुत करने के पीछे तथाकथित 'जनसेवक' जी के असली चरित्र को उजागर करना था, जो इस बाढ़ के लाने के असली अपराधी हैं एवं बाढ़ के नाम पर 'अपनी गोटी लाल करने' में नहीं चूकते।...1975 में आई 'पटना की बाढ़' पर लिखे रिपोर्ताज में रेणु पहली बार बाढ़ में इस तरह घिरते हैं और अपने कमरे में कैद होकर भी इसका पूरा वृत्तान्त लिखते हैं।

'जीत का स्वाद' (1955) में कानपुर में हुए भारत-आस्ट्रेलिया टेस्ट मैच की रनिंग कमेंट्री को एक परिवार पर घटित कर जीत के स्वाद को चखते हैं। 'श्रुत-

अश्रुत पूर्व' की संरचना भी लगभग इसी प्रकार की है। रेणु इस रचना के द्वारा बँगलादेश मुक्ति-संग्राम से जुड़ते हैं। 1965 में भारत-पाकिस्तान युद्ध की डायरी वे गाँव में रहकर लिखते हैं। यानी सुदूर में हो रहे युद्ध से अपनी चेतना के झंकृत तारों को इन रचनाओं में अभिव्यक्त करते हैं। इन रिपोर्ताजों में रेणु के उसी झटपटाते हृदय का पता मिलता है, जिसके विषय में मुक्तिबोध घोषणा करते हैं–"जहाँ भी स्नेह या संगर/वहाँ पर एक मेरा छटपटाता वक्ष/ धरती के विकासी द्वन्द्व-क्रम में एक मेरा पक्ष/मेरा पक्ष नि:सन्देह!"

रेणु का वक्ष भी स्नेह या संघर्ष या युद्ध में उसी तरह उद्वेलित होता है, इसका प्रमाण हैं ये रिपोर्ताज!

'एकलव्य के नोट्स' का प्रकाशन उपेन्द्रनाथ अश्क द्वारा सम्पादित संकलन 'संकेत' 1955 में हुआ था। रेणु के अन्य रिपोर्ताजों से यह संरचनात्मक रूप में भिन्न है। इसमें एक गाँव में हो रहे नए परिवर्तनों का बारीकी से चित्रण हुआ है। इस रिपोर्ताज के कुछ अंशों का संयोजन बाद में रेणु ने 'परती : परिकथा' उपन्यास में भी किया। इसके प्रकाशन के बाद उनके अंचल के कुछ लोगों ने रेणु पर मुकदमा-दायर कर दिया। उस मुकदमे का विवरण वाचस्पति पाठक के नाम लिखे गए पत्र की निम्नलिखित पंक्तियों से मिलता है–"कानून और कचहरी के पैन्तरे! भगवान बचाएँ। मुकदमा दिलचस्प है, इसलिए मेरी तारीख के दिन कचहरी में भीड़ लग जाती है।...मेरे गाँव के एक सज्जन हैं–उन्होंने 'मैला आँचल' के तहसीलदार को अपनी तस्वीर समझ लिया है। मूरख आदमी है, पुराना मुकदमेबाज है। सम्भवत: उसने अपने वकील से पहले भी सलाह ली होगी। अब तक वे चुप रहे। 'संकेत' में प्रकाशित रिपोर्ताज (एकलव्य के नोट्स) का नाटक वाला अंश-एक गाँव की सच्ची घटना है। 'दलित वर्ग' के लोगों ने समझ लिया, उनकी खिल्ली उड़ाई गई है। क्योंकि...इनकी किताब पर 'भारत सरकार' ने पुरस्कार दिया है, इसलिए 'यह बात' दिल्ली तक जरूर पहुँच गई होगी। फिर 'पंडित जमाहिर लाल' को भी मालूम होने में कितनी देर,...छि:-छि: क्या समझते होंगे जमाहिर लाल भी? दलित-वर्ग के बारे में क्या समझते होंगे भला...। दलित से लेकर सवर्ण की नकेल जिस पार्टी के हाथ में है, उसके स्थानीय नेताजी के बड़े नेता ने भी, जो थाना के नेता हैं–शायद अपनी सिलहुट छवि देखी कहीं मेरी रचना में। उन्होंने जो सुना तो 'चियर अप' कर दिया– "ठीक है, दलित वर्ग के नौजवानो, बढ़ जाओ।...तहसीलदार विश्वनाथ प्रसाद का भूत (!) ऐसे मौके पर चुपचाप बैठा रहे?..." इस पत्र में बाद में रेणु ने इस मुकदमे का विस्तार से वर्णन किया है।

'एकलव्य के नोट्स' को एक प्रकार का, एक गाँव का समाजशास्त्रीय सर्वेक्षण भी कहा जा सकता है। चूँकि इसके प्रकाशन के बाद ही रेणु को मुकदमा लड़ना पड़ा, इसलिए इसका महत्त्व इस दृष्टि से भी है।

'समय की शिला पर : सिलाव का खाजा' नालन्दा-राजगृह पर लिखा गया यात्रा-कथात्मक रिपोर्ताज है। इसमें रेणु सिलाव के बने 'खाजे' की असंख्य परतों की तुलना नालन्दा के अवशिष्ट खँडहरों की निर्माण-कला से करते हैं। इस रिपोर्ताज को पढ़ते वक्त हमें कभी-कभी एहसास होता है मानो हम 'बुद्ध-युग' में पहुँच गए हैं। रामकृष्ण आश्रम में चार रातों तक चलनेवाले कार्यक्रमों को देखते हुए रेणु रामकृष्ण एवं विवेकानन्द के असली और जनवादी स्वरूप का दर्शन कराते हैं। हिन्दी के साहित्यकारों में निराला के बाद रेणु ही हैं, जो रामकृष्ण एवं विवेकानन्द के प्रति असीम श्रद्धा-भाव रखते हैं।

रेणु के पाठकों को तो यह विदित ही है कि 'तीसरी कसम' के फिल्मांकन के तहत रेणु को कई बार बम्बई की यात्रा करनी पड़ी थी। बम्बई की यात्रा को वे फिल्मी-यात्रा भी कहते थे। अपनी पहली बम्बई-यात्रा की कथा उन्होंने बम्बई से प्रकाशित सिने-साप्ताहिक 'उर्वसी' के 1963 के पाँच अंकों में प्रकाशित करवाई थी। पर उसका पहला ही भाग अब तक उपलब्ध हो पाया है।

समय की शिला पर अंकित ये रिपोर्ताज आज भी उतने ताजा और ग्राह्य हैं, जितना छपने के वक्त रहे होंगे। रेणु ने अपनी जादुई कलम से इतिहास में घटी इन घटनाओं एवं जीवन-स्थितियों को अपने रिपोर्ताजों के द्वारा सदा-सदा के लिए जीवन्त और अविस्मरणीय बना दिया है।

फणीश्वरनाथ रेणु की अन्य कथा-रचनाओं की तरह उनके रिपोर्ताजों का सम्बन्ध भी समाज के बहुस्तरीय रंगों, स्तरों एवं विविध जीवन-प्रणालियों से गहन रूप में सम्पृक्त है। दूसरे शब्दों में कहें कि उनके रिपोर्ताज समाजगत सच्चाइयों का सिर्फ ब्योरा ही प्रस्तुत नहीं करते अपितु उसकी अनेक इकाइयों की जड़ों की भी पड़ताल करते हैं। इसीलिए उनकी साहित्यिक महत्ता के साथ-साथ समाजशास्त्रीय महत्ता भी है। बिना समाजशास्त्रीय विश्लेषण के उनके रिपोर्ताजों के महत्त्व को न समझा जा सकता है और न ही सही विवेचन किया जा सकता है।

समाजशास्त्र की यह विशिष्टता है कि वह सामाजिक जीवन का अध्ययन एक समष्टि के रूप में करता है। वह समाज के किसी एक पक्ष या संस्था मात्र पर अपना ध्यान केन्द्रित नहीं करता। वह सामाजिक जीवन को एक पूर्णत्व के रूप में देखता है। समाजशास्त्र समाज के विभिन्न पहलुओं तथा उनके अन्त:सम्बन्धों के स्वरूपों, प्रकारों तथा प्रतिफलों के अध्ययन में संलग्न होता है। समाजशास्त्रीय दृष्टि के अन्तर्गत समाज के विभिन्न संस्थात्मक पक्ष अन्योन्याश्रित रूप से अन्त:सम्बन्धित होते हैं। अत: समाजशास्त्र समाज का अध्ययन एक समग्र संरचना के रूप में करता है। समाज के नियामक तत्त्व मनुष्य, परिवार, मानवीय सम्बन्ध, स्त्री-पुरुष के सम्बन्ध, रीति-रिवाज, धार्मिक आस्था और विश्वास, संस्कृति, उत्सवधर्मिता, समाज को संचालित करनेवाली राजनीतिक गतिविधियाँ, पर्यावरण, आर्थिक संरचना, मानवीय

गरिमा और संघर्षशीलता आदि समाजशास्त्रीय विश्लेषण के पहलू हैं। चूँकि एक यथार्थवादी कथाकार अपनी कथा–कृतियों में समाज को जितनी समग्रता में और जितने जीवन्त रूप में चित्रित करता है, उतना ही वह बड़ा कथाकार माना जाता है। हिन्दी में प्रेमचन्द के बाद फणीश्वरनाथ रेणु दूसरे बड़े कथाकार हैं, जिनकी कृतियों का महत्त्व उनकी साहित्यिकता में ही सिर्फ नहीं है, अपितु वे अपने समाज का बहुस्तरीय कोणों से बारीक पड़ताल करते हैं। उनकी कृतियों के सामाजिक, राजनीतिक, सांस्कृतिक पहलू हैं, जिसके कारण उनके समाजशास्त्रीय विश्लेषण की गहरी आवश्यकता है।

फणीश्वरनाथ रेणु का हिन्दी साहित्य में जब प्रादुर्भाव हुआ तो उनकी विशिष्ट शैली, आंचलिक वातावरण का चित्रण, कथा कहने की बिलकुल नई पद्धति ने आलोचकों का ध्यान अपनी ओर आकर्षित किया। उन्हें प्रायः 'आंचलिकता के कठघरे' में खड़ा कर मूल्यांकित किया गया तथा आंचलिकता का एक नया मुहावरा एवं शास्त्र ही गढ़ लिया गया। किन्तु उनका वास्तविक मूल्यांकन समाजशास्त्रीय आधार पर ही किया जा सकता है। ऐसा कर ही समग्रता में उनका मूल्यांकन किया जा सकता है। इस दिशा में उनके उपन्यासों एवं कहानी–साहित्य पर कुछ काम हुए हैं, किन्तु भारतीय समाज के बहुस्तरीय जीवन से सबसे सघन रूप में सम्बद्ध उनके रिपोर्ताजों का विश्लेषण अब तक नहीं किया गया है। समाजशास्त्रीय विश्लेषण की आवश्यकता इसलिए भी है कि रेणु जिस समाज में जी रहे थे और जिन राजनीतिक एवं सामाजिक–सांस्कृतिक आन्दोलनों से सम्बद्ध थे, उनका आँखों–देखा बयान उनके रिपोर्ताजों में अंकित है। रेणु जब भी कोई प्राकृतिक या मानवीय हादसा होता है, जब भी कोई जन–आन्दोलन होता है, उसमें सशरीर उपस्थित होते हैं और उस पर लिखते हैं। इसलिए उनके रिपोर्ताज उनके सक्रिय एवं गतिशील जीवन को तो दर्शाते ही हैं, वे इतिहास और समय की शिला पर अंकित समाज वैज्ञानिक दस्तावेज की तरह हैं, जिनकी समग्रता में परख या मूल्यांकन समाजशास्त्रीय अध्ययन के द्वारा ही हो सकता है।

रेणु के जीवन के मूल में है—संघर्ष। और उनके रिपोर्ताजों में उनकी यह संघर्षशीलता सर्वत्र विद्यमान है। उनका जुझारूपन उन्हें ऐकान्तिक जीवन की आत्मरति से बाहर निकालकर व्यापक सामाजिक परिप्रेक्ष्य से जोड़ता था। वे सबसे पहले एक सामाजिक कार्यकर्ता के रूप में संघर्ष करते दिखलाई पड़ते हैं, फिर किसानों एवं मजदूरों के प्रति उनका समर्पण उन्हें एक क्रान्तिकारी चेतना से लैस करता है। जहाँ भी संघर्ष हो रहा है, जनता अपनी मुक्ति के लिए राजनीतिक संघर्ष करती जहाँ भी दिखाई पड़ती है—उनका मन छटपटाता है और वे उसके समर्थक हो उठते हैं। इसलिए संघर्ष का सामाजिक पक्ष हो या राजनीतिक, सांस्कृतिक पक्ष हो या साहित्यिक, वे हर जगह जूझते हुए दिखाई पड़ते हैं। बावजूद इसके कि उनके पीछे न कोई दल

है, न जाति समूह, न कोई निश्चित एवं सुदृढ़ विचारधारा का सम्बल। अन्याय, तानाशाही, फासिज्म, साम्प्रदायिकता, भ्रष्टाचार, पतनशीलता के विरुद्ध उनकी वाणी अनवरत जाग्रत् रही।

रेणु का जीवन के प्रति गहरा लगाव था। जीवन के प्रति यह गहरा लगाव और उन्हें साहित्य में सम्पूर्ण कलात्मकता के साथ रच देने की कुशलता जहाँ उन्हें महत्त्वपूर्ण रचनाकार बनाती है, वहीं महान मानवतावादी भी। उनके रिपोर्ताजों में जो वर्णन का वैशिष्ट्य है, वह उनकी वस्तु के प्रति गहरी अन्तर्दृष्टि से जाकर जुड़ती है और उसका पर्यवेक्षण की क्षमता से सीधा सम्बन्ध है। सामान्य से सामान्य घटनाओं, स्थितियों, व्यक्तियों में वह कोई ऐसी चीज अवश्य देख लेते हैं और इस सहजता से उसे उभार देते हैं कि पाठक चमत्कृत हो जाता है। ऐसा रेणु जैसा कोई संवेदनशील कलाकार ही कर सकता है और हिन्दी में कोई दूसरा रेणु नहीं है।

रेणु की रचनाएँ उनके रिपोर्टर और कथाकार होने के समन्वित पक्ष का उदाहरण हैं। यह पक्ष उन्हें सम-सामयिक जीवन एवं उसकी घटनाओं से प्रत्यक्ष रूप में जोड़ता है, जिसका साहित्यिक महत्त्व तो है ही, समाजशास्त्रीय महत्त्व भी है।

अब रेणु के रिपोर्ताजों की भाषिक संरचना पर थोड़ा विचार कर लेना समीचीन होगा। रेणु ने जिस कथा-भाषा का प्रयोग अपने उपन्यासों एवं कहानियों में किया है, उसी कथा-भाषा से उनके रिपोर्ताज भी निर्मित हैं। यह एक बोलती-बतियाती हुई भाषा है। इसमें लय, तान, धुन भी है, जिसके कारण यह भाषा कहीं-कहीं संगीतात्मक हो गई है और कहीं-कहीं इसमें कविता का प्रभाव भी उत्पन्न होता है। इसके बावजूद रेणु की भाषा का मुख्य स्वर आंचलिकता का है। यह 'आंचलिकता' साधारण जनों की बोली या वाणी को आत्मसात् कर प्रकट की गई है, इसलिए उसमें जीवन्तता है। यथार्थ के प्रकटीकरण का यह अनूठा प्रयोग है। शब्द-प्रयोग, वाक्य-रचना, अलंकार एवं बिम्ब-विधान आदि भाषागत विशेषताएँ भी उनके आंचलिक प्रयोग के मुख्य स्वर के सहयात्री हैं। बिम्बात्मकता के अन्तर्गत 'ध्वन्यात्मक' एवं 'दृश्यात्मक' बिम्बों के उत्कृष्ट उदाहरण हैं, जहाँ उन्होंने मनुष्यों के साथ-साथ पशु-पक्षियों की बोली एवं वाद्य-यंत्रों, मशीनों आदि की ध्वनियों का बिम्ब प्रस्तुत किया है। वे भाषा को सहज, सरल, संवेद्य एवं वाचिक स्तर का बनाए रखते हैं, किन्तु उनकी काव्यात्मक, संगीतात्मक, चित्रात्मक प्रवृत्ति के कारण वह भाषा अत्यन्त सर्जनात्मक और रस-सिद्ध हो गई है। अमेरिका की हिन्दी विदुषी कैथरिन हैनसन, जिन्होंने रेणु के साहित्य पर अपना शोध-कार्य किया है, एक साक्षात्कार में कहती हैं-"रेणु की भाषा के प्रयोग के बारे में हिन्दी साहित्यकारों ने बहुत लिखा है। यह तो उनके साहित्य की अन्तरात्मा रही है। बहुत लोगों ने विवाद भी खड़े किए हैं कि बोलने का जैसा लहजा होता है, उस तरह नहीं लिखना चाहिए।

लेकिन, रेणु ने लोकभाषा की परम्परा को सामने रखा। गाँव का सांस्कृतिक माहौल गाँवों में ही दिखता है, गाने के बोल जिस तरह से गाँव के लोगों के लहजे से उभरते हैं, वैसा लिखना उच्चारण करने में कठिन लगता है।"

कैथरिन हैनसन ने रेणु की भाषा की गहरी पड़ताल की है। उनकी मान्यता है कि रेणु भाषा की उस मर्मज्ञता को उद्घाटित करते हैं जो आधुनिक हिन्दी साहित्य में बेजोड़ है।...रेणु को भाषा के साथ खेलना बहुत पसन्द है। एक स्तर पर हमने देखा है कि रेणु पाठक को बाध्य करते हैं कि वह पुरातन अर्द्ध-तत्सम शब्दों के अनुमानों का खेल खेलें। किन्तु दूसरी जगह जब वह अपनी भाषा में लिख रहे होते हैं और ग्रामीण पात्रों की सामाजिक-सांस्कृतिक पृष्ठभूमि की ओर इशारा नहीं कर रहे होते तब ध्वनियों के प्रति उनका आकर्षण एक और तरह से प्रकट होता है। उन्हें मानवेतर ध्वनियों की नकल करना बहुत प्रिय है। वे जानवरों, शोर, मशीन या मौसम के लिए ध्वन्यात्मक खिलवाड़ करने से नहीं चूकते या शब्दों के बीच की समान ध्वनियों से खेलते हैं। इसके अतिरिक्त रेणु ध्वनि के साम्य का उपयोग करते हैं, अनुप्रास, समस्वर और तुक इसमें शामिल हैं। शब्दों का चयन बिलकुल कवियों की तरह है।...हास्य और काव्यात्मक दोनों प्रभावों के लिए रेणु ने भाषा की लय, ध्वनि की अनुकरणात्मक सम्भाव्यता और द्वयार्थक शब्दों का बड़ी कुशलता से इस्तेमाल किया है। आत्मसजग साहित्यिक परिकल्पना के बजाय भाषा से हास्य पैदा करना और उसके साथ खिलवाड़ करना ही उनका उद्देश्य दिखाई पड़ता है।

जर्मनी के हिन्दी भाषाविद् एवं आलोचक डॉ. लोठार लुट्से ने रेणु की भाषा को 'पंचमेल भाषा' कहा है। उनके एक प्रश्न के उत्तर में रेणु ने अपनी भाषा के प्रयोग के विषय में विस्तार से बताया है। यहाँ रेणु के इस आत्म-कथ्य को उद्धृत करना समीचीन होगा—"जब साधारण जनता की बात कहनी हो, जब वे बोलते हैं, तब तो जाहिर है कि अपनी गाँव की बोली में बोलते हैं, मैथिली में बोलते हैं, मगही में बोलते हैं। मुझको लिखना पड़ रहा है उसको हिन्दी में। तो अगर मैं उसको शुद्ध, व्याकरण-सम्मत और पंडिताऊ भाषा में लिखता हूँ, तो यह तो खुद कान में कैसा लगेगा कि यह एक गाँव का आदमी किस तरह से बोलता है—इतना शुद्ध बोलता है। और बिलकुल वैसा या अशुद्ध लिखने से यह उपन्यास चल नहीं सकता है। तो बीच का कहीं एक रास्ता तैयार करना होगा। तो, जो वे लोग बोलते हैं कचहरी-वचहरी में 'कचराही-बोली' कहते हैं उसे—कचहरी की खिचड़ी भाषा में बोली जाने से 'कचराही-बोली'—मैंने इस्तेमाल किया है कई जगह इसी कचराही-बोली का।"

रेणु की इस 'कचराही-बोली' में मुख्य संरचना या ढाँचा खड़ी बोली का है, किन्तु इसमें मैथिली, अंगिका, भोजपुरी, बांग्ला एवं नेपाली भाषा के शब्द यथास्थान

एवं यथाप्रसंग प्रयुक्त होते हैं। कभी–कभी अंग्रेजी भाषा के बोलचाल में प्रयुक्त शब्द भी अपनी जगह लेते हैं। इसीलिए डॉ. लोठार लुट्से ने रेणु की भाषा को 'पंचमेल भाषा' कहा है। कैथरिन हैनसन ने उनकी भाषा की सही परख करते हुए बताया है कि रेणु ने आरम्भिक हिन्दी गद्य–साहित्य की खड़ी बोली परम्परा को अस्वीकार नहीं किया, बल्कि नए और कलात्मक ढंग से उसका विस्तार किया है। पूर्ववर्ती लेखकों के विपरीत उन्होंने भाषा की विविध शैलियों को अपने लेखन का हिस्सा बनाया। उन्होंने अवधी, भोजपुरी और मैथिली जैसी बोलियों के उनके आधुनिक और मध्यकालीन रूपों में तथा बँगला, नेपाली, आदिवासी भाषा के साथ–साथ संस्कृतनिष्ठ हिन्दी, बाजारू हिन्दुस्तानी, अंग्रेजी और उर्दू को भी अपनाया। अपनी भाषा के माध्यम से उन्होंने अपने समाज के बहुजातीय स्तरों का संश्लिष्ट और काव्यात्मक चित्र प्रस्तुत किया है। यहाँ भारत के ग्रामीण जीवन के बहुभाषी संसार की पुनर्प्रस्तुति की गई है जिसमें विविध लय और बोलने के लहजे—जो विभिन्न समुदायों, समय और स्थान का प्रतिनिधित्व कर रहे हैं—को ध्वनि की सार्वभौमिक इकाई में संगठित किया गया है। इसे अर्जित करने के लिए रेणु गाँव की वास्तविक बोलियों की यांत्रिक ढंग से नकल नहीं करते। वह पाठकों के सामने स्थानीय भाषा की प्रतिकृति प्रस्तुत नहीं करते। इसके बजाय वह अपने आसपास के समृद्ध भाषा–रूपों का सर्वेक्षण कर उनमें से कुछ नमूनों का चुनाव करते हैं जिनमें मूलभूत आधिकारिक स्वरों की अभिव्यक्ति होती है और फिर वे पाठकों के लिए बोधगम्य बने रहते हैं। इस प्रक्रिया में वह जानबूझकर भाषा के जीवित मौखिक माध्यमों के कुछ रूपों का प्रयोग करते हैं, जो आधुनिक गद्य के विकास के दौरान हिन्दी की लिखित परम्परा से खो गए हैं। स्थानीय और बोलचाल की भाषा के रूपों को अपनाने से लेखक के सामने जो चुनाव आता है उसके दो पक्ष हैं—एक ओर आत्मीयता, जीवन्तता और सरलता के लिए चयन और दूसरी ओर दूरी, सतहीपन और कृत्रिमता के खिलाफ चयन।

चयन की यह विशेषता रेणु के रिपोर्ताजों को इकहरा होने से बचाती है और उसे जीवन की बहुस्तरीय परतों को उघाड़कर रखने एवं रचने में सहयोग करती है। विविधता से भरे हुए उनके भाषा प्रयोग इतने दिलचस्प, बहुभंगी एवं बहुरंगी हैं कि समग्रता में वे अद्‌भुत प्रभाव छोड़ते हैं। सारांशतः कहा जा सकता है कि रेणु के रिपोर्ताजों की रचनात्मक भाषा, जिसकी निर्मिति के मूल में लोकभाषा, लोकलय और लोकसंगीत है, हिन्दी के सर्जनात्मक साहित्य की परम्परा में अद्‌भुत शक्ति एवं विलक्षण क्षमता का परिचायक है, जिससे हिन्दी भाषा समृद्ध हुई है।

अब रेणु के रिपोर्ताजों की सर्जनात्मक भाषा के कुछ नमूनों को, जिनमें अनेक प्रकार के भाव और गतिशील चित्र अंकित हुए हैं, यहाँ प्रस्तुत किए जा रहे हैं।

'बिदापत-नाच' के इस प्रसंग को देखिए–

"अब जरा इन दर्शकों के बीच में चलिए। काली-काली, गठीली-तगड़ी युवतियाँ मुस्कुरा-मुस्कुराकर हँसी को जब्त करना चाहती हैं। एक-दूसरे को केहुनी से खोंच-खोंचकर जाने क्या कानाफूसी करती हैं! अधेड़ औरतें 'लाज-सरम' की दुहाई देकर, कृत्रिम क्रोध प्रकट कर उनकी हरकतों को रोकना चाहती हैं, किन्तु, दबी हुई हँसी, गुदगुदाया हुआ दिल भला कब मानता है! इधर नर्तक अलाप उठता है–'चलू मन, चलू मन...ससुरालि जइबे हो रामा, कि आहो रामा, नैहरा में अगिया लगाइब रे कि...।'

युवतियाँ चंचल हो उठती हैं, नौजवानों की नसों में बिजली दौड़ जाती है और अधेड़ों की आँखों में 'गई हुई जवानी' लौट आती है। एक अजीब वातावरण की सृष्टि हो जाती है। नाच भी अब शेष होने को है।"

यहाँ रेणु ने यौवन की उमंगें बिखेरनेवाली एक ललित भाषा का प्रयोग किया है। इस भाषा में प्रवाह है, ताजगी है, युवा मन की अकुलाहट और कसमसाहट है। किन्तु, यही गीत तुरन्त बाद अपनी अर्थवत्ता बदलकर एक निर्गुण धुन में बदलकर राग की जगह विराग की सृष्टि कर डालता है। इसकी आगे की पंक्तियाँ देखें–

" चलू मन, चलू मन...
धिन धिनक धिनक, धिन धिनक धिनक...
कि आहो रामा, नैहरा में अगिया लगायब रे कि...!
डिम डिमिक डिमिक, डिम डिमिक डिमिक...

अरे, यह क्या? ओहो...! चेथरू गुसाँई जी हैं। गुसाँई जी कबीर जी के भक्त हैं। इसी गाँव के रहनेवाले हैं। दस-पन्द्रह वर्ष पहले की बात है–जमींदार साहब ने एक झूठी गवाही देने के लिए कहा, इन्होंने अस्वीकार कर दिया और जमींदार साहब ने क्रोधित होकर इनको 'गृहहीन' कर दिया। तभी से आप 'स-स्त्रीक बैरागी' हो गए हैं। खँजड़ी, झोली और चिमटा और लम्बी दाढ़ी...।

यह लीजिए, गुसाँईजी तो खँजड़ी बजा-बजाकर इन्हीं लोगों के साथ नाचने लगे।...बात यह है कि चेथरू गुसाँई जी इस गीत को सम्पूर्ण 'निरगुन' मानते हैं। अहा! उनकी धँसी हुई आँखों में सचमुच आँसू की बूँदें चमक रही हैं।"

यहाँ देखें कि प्रसंग बदलते ही भाषा का स्वर भी बदल जाता है। जो गीत पहले शृंगार का भाव जगा रहा था, अब वही भक्ति-रस में डूबा लग रहा है। इस तरह रेणु अपने पात्रों के चित्रण के लिए भाषा के स्वरूप में भी परिवर्तन करते हैं। उनके रिपोर्ताज 'नए सवेरे की आशा' में अनेक पात्र आए हैं, जिनका परिचय वे अलग ही तरह की भाषा में देते हैं। इसमें एक पात्र हैं कमलनाथ। वे मार्क्सवादी विचारधारा के बुद्धिजीवी हैं। अब देखिए कि रेणु कमलनाथ का परिचय विभिन्न स्थलों पर किस प्रकार देते हैं–

''उसके सिर में दिमाग की जगह 'डायलेक्टिकल मैटिरियलिज्म' के पन्ने बिखरे हुए हैं।'' आगे वे लिखते हैं–''कमलनाथ की बात निराली है। कुछ बोलिए, वह अपनी इच्छानुसार आपको Puberty, Adolscent या Maturity के दायरे में फेंक देगा। कुछ पहनिए, बस उसका Cnoism पर लेक्चर शुरू हो जाएगा। जिससे जरा जान-पहचान हुई, उसके घर को पार्टी-दफ्तर समझ लिया।''

इसी रिपोर्ताज में रेणु ने एक बंगाली परिवार का चित्रण किया है, जिसके घर के सदस्य कभी क्रान्तिकारी चेतना से लैस रहे हैं, पर अब सब शान्त और सद्गृहस्थ हैं। इस रिपोर्ताज के केन्द्रीय पात्र ज्ञान का इस परिवार से पुराना रिश्ता है। इस घर की बनानी नामक लड़की के प्रति ज्ञान का आकर्षण है। वह बनानी को 'कला की पुतली' कहता है क्योंकि वह नृत्य-संगीत एवं गायन में दक्ष है। उसने शान्तिनिकेतन से शिक्षा प्राप्त की है। कमलनाथ की दृष्टि में बनानी एक मूर्ख लड़की है। ज्ञान इस परिवार में जाता है। अब देखें कि यहाँ चित्रित भाषा में बँगला भाषा की छौंक कैसी है?

'के, कोबिबोर ऐसे छे?'–मुस्कुराती बनानी प्रवेश करती है। संगीत और नृत्य के लय-ताल पर ही वह बोलती और चलती तो नहीं? कड़ाके की सर्दी में ज्ञान की कनपटी के पास खून दौड़ जाता है। चाय की प्यालियों की खनखनाहट, प्यालियों से उमड़ते हुए भाप, चन्द चूड़ियों की तुनुक आवाज, दीवार पर टँगी अधनंगी शकुन्तला की तस्वीर, बनानी की मद्रासी साड़ी। कमलनाथ होता तो चाय की पहली चुस्की लेकर ही कमरे की सरसता को भ्रष्ट कर देनेवाली कर्कश और भोंड़ी आवाज में चिल्ला उठता–'शूगर वांटेड!' और उसके बाद ही चीनी की कमी, शूगर सिंडिकेट की बेईमानी, सरकार की नपुंसकता, कांग्रेसियों की खुदगर्जी पर एक वक्तव्य दे देता।''

फिर बनानी के शान्तिनिकेतन में होनेवाले विश्व-शान्ति-सम्मेलन से चर्चा शुरू होकर ज्ञान के किसान-मार्च की अगुआई की चर्चा होती है। उन लोगों को आश्चर्य होता है कि जो पात्र कविता की रोमानी दुनिया में खोया रहता था, अब किसान-मार्च कर रहा है। ज्ञान को बार-बार कमलनाथ का भाषण याद आता है–'चाय की प्यालियों में इन्कलाब लाने के दिन गए!' केशव दा हँसते हैं–''चायनार लाँग मार्च, गांधीजीर डांडी मार्च सुनेछिले तो? एबार ज्ञान बाबूर किसान मार्च होबे!'–'ओ बाबा! ए तो साहित्यकार क्रान्ति नृत्य!'-बनानी डरने की मुद्रा बनाती है, फिर अपने खूबसूरत बालों की वेणी को उँगलियों से लपेटकर गम्भीर हो जाती है। पिछले साल इसी तरह वेणी को लपेटकर गम्भीर होते हुए उसने शिकायत की थी–'ज्ञान, न जाने तुम लोगों में यह कौन-सी आदत है। कोई भी बात करो, घूम-फिरकर राजनीति पर आ जाएँगे।' और उसकी इस शिकायत पर ज्ञान ने राजनीति की बातें छोड़कर...कॉफी की सोंधी खुशबू की, 'फिरपो' की पेस्ट्री की, अवनीन्द्रनाथ के चित्रों की, दार्जिलिंग की सुबह और पुरी के समुद्र-तट की बहुत-सी बातें की थीं।''

दूसरी ओर इसी रिपोर्ताज में किसानों की क्रान्तिकारी चेतना को उजागर कर किसान-मार्च का गतिमय चित्र प्रस्तुत किया गया है, जिसकी भाषा में आवेग है, त्वरा है, ताजगी है, जोश है–

"'माँग रहा है हिन्दुस्तान, रोटी, कपड़ा और मकान।'–जूठे पत्तलों पर जीनेवाला भूखा, गुदड़ी से लाज ढँकनेवाला, नंगा; फुटपाथ पर और खुले आसमान के नीचे सोनेवाला, बेघर का हिन्दुस्तान जा रहा है। तेज-तेज कदमों से बढ़ता हुआ कहाँ जा रहा है हिन्दुस्तान?...जो भूखे हैं, जो नंगे हैं, अब गुस्सा उनको आया है। भूखे शेर से खिलवाड़?...भूखा हिन्दुस्तान, नंगा हिन्दुस्तान!...बढ़े चलो, बढ़े चलो! जमीन का चप्पा-चप्पा पुकार रहा है, विदाई दे रहा है...बढ़े चलो!"

यहाँ उपर्युक्त सभी प्रसंगों में देखें तो रेणु की भाषा के बहुस्तरीय स्वरूप में छिपा हुआ उनका कथावाचक पाठकों की दिलचस्पी को छोटी-छोटी घटनाओं एवं विवरणों में सीमित कर देता है, उसी तरह जैसे मौखिक कथा-परम्परा में वाचक कर सकते हैं। घटनाओं की कड़ियाँ एक-दूसरे से जुड़ी हैं और उनमें संक्रमणशीलता भी है, क़िन्तु वे सब औपचारिक एवं स्वतःस्फूर्त ज्यादा हैं, मूल कथा को आगे बढ़ानेवाली कम हैं। यह कथा-वाचन की भाषा कोई नई चीज नहीं है, रेणु ने उसे अपनी परम्परा से ग्रहण किया है और गीत तथा कथा के समन्वय से एक नई अभिव्यंजना की प्रणाली विकसित की है। उन्होंने आधुनिक हिन्दी भाषा को इस तरह एक नया स्वरूप प्रदान किया है। उनके रिपोर्ताज, चूँकि आँखों-देखे हैं, इसलिए उनमें प्रयुक्त भाषा इतनी सजीव, प्राणवान और तरल है। उनकी भाषा की 'पंचमेल खिचड़ी' का स्वाद अलग है। वह भाषा अंग्रेजी, उर्दू के शब्दों को भी अपना समझकर स्वीकार करती है। भाषा की शुद्धता के हिमायती लेखकों को भले ऐसी भाषा से परहेज हो किन्तु साधारण पाठक वर्ग ने दिल खोलकर उसका स्वागत किया है।

रेणु की साहित्यिक महत्ता के सबसे बड़े कीर्ति स्तम्भ हैं 'मैला आँचल' और 'परती : परिकथा' नामक उनके कालजयी उपन्यास तथा 'तीसरी कसम अर्थात् मारे गए गुलफ़ाम', 'रसप्रिया', 'लाल पान की बेगम', 'सिरपंचमी का सगुन', 'तॅबे एकला चलो रे' आदि कहानियाँ। किन्तु ऐसे उदात्त एवं हिन्दी साहित्य में बिलकुल नई शैली की कथा-रचना की संरचना में उनके रिपोर्ताज-लेखन की शैली का सर्वाधिक महत्त्वपूर्ण योगदान है। यदि रेणु रिपोर्ताज-लेखन नहीं करते होते तो 'मैला आँचल' की रचना भी सम्भव नहीं होती। यदि रेणु ने कथा-साहित्य की नैरेटिव परम्परा को ध्वस्त किया और दृश्य-बन्धों के आधार पर नाटकीय शैली में भारतीय समाज का यथार्थ प्रस्तुत किया तो इसके पीछे उनका यथार्थ से सीधे-सीधे जुड़े होने के साथ-साथ उनका आँखों-देखा वृत्तान्त कथात्मक रूप में प्रस्तुत करना भी था। इसी प्रक्रिया में उनके कथा-रिपोर्ताजों की सर्जना हुई और रिपोर्ताज लिखते

हुए उनकी भाषा, शैली, शिल्प एवं वस्तु-विन्यास की एक विशिष्ट प्रणाली विकसित हुई। रेणु अपने कथा-लेखन के प्रारम्भिक दौर में कहानियाँ एवं रिपोर्ताज दोनों लिख रहे थे। और 'मैला आँचल' के पूर्व लगातार ऐसा होता रहा। उनके रिपोर्ताज कहानियों से कुछ ज्यादा ही प्रभाव पाठकों पर पैदा करते थे। खेद है कि जिन समाचार-पत्रों में ये रिपोर्ताज छपे हैं, उनके अंक उपलब्ध नहीं हो पाने के कारण रेणु के अब तक बहुत ही कम रिपोर्ताज मिल पाए हैं। रेणु के सभी प्रकाशित रिपोर्ताज यदि उपलब्ध हो जाएँ तो एक बड़े रिपोर्ताज-लेखक के रूप में हम उन्हें देख पाएँगे। बहरहाल, जितने भी रिपोर्ताज उपलब्ध हैं, उनके आधार पर यह तो कहा ही जा सकता है कि रेणु हिन्दी के श्रेष्ठ रिपोर्ताज लेखक हैं। 'श्रेष्ठ' शब्द से यदि किसी को ऐतराज हो तो उसकी जगह 'अप्रतिम' या 'अद्वितीय' शब्द रख लें। रेणु के रिपोर्ताज कथा-साहित्य के अंग हैं, रपट के नहीं। उनकी रचनात्मकता उनके महत्त्व को युगों-युगों तक अक्षुण्ण रखनेवाली है। जो लोग रेणु की कहानियाँ पढ़कर उनकी 'राजनीति' का अलोप पाते हैं, उन्हें तो ये रिपोर्ताज अवश्य ही पढ़ना चाहिए।

रेणु की पहली प्रकाशित कहानी है—'बटबाबा'। इस कहानी की संरचना का यदि विवेचन करें तो इसमें रिपोर्ताज के सभी तत्त्व नजर आएँगे। कारण यह है कि यहाँ कथा का पूरा वृत्तान्त आँखों देखा है। गाँव से सटे, सड़क किनारे का वह पुराना वट वृक्ष देखते ही देखते सूख जाता है। गाँव के लोग निरधन साहू की दुकान पर इकट्ठा होते हैं और इसे एक बड़े हादसे के रूप में लेकर तरह-तरह की चर्चा करते हैं। इस कहानी के केन्द्र में है वह 'वट वृक्ष' जो एक महान देवऋषि की तरह भूख, महामारी और अनेक संकटों में भी गाँववालों के मन में आस्था, विश्वास और जिजीविषा जगाए रहता था। इस कहानी में ही रेणु की समग्र दृष्टि सम्पूर्ण गाँव के जीवन पर है और बहुत कम शब्दों में ही वे गाँव के एक-एक पात्र का स्केच जीवंत्त रूप में उपस्थित कर देते हैं। इस तरह से उनका ध्यान एक बड़े परिदृश्य को सामने घटित होते हुए दिखाने की यह अनुपम शैली जो उनकी कथा-रचनाओं की दुर्लभ विशेषता है, इस पहली कहानी में ही दिखाई पड़ता है। इसीलिए यह कहानी होते हुए भी कथा-रिपोर्ताज के सभी तत्त्वों को समेटे हुए है। इस रचना की अन्तिम पंक्तियों को देखें :

"आज प्रातःकाल ही जमींदार के अमले-सिपाही चालीस-पचास मजदूर लेकर आए, गाँव के मजदूर भी बेगार में पकड़े गए। लड़ाई का जमाना है, जलावन की भारी कमी। जमींदार साहब का हुक्म है कि पेड़ काटा जाएगा। लोग आपस में कानाफूसी कर बातें करने लगे। एक ही साथ पेड़ के सूखे तने पर साठ-साठ कुल्हाड़ों का वार हुआ—'धड़-धड़ धड़-धड़-खड़ाक...'। गाय-बैल, घोड़े-बकरे चौंककर गाँव से भागे। कुत्ते भौंकने लगे, भयभीत पक्षियों ने कलरव आरम्भ कर दिया। छोटे-छोटे बच्चे डरकर माँ की छाती से चिपट गए। गाँव के अर्धनग्न नर-

नारियों तथा शिशु के कंकालों की कतार...एकटक से देख रही थी। कोई-कोई मर्द भी फूट-फूटकर रो रहा था, मानो सबों के कलेजे पर ही कुल्हाड़े चलाए जा रहे हैं।

...धड़-धड़-धड़-धड़ाम...आर्तनाद कर पेड़ गिरा। फिर गाँव में भारी कोलाहल...!''

अब इस दृश्यालेख में देखें। प्रथम तीन वाक्यों में कहानी के दृश्य-बन्ध को स्थापित किया गया है। फिर एक साथ कुल्हाड़ों के वार की ध्वनि के स्वर का अंकन किया गया है। उस ध्वनि से उत्पन्न होनेवाले पशु-पक्षियों एवं फटेहाल, भूखे-नर-कंकाल बने ग्रामीण जनों के मन पर भय की लहरों को उकेरा गया है, जो मात्र मूकदर्शक है। गाँववालों की आस्था के प्रतीक बटबाबा को खंड-खंड होते हुए देखकर और जब आर्तनाद करते हुए बटबाबा धराशायी हुए तो गाँव में सिर्फ कोलाहल ही हो सकता है। इस तरह रेणु अपनी पहली रचना में कथा की अपनी तमाम बारीकियों के साथ उपस्थित होते हैं, जिसके निर्माण में उनके रिपोर्ताज शैली का अपूर्व योगदान है। साथ ही, यह मर्मस्पर्शी भी बन पड़ी है। यदि दृश्य मर्मस्पर्शी नहीं हो पाता, तो इतना प्रभावशाली भी नहीं लगता।

रेणु की कथा-रचनाएँ—चाहे वे कहानी हों, कथा-रिपोर्ताज हो या उपन्यास-अपनी प्रभान्विति और रस उद्रेक करने के कारण ही महान कथा-कृतियाँ बन गई हैं। साथ ही, यथार्थ पर उनकी गहरी पकड़ है। कारण यह है कि जो वृत्तान्त वे प्रस्तुत करते हैं, वह आँखों-देखा है। रेणु की इस विशेषता को पहली बार अज्ञेय ने लक्षित करते हुए लिखा है : ''श्रेष्ठ साहित्य परिचित को नया और पहचाने को अजनबी कर देता है। श्रेष्ठ साहित्य का एक लक्षण यह भी है कि वह वस्तु को निर्मम आँखों से देखता हुआ एक निर्मल कारुण्य के रस से अतिरिक्त भी करता चलता है : वास्तव कितना भी कठोर हो, सूखा नहीं होने पाता। वह बेपनाह कारुण्य हमें रेणु की कथा-सृष्टियों में मिलता है, यह उनका सबसे बड़ा गुण है और इसी कारण वह समाज के हर वर्ग के 'अपने' लेखक हैं : उनके भी, जो रेणु के चरित्रों के दुख-दर्द के साथ पसीज उठते हैं, रो उठते हैं और इन गुणों को भी और अनगढ़पन पर खीझते हैं, झल्ला उठते हैं और इन गुणों को और भी गुणवत्ता दे देता है उस कारुण्य में विनोद का पुट—यह उस करुणा को भावुकता से भी बचा लेता है और बोझिली दया से। रेणु की कृतियों का प्रिय क्षेत्र कोसी नदी का क्षेत्र है। उस नदी को रूपक का आधार बनाकर कहें कि कोसी की बाढ़ की तरह रेणु की करुणा उमड़ती है और बाढ़ उतरने पर छोड़ दिए गए असंख्य जल-कोशों की भाँति ही वह करुणा सलिल-विनोद के सरोवरों में निथुरता बनी रहती है। बाढ़ का पानी तो पानी है, वह निथुरा जल 'सलिल' है, 'जीवन' है।''

रेणु की प्रथम कहानी 'बटबाबा' में जिस तरह उनके लेखन के तमाम तत्त्व मौजूद हैं और यह कथा-रिपोर्ताज के करीब है, किन्तु उनका पहला रिपोर्ताज

'बिदापत नाच' में उनकी लेखन-शैली की तमाम विशेषताएँ और भी सघन रूप से मौजूद हैं। इसमें इस नाच के विषय में प्रारम्भिक जानकारी संक्षेप में देने के बाद ही सीधे वे दलितों की बस्ती में ले जाते हैं, जहाँ यह नाच चल रहा है। लगता है, मानो लेखक ने पाठकों को एक रंगमंच के सामने बिठा दिया है और वह 'बिदापत नाच' नामक रचना पढ़ नहीं रहा है, अपितु उसे देख रहा है। अनेक पात्र हैं, जिनकी दुख-गाथाएँ हैं, किन्तु विनोद और मनोरंजन के लिए वे स्वाँग करते हैं। इसमें संगीत और लयात्मक काव्यात्मकता के साथ भावों की अनेक नाटकीय भाव-भूमियाँ हैं। जहाँ शृंगार है, हँसी-ठिठोली है, मृदंग और मँजीरे की अर्थ-ध्वनियाँ हैं, सम्मोहक परिदृश्य है और अन्त में रेणु इस टिप्पणी के साथ इस रिपोर्ताज को समाप्त करते हैं–"दुखी-दीन-अभावग्रस्तों ने घड़ी भर हँस-गाकर जी बहला लिया, अपनी जिन्दगी पर भी दो-चार व्यंग्य-बाण चला लिया, जी हलका हो गया। अर्धमृत वासनाएँ थोड़ी देर के लिए जगीं, अतृप्त जिन्दगी के कुछ क्षण सुख से बीते। मिहनत की कमाई मुट्ठी भर अन्न के साथ-साथ आज उन्हें थोड़ा-सा 'मोहक प्यार' भी मिलेगा, इसमें सन्देह नहीं।...आप खोज रहे हैं–आर्ट, टेकनीक और न जाने क्या-क्या, और मैं आपसे चलते-चलाते फिर भी अर्ज करता हूँ यह महज बिदापत-नाच था।"

रेणु के इन कथा-रिपोर्ताजों की साहित्यिक महत्ता तो है ही, इनका समाजशास्त्रीय महत्त्व भी है। चूँकि ये रेणु की रचनात्मक उपलब्धियाँ तो हैं ही, समय की शिला पर अंकित ये ऐसे दस्तावेज की तरह हैं, जिनमें यथार्थ की अनेक परतें हैं, जिनके विश्लेषण एवं मूल्यांकन से ही उनकी तहें खोली जा सकती हैं। चूँकि रेणु की इन कथा-उपलब्धियों को 'आंचलिक' कहकर पहचाना जाता है, किन्तु गहराई से देखें तो इनका राष्ट्रीय सन्दर्भ है। यही कारण है कि रेणु की आंचलिकता जितनी महत्त्वपूर्ण है, उसका अतिक्रमण उससे भी अधिक महत्त्वपूर्ण है। इस सन्दर्भ में रघुवीर सहाय लिखते हैं–"जैसा हिन्दी आलोचना-जगत् का स्वभाव रहा है, विलक्षणता और विचित्रता खोजकर उससे चौंकनेवाले को आतुर सहृदयों ने रेणु की शैली को आंचलिक कहकर अपने को नागर जताने का प्रयत्न किया था। पर वह उनके अपने व्यक्तित्व की, न आंचलिक न नागर, बल्कि विश्वसनीय अभिव्यक्ति है। आंचलिक-जैसी कोई शैली या विषयवस्तु भी होती है, यह मानना राजनीतिक केन्द्रीकरण के वजन पर किसी सार्वदेशिक साहित्य के दम्भ की प्रतिष्ठा करना है।"

रेणु के कथा-साहित्य में रिपोर्ताज-विधा की केन्द्रीय भूमिका है। जैसा कि पहले ही बताया गया कि अपने प्रारम्भिक कथा-लेखन से लेकर अपने वृहद् कथात्मक कृति 'मैला आँचल' एवं 'परती : परिकथा' की महीन बुनावट एवं कलात्मक संरचना में उनके रिपोर्ताज-शैली का गहरा योगदान है। यही कारण है कि रेणु अपने समय और समाज के यथार्थ के अनुपम चितेरे हैं। उनके कथा-पात्र सीधे-सीधे जीवन-यथार्थ से उठाए गए हैं और घटनाओं-परिघटनाओं को तो

मानो वे साक्षात् देखते हैं और अपनी लेखनी से उसे जीवन्त बना देते हैं। अपने उपन्यासों और अपनी कहानियों में जिस तरह वे अपनी चित्रमयता, रंगों एवं ध्वनियों की गतिमयता को उपस्थित करते हैं, वैसा ही अपने रिपोर्ताजों में भी करते हैं। यही कारण है कि उनके कथा-साहित्य में रिपोर्ताज-विधा का महत्त्वपूर्ण स्थान है। साथ ही साथ हिन्दी साहित्य में भी अनेक साहित्यकारों ने इन्हें स्थायी महत्त्व का माना है।

हिन्दी साहित्य में कथालोचन को गम्भीरता से लेनेवाले और इसी में अपना जीवन समर्पित कर देनेवाले वरिष्ठ आलोचक डॉ. मधुरेश ने रेणु के रिपोर्ताजों के महत्त्व पर सुचिन्तित विचार प्रकट किए हैं–''रेणु के रिपोर्ताजों में उनके लेखन की प्रायः सारी विशेषताएँ एक साथ मौजूद हैं। इन्हें पढ़ने के दौरान अपने समूचे परिवेश के प्रति लेखक की साझेदारी का अहसास हमेशा बना रहता है। यह ठीक है कि इस साझेदारी का रूप और स्तर, स्थितियाँ और अनुपात हमेशा एक-से नहीं हैं लेकिन उनकी उपस्थिति यहाँ पूरी तरह से कभी और कहीं गायब नहीं हैं।''

रेणु का जीवन एवं परिवेश से गहरा जुड़ाव था। यही कारण है कि उनमें एक सूक्ष्म दृष्टि थी, जिससे उन्होंने अपने समाज को देखा और चित्रित किया था। इस सन्दर्भ में फारबिसगंज में 'सर्जना' की संगोष्ठी में दिया गया व्यक्तत्व, जो 'दिनमान' साप्ताहिक के 11 मार्च, 1966 के अंक में छपा था, यहाँ उद्धृत करना समीचीन होगा। रेणु ने कहा था–''साहित्यकार को चाहिए कि वह अपने परिवेश को सम्पूर्णता और ईमानदारी से जिए। वह अपने परिवेश से हार्दिक प्रेम रखे, क्योंकि इसी के द्वारा वह अपनी जरूरत के मुताबिक खाद प्राप्त करता है। इस प्रेम का मतलब यह कदापि नहीं है कि वह अपने सन्दर्भों की विषमताओं और असंगतियों पर दृष्टिपात न करें। वह परिवेश से प्रेम इसलिए करे कि वह उसके मूल्यों के साथ ही विषमताओं और असंगतियों से खुलकर और गहरा परिचय प्राप्त कर सके। दोनों प्रकार के चित्रण का औचित्य ही साहित्यिक ईमानदारी कहा जाएगा। लेखक के सम्प्रेषण में ईमानदारी है तो रचना सशक्त होगी–चाहे जिस विधा की हो। साहित्य की पौध बड़ी नाजुक और हरी होती है। इसे राजनीति की भैंस द्वारा चर लिये जाने से बचाए रख सकें, तभी इसकी फसल हमें मिल सकती है। एक कीड़ा होता है अँखफोड़वा, जो केवल उड़ते वक्त बोलता है–भन्-भन्-भन्। क्या कारण है कि वह बैठकर नहीं बोल पाता? सूक्ष्म पर्यवेक्षण से ज्ञात होगा कि यह आवाज उड़ने में चलते हुए पंखों की है। सूक्ष्मता से देखना और पहचानना साहित्यकार का कर्तव्य है–परिवेश से ऐसे ही सूक्ष्म लगाव का सम्बन्ध साहित्य से अपेक्षित है।'' रेणु की कला और कथाशिल्प को नागार्जुन ने इन शब्दों में रूपायित किया है–''कथाकार फणीश्वरनाथ रेणु घनी बुनावट और विविध छवियों वाली बहुरंगी छवियाँ उरेहने के लिहाज से सर्वथा अपूर्व शब्द-शिल्पी थे। रेणु के यहाँ न तो

कथ्य-सामग्री का टोटा था और न शैलियों के नमूनों का अकाल। सामाजिक घनिष्ठता रेणु को कभी गुफा-निबद्ध नहीं होने देती थी। वह जहाँ भी रहे, लोग उन्हें उन्हें घेरे रहते थे।''

अपनी सामाजिक घनिष्ठता की अनेक अर्थ-छवियों को रेणु ने अनूठी सर्जनशीलता के साथ आत्मीयतापूर्ण ढंग से अभिव्यक्त किया है, जिसके कारण उनके कथा-साहित्य में एक अद्‌भुत प्रकार की तरलता, भावप्रवणता एवं विलक्षणता आ गई है। कहना न होगा कि उनके रिपोर्ताज भी घनी बुनावट एवं विविध अर्थ-छवियों को उद्‌घाटित करते हुए उसी विशिष्ट कथा-शिल्प के उदाहरण हैं।

रेणु के रिपोर्ताजों की पहली कलागत विशेषता यह है कि वह थोड़े से कथात्मक विवरण के बाद सीधे-सीधे दृश्य-जगत् के बीच हमें ले जाती है और पाठक की आँखों के सामने जीवन की हलचल को साकार कर देते हैं। पाठक तब उनके रिपोर्ताज को पढ़ते हुए साक्षात् उन दृश्यों को देखने लगता है। 'बिदापत-नाच' नामक उनके पहले ही रिपोर्ताज का यह दृश्य-बन्ध देखिए-

''आइए, आज आप भी मेरे साथ थोड़ी देर के लिए भद्रता का चोगा उतार फेंकिए। वहाँ, मुसहर टोली में जो भीड़ जमा है, वहीं आज 'बिदापत-नाच' होने जा रहा है। कोल, मुसहर और घाँगड़ की सारी बस्ती उमड़ आई है। युवक-युवतियाँ, बूढ़े, बच्चे-सभी नाच शुरू होने की प्रतीक्षा कर रहे हैं।

धृंग-धा, धृंग-धा तिन्ना-मृदंग बजकर चुप हो गया।

कुन-कुन-कुन-कुन-मँजीरे ने एक स्वर में साथ दिया।

'गननायकं फलदायकं पंडितम् पतितम्...'

आप हँस पड़े। यदि नाच देखना हो, तो चुपचाप देखते-सुनते जाइए। हँसिए-बोलिए मत।...जी हाँ, यह मंगलाचरण था। शुद्ध संस्कृत?

'धृंगा धृंगा धृंगा धृंगा'-मृदंग बोलने लगा।

'किनकाँ किनकाँ किनकाँ किनकां'-मंजीर ने साथ दिया।

नर्तन ने समाजिए के चारों ओर भाँवरी देना शुरू किया। 'बिकटा' भी उसके पीछे-पीछे चक्कर लगा रहा है और मृदंग के प्रत्येक 'धृंगा' पर मुँह विकृत कर जोर-जोर से 'ओय्-ओय्-ओय्' करता है।''

यह है रेणु के दुर्लभ कला-संयोजन की प्रतिभा! एक अद्‌भुत और विलक्षण कथा-शिल्प! वे अपने कथा-क्षेत्र में ले जाते हैं, पर आप तभी वहाँ जा पाएँगे, जब आभिजात्य और भद्रता का चोंगा उतार फेंकेंगे। फिर आप जब उस कथा-क्षेत्र में पहुँचते हैं तो सामान्य या दलित लोगों के बीच ही आपको खड़ा होना होता है। दृश्य और श्रव्य माध्यमों के द्वारा वे अनोखी व्यंजना करते हैं। मृदंग और मँजीरे की संगीतात्मक ध्वनियों के साथ गणेश-वन्दना की जा रही है। पर यह क्या-'गननायकम् फलदायकम्' तो ठीक है, पर यह 'पंडितम् पतितम्' इसके मेल में कहाँ बैठता है।

इस बेमेल और विषमवादी स्वर को सुनकर आप हँस पड़े। रेणु कहते हैं, अभी हँसिए मत, चुपचाप नाच देखते-सुनते चलिए। अर्थात् बिदापत-नाच को देखना भी है और सुनना भी। यानी यह दृश्य भी है और श्रव्य भी। मृदंग भी बोलता है–'धृंगा' और मंजीर उससे पूछता है 'किनकाँ'। अर्थात् 'धृंगा' एक भर्त्सना का स्वर है और 'किनकाँ' अर्थात् किनको। विदूषक की मुद्रा में बिकटा अपने हावभाव से क्या सिर्फ हास्य की प्रस्तुति कर रहा है? क्यों वह मृदंग के प्रत्येक 'धृंगा' पर मुँह विकृत कर जोर-जोर से 'ओय्-ओय्-ओय्-ओय्' करता है। सदियों से दबा हुआ मनुष्य मानो संकेतों में अपनी पीड़ा और मर्माहत अन्तरमन को ही हास्य की मुद्रा में वाणी दे रहा है। इस हास्य की भूमि में पीड़ा की अन्त:सलिला है। रेणु की यह कलागत विशेषता ही उनके रिपोर्ताजों को साहित्य बनाती है। वे सिर्फ कठोर जीवन-यथार्थ का चित्रण ही नहीं करते उनमें भावमयता-रसमयता का भी संचार करते हैं। साथ-ही-साथ उनके रिपोर्ताजों में व्यंग्य भी है, वक्रोक्ति भी है। उनमें करुणा भी है और हास्य भी। कभी हास-परिहास के बीच अचानक हृदय-विदारक दृश्य उपस्थित हो जाता है। उनमें विसंवादी स्वर है, जिसे उन्होंने कलात्मक संयम के साथ चित्रित किया है।

रेणु के रिपोर्ताजों में कला की अनेक परतें हैं। वे अपने दृश्यों को संगीतबद्ध, लयबद्ध करके प्रस्तुत करते हैं। कोसी की जब बाढ़ आती है तब उस प्रलय से बचने के लिए गाँव के लोग कोसी की स्तुति में गायन करने लगते हैं–

"मृदंग-झाँझ के ताल पर फटे कंठों के भयोत्पादक सुर...कि आहे-मैया-कोसका-आ-आ-हैय मैया तोहरो-चरनवाँ-गे मैया अड़हुल-फुलवा कि-हैय-मैया-हमहु-चढ़ायब-हैय...।

धिन-तक धिन्ना, धिन-तक-धिन्ना!
...छम्मक-कट-छम, छम्मक-कट-छम!

उतराही-गाँव का एकमात्र 'पढ़ुआ-पागल' हँसता हुआ इसी ताल पर जनकवि नागार्जुन की कविता की आवृत्ति कर रहा है–ता-ता-थैया, ता-ता-थैया, नाचो-नाचो कोसी मैया...।

और सचमुच इसी ताल पर नाचती हुई कोशी मैया आई और देखते-ही-देखते खेत-खलिहान-गाँव-घर-पेड़-सभी इसी ताल पर नाचने लगे-ता-ता थैया, ता-ता थैया,...धिन तक धिन्ना, छम्मक-कट-छम!

–मुँह बाए, विशाल मगरमच्छ की पीठ पर सवार दस-भुजा कोसी नाचती, किलकती, अट्टहास करती आगे बढ़ रही है।"

जिस लोकधुन पर गाँववाले मृदंग-झाँझ लेकर कोशी को गुहार रहे हैं कि ओ माँ कोसी, हमारी रक्षा करो। प्रलय मत मचाओ। हमें बेघर मत करो। मौत का तांडव मत करो। हम तुम्हारे चरणों में अड़हुल का फूल चढ़ाएँगे। दूसरी तरफ उसी

धुन पर एक पढ़ा-लिखा नौजवान जनकवि नागार्जुन की कविता का झूम-झूम कर गायन कर कोसी के इस प्रलय-नृत्य का आवाहन कर रहा है और उसी धुन पर नाचती हुई, किलकारियाँ भर्ती हुई, अट्टहास करती हुई दसभुजाधारी कोसी मैया मगरमच्छ पर सवार होकर आ गई। रेणु ने इस दृश्य को कला के कितने महीन धागों से बुनकर तैयार किया है! इसमें लयबद्धता, संगीतबद्धता के साथ-साथ एक भीषण यथार्थ का कितना कलात्मक चित्रण हुआ है। बाढ़ आने के बाद गाँव के लोग अपने अस्तित्व-रक्षा के लिए किस तरह संघर्ष करते हैं, इसका वे विस्तृत वृत्तान्त प्रस्तुत नहीं कर सिर्फ कुछ सामूहिक आवाजों को उनकी विभिन्न भंगिमा में प्रस्तुत कर देते हैं। यह दुर्लभ रचनात्मक क्षमता सिर्फ रेणु जैसे कथाशिल्पी में ही दिखाई पड़ती है—

"माय गे-ए-ए-ए-ए-बाबा हो-ओ-ओ-ओ-दुहा-ई-ई-सँभल के-ले-ले गिरा-गिरा-छप्पर पर चढ़ जा-ए सुगनी रे...रमललवा-आ-आ, दीदी-ई-ई, हाय-हाय, माय-गे-बाबा-हो-हो, हे इस्सर महादेव-ले-ले गया-गया-डूबा-डूबा-आँगन में छाती-भर पानी-यह छप्पर कमजोर है, यहाँ नहीं-यहाँ जगह नहीं-हे-हे ले-ले गिरा-भैंस का बच्चा बहा रे-ए-ए-ए-डोमन ए-डोमन-साँप-साँप-जै गौरा पारबती-रस्सी कहाँ है—हँसिया दे-बाप रे बाप-ता-ता थैया, ता-ता थैया, नाचो-नाचो कोसी मैया-छम्मक-कट—छम...!"

यहाँ विभिन्न ग्राम-वासियों की चीख-पुकारें हैं। अपने जीवन को बचाए रखने की जद्दोजहद है। प्रलय की विभीषिका से लड़ते हुए दीन-दुर्बल मनुष्यों की करुण चीत्कारें हैं। ईश्वर से प्रार्थना है। पर कोसी का प्रलय-नृत्य नहीं रुकता। वह भीषण-से-भीषण होता चला जाता है। रेणु सिर्फ कुछ आवाजें और ध्वनियों को प्रस्तुत कर एक हाहाकारी दृश्य को साकार कर देते हैं। यहाँ श्रव्य ही दृश्य में बदल जाता है। यह है रेणु का कला-कौशल। इसी दृश्य-बन्ध को कोई दूसरा यथार्थवादी कथाकार कई पृष्ठों में समाहित कर लेता, किन्तु रेणु इसे कितने कम शब्दों में प्रस्तुत कर देते हैं। वे जीवन-संघर्ष को उजागर करने में ही अपनी कला का चरमोत्कर्ष पाते हैं।

रेणु की कला को जानने और समझने के लिए प्रेमचन्द के इस विचार को हमेशा ध्यान में रखना होगा—"कला नाम था और अब भी है, संकुचित रूप-पूजा का, शब्द-योजना का, भाव-निबन्धन का। उसके लिए कोई आदर्श नहीं है, जीवन का कोई ऊँचा उद्देश्य नहीं है—भक्ति, वैराग्य, अध्यात्म और दुनिया से किनाराकशी उसकी सबसे ऊँची कल्पनाएँ हैं। हमारे उस कलाकार के विचार का चरम लक्ष्य नहीं है। उसकी दृष्टि अभी इतनी व्यापक नहीं कि जीवन-संग्राम में सौन्दर्य का चरमोत्कर्ष देखे। उपवास और नग्नता में सौन्दर्य का अस्तित्व सम्भव है, उसे कदाचित् वह स्वीकार नहीं करता। उसके लिए सौन्दर्य सुन्दर स्त्री में है—उस बच्चों

वाली गरीब रूपरहित स्त्री में नहीं, जो बच्चे को खेत की मेड़ पर सुलाए पसीना बहा रही है। उसने निश्चय कर लिया है कि रँगे होंठों, कपोलों और भौंहों में निस्सन्देह सुन्दरता का वास है–उसके उलझे हुए बालों, पपड़ियों पर पड़े हुए होंठों और कुम्हलाए हुए गालों में सौन्दर्य का प्रवेश कहाँ? पर यह संकीर्ण दृष्टिकोण है। अगर उसकी सौन्दर्य देखनेवाली दृष्टि में विस्तृति आ जाए तो वह देखेगा कि रँगे होंठों और कपोलों की आड़ में अगर रूप–गर्व और निष्ठुरता छिपी है, तो इन मुरझाए हुए होंठों और कुम्हलाए हुए गालों के आँसुओं में त्याग, श्रद्धा और कष्ट–सहिष्णुता है। हाँ, उसमें नफासत नहीं, दिखावा नहीं, सुकुमारता नहीं।''

इसीलिए प्रेमचन्द इस बात पर जोर देते हैं कि हमें सुन्दरता की कसौटी बदलनी होगी। रेणु प्रेमचन्द के बाद हिन्दी के दूसरे बड़े कथाकार हैं, जिन्होंने प्रेमचन्द की कला–विषयक इस मान्यता को अपनी कथाकृतियों में सर्वाधिक ध्यान दिया है और जीवन–संग्राम में भूख, बेकारी, निर्धनता से संघर्ष करते इन अभावग्रस्त ग्रामीण मनुष्यों के सौन्दर्य का चित्रण किया है। किन्तु, उनका चित्रण इकहरा नहीं है। वे वर्चस्ववादी सामाजिक जीवन का चित्रण भी उतनी ही तन्मयता से करते हैं और इस वर्ग के अन्तर्विरोधों को व्यंग्यपरक या आलोचनात्मक दृष्टि से उजागर कर 'विरुद्धों में सामंजस्य' स्थापित कर अपने रिपोर्ताजों में एक प्रकार की द्वन्द्वात्मक प्रणाली अपनाते हैं। उनके चित्रण में पात्रों की अपनी दुर्लभ विशेषताएँ उनके बोलने के खास अन्दाज से ही प्रकट हो जाती है। वे मनुष्यों की वाणी के साथ–साथ वाद्य–यंत्रों, मशीनों, पशु–पक्षियों या प्राकृतिक उपादानों के स्वरों का भी अपने रिपोर्ताजों में संयोजन करते हैं, जिसकी अपनी एक गहरी अर्थवत्ता होती है, साथ ही साथ यह कथा–प्रसंग को संवेद्य, शानदार और जीवन्त भी बनाती है।

रेणु ने अपने रिपोर्ताजों में लोकगीत, लोककथा, फिल्मी–गीत, हिन्दी–बांग्ला–उर्दू की काव्य–पंक्तियों का भी भरपूर प्रयोग किया है। और ये प्रयोग सावधानी के साथ किए गए हैं। इससे उनकी अर्थवत्ता बढ़ गई है, साथ ही साथ उनके रिपोर्ताजों को साहित्यिक गरिमा भी मिली है। अपने समकालीन कथाकारों के बीच रेणु की यह दुर्लभ विशेषता है। इस विशेषता के कारण ही उन्हें गाते हुए गद्य का कथाकार भी कहा जाता है। उनके रिपोर्ताज जगह–जगह काव्यात्मक स्पर्श पाकर हमारे भीतर तरह–तरह के भावों का उन्मेष करते हैं। उनमें तरल हास्य सृजित कर गहरी करुणा से सराबोर कर देने की अद्‌भुत कला है। हँसाने और रुलानेवाली यह कथा–चेतना उनके दुर्लभ कथा–शिल्प की पहचान है।

वे अपने रिपोर्ताजों में काव्यात्मक प्रभाव को और गाढ़ा करने के लिए रंगों एवं गन्धों का भी सन्धान करते हैं। उनकी रंगवाही चेतना उनके रिपोर्ताजों की चित्रात्मकता एवं नाटकीयता को सजीव बनाती है एवं गन्धवाही चेतना उनकी ऐन्द्रिक संवेदनशीलता को।

वे अपने रिपोर्ताजों में अनेक भावों, दृश्यों और पात्रों का गत्यात्मक चित्रण करते हुए–जिसमें अनेक उतार–चढ़ाव होते हैं, विषम परिस्थितियाँ होती हैं, विकट समस्याएँ होती हैं–उनका समाहार सम–स्थितियों में करते हैं। बाढ़ की विनाशलीला से जूझने का लोमहर्षक दृश्य, फिर रिलीफ की उलट–फेर, शरणार्थी शिविर में लड़ाई–झगड़ा, जन–प्रतिनिधियों का उस बाढ़ में अपनी राजनीति करना, पत्रकारों की सक्रियता, बाढ़ आने के पहले का रास–रंग–सब धीरे–धीरे तिरोहित हो जाता है और जिन्दगी फिर उसी सम–गति में आती चली जाती है। रेणु ने कितने कलात्मक संयम के साथ इसका समापन किया है, इसे यहाँ देखना आवश्यक है :

"आकाश में गिद्धों की टोली भाँवरी ले रही है। सैकड़ों काले–काले पंख–मँडराते हुए बादलों जैसे।

धरती पर मरे हुए पशुओं की लाशें–कंकाल! हरी–हरी फसलों के सड़ते हुए पौधे!

...दुर्गन्ध–दुर्गन्ध–गन्ध!

...कीचड़–केंचुए–कीड़े–धरती की सड़ी हुई लाश!

सर्वहारा लोगों की टोली, सिर झुकाए, बचे–खुचे पशुओं को हाँकते, बाल–बच्चों, मुर्गे–मुर्गियों, बकरे–बकरियों को गाड़ियों, बहँगियों और पीठ पर लादकर अपने–अपने गाँव की ओर जा रही हैं, जहाँ न उनकी मड़ैया साबित है और न खेतों में एक चुटकी फसल। किन्तु उनके पैर तेजी से बढ़ रहे हैं। तीस–बत्तीस दिन के रौरववास के बाद उनके दिलों में अपने बेघर के गाँव और कीचड़ से भरे खेतों के लिए प्यार की बाढ़ आ गई है।...कीचड़ पर उनके पैरों के छाप दूर–दूर तक अंकित हो रहे हैं।

गाँव फिर बस रहे हैं।"

इस दृश्य–बन्ध को ध्यान से पढ़कर पाठ–विवेचन करें, तो पाएँगे कि पहले आकाश का चित्र आया है, तब धरती का। रेणु ने अपने उपन्यास 'परती : परिकथा' के प्रारम्भ में कोसी–मैया की कहानी कहते हुए एक जगह लिखा है–'थर–थर काँपे धरती मैया, रोए जी आकाश।" यहाँ भी आकाश और धरती की यही हालत है। आकाश में इतने ज्यादा गिद्ध इसलिए मँडरा रहे हैं कि बाढ़ का पानी समाप्त होने पर मनुष्यों एवं पशुओं की लाशों से धरती पटी पड़ी है। कुछ पौधे जो हरे-भरे थे, एक महीना तक पानी में रहकर सड़ गए हैं और दुर्गन्ध फेंक रहे हैं। सड़ी हुई लाशों से पटी हुई धरती के लिए वे कहते हैं–'धरती की सड़ी हुई लाश!'

जिन मनुष्यों एवं पशु–पक्षियों से आबाद यह धरती थी, वह इतनी दयनीय दशा में है और इस धरती के वासी अपना सबकुछ गँवाकर 'सर्वहारा' बन गए हैं। वे फिर इसी धरती को आबाद करने के लिए, उसमें नई जिन्दगी लाने के लिए, उसे

फिर से बसाने के लिए लौटते हैं और कुछ ही महीनों के बाद उस गाँव में फिर से हरियाली लौटती है, जीवन लहलहाता है। जीवन फिर सम-गति, सम-लय, सम-ताल पर चलने लगती है। रेणु की चित्रण करने की कला यहाँ एक दिव्य-स्वरूप प्राप्त करती है :

"आसिन का सूरज रोज धरती को जगाता है। सूखते हुए कीचड़ों पर दूब के अँखुए हरे हुए। जंगली बत्तकों की पाँति 'पैक-पैक' करती हुई चक्कर मार रही है। चील, काग, गिद्ध–सभी प्यारे लगते हैं। गड्ढों में 'कोका' के फूल हैं या बगुले?...हरसिंगार की डाली–फूलों से लद गई। हवा में आगमनी का सुर-माँ आ रही है! भिखारिनी-अन्नपूर्णा माँ! मिट्टी-कीचड़ की प्रतिमा में प्राण-प्रतिष्ठा का मंत्र फूँककर मिट्टी की सन्तान ने पुकारा–माँ-आँ-आँ! हमें क्षमा करें! पूजा के ढोल बजने लगे, सभी ओर। कारी-कोसी की निर्मल-धारा में अष्टमी का चाँद हँसा। शरणार्थी बंगाली मल्लाहों के गीत की एक कड़ी रजनीगन्धा के तुनुक-कोमल डंठलों की तरह टूट-टूटकर बिखर रही है–ओ-रे भा-य-य-य! तोमारि लागिया-बुधुआ-आ-आ काँदे हाय-हाय-उगो पिरित करिया बधुआ मने पस्ताय...! इलाके का 'पछुआ पागल' आजकल 'निराला' की एक ही पंक्ति को बार-बार दुहराता है–"मिट्टी का ढेला शकरपाला हुआ।"

रेणु के रिपोर्ताजों की प्रासंगिकता की पड़ताल करने के पहले यह विचार कर लेना आवश्यक है कि किसी साहित्यिक रचना का मूल्यांकन आज के परिप्रेक्ष्य में प्रस्तुत करने की आवश्यकता क्या है? कोई भी रचना अपने ऐतिहासिक महत्त्व के कारण महान होती है या साहित्यिक सर्जनशीलता का एक दुर्लभ उदाहरण बनकर भी वह महत्त्व प्राप्त करती है, भले ही आज के जीवन की जटिल समस्याओं को सुलझाने में वह अक्षम हो या आज के प्रसंग में वह निरर्थक हो। साहित्य की पुरानी कृतियों का मूल्यांकन करते हुए हमें यह भी विचार कर लेना चाहिए कि वे अपने समय और समाज से किस हद तक सरोकर रखती हैं और उसके वे सरोकार क्या आज के समय में भी कुछ अर्थवत्ता रखते हैं। प्रासंगिकता साहित्य के पैमाने का एक ऐसा पहलू है, जिस पर रखकर बहुत सारी परम्परा से प्राप्त विरासत को नकारा भी जाता रहा है। प्रासंगिकता साहित्य को इस दृष्टि से देखने की हिमायती है कि वह कृति आज के सन्दर्भ में भी कितना जीवन्त है एवं उसके द्वारा उठाए गए प्रश्न आज भी बरकरार हैं। हिन्दी के कृति-आलोचक डॉ. नामवर सिंह ने 'प्रासंगिकता का प्रमाद' नामक एक वैचारिक निबन्ध लिखकर कुछ जरूरी सवाल उठाए हैं, जिन्हें जान-समझ लेने के बाद रेणु के रिपोर्ताज-साहित्य की प्रासंगिकता पर विचार किया जाएगा।

नामवर सिंह ने प्रासंगिकता के प्रश्न को चुनौती देते हुए कई जरूरी सवाल उठाए हैं–"प्रासंगिकता क्या वही है जो हमारे विचारों का अनुमोदन करता है और

आज के अनुकूल है? जो आज से भिन्न है और हमें चुनौती देता है, वह प्रासंगिक क्यों नहीं? आज यह सवाल उठाना इसलिए जरूरी है कि प्रासंगिकता की चिन्ता प्रमाद की सीमा तक बढ़ गई है। अतीत के हर बड़े लेखक को किसी-न-किसी तरह समकालीन बनाने की ऐसी कोशिश हो रही है कि अतीत की अतीतता तो सुरक्षित रही ही नहीं, वर्तमान की अपनी विशिष्टता भी लुप्त हो रही है—यहाँ तक कि अतीत और वर्तमान का अन्तर मिटता जा रहा है और इस तरह आज की ज्वलन्त समस्याओं से बच निकलने का एक बहाना मिल रहा है।''

नामवर सिंह ने प्रासंगिकता को लेकर जरूरी सवाल उठाए हैं। उनका मानना है कि प्रासंगिक सिर्फ वही नहीं है जो हमारे भावों या विचारों के अनुकूल है। साथ-ही-साथ जो आज के भी अनुकूल है। वे कहते हैं कि वे कृतियाँ भी प्रासंगिक हैं जो आज के रचना-समय के प्रतिकूल होकर भी हमें चुनौती देती हैं। अतीत और वर्तमान के बीच समय ही नहीं, बल्कि बहुत-कुछ बदलाव भी होता है और उसे रेखांकित किए बगैर दोनों के अन्तर को प्रासंगिकता के सवाल पर मिटा देना, आज की ज्वलन्त समस्याओं से बचने का बहाना है। इस सन्दर्भ में नामवर सिंह आगे बताते हैं कि हमारे पूर्वज साहित्यकारों की प्रगतिशील व्याख्याओं का ऐतिहासिक महत्त्व है, किन्तु सावधानी नहीं बरती जाती और ''कुछ समान प्रगतिशील तत्त्वों के कारण अतीत के प्राय: सभी महान लेखक एक रूप से दिखाई पड़ते हैं—यहाँ तक कि उनके चेहरे की निजी विशिष्टता भी खो जाती है।''

आगे नामवर सिंह बर्टोल्ट ब्रेष्ट के 'अलगाव-प्रभाव' सिद्धान्त के आधार पर यह स्थापित करते हैं कि ''अतीत की कृतियों को आज के लिए प्रासंगिक बनाने का सबसे वैज्ञानिक और वस्तुनिष्ठ ढंग यह है कि अपने और उनके बीच की दूरी को सुरक्षित रखा जाए और इस प्रकार पाठकों में उस आलोचनात्मक विवेक को जाग्रत् रखा जाए, जिससे वे अतीत की महान से महान कृति के अपने अन्तर्विरोधों के प्रति सजग रहे।...अतीत की किसी कृति के साथ पूर्णत: तादात्म्य स्थापित करने के लिए उसकी ऐतिहासिकता को तो मिटाया ही जाता है, अक्सर उसके अन्तर्विरोधों को भी खत्म करना पड़ता है।...इस भ्रम से बचने का एक ही उपाय है और वह है पार्थक्य का सतत विवेक। क्या इस विवेक में प्रासंगिकता सम्भव नहीं है?

नामवर सिंह के द्वारा सुझाए गए प्रासंगिकता के प्रश्नों के आलोक में कुछ और बातों को ध्यान में रखते हुए रेणु के रिपोर्ताजों की प्रासंगिकता पर कुछ जरूरी बातें यहाँ प्रस्तुत की जा रही हैं—

रेणु के रिपोर्ताज 1945 ई. से 1975 ई. के बीच रचित हैं। ये जिन सामाजिक, राजनीतिक, सांस्कृतिक परिदृश्यों को अंकित करने के लिए रचे गए थे, वे सभी इतिहास के अंग बन चुके हैं। आज समय बहुत आगे निकल गया है। जिस तेजी से भारत में शहरीकरण बढ़ा है, उसी तेजी से गाँवों की शक्ति क्षीण हुई है।

कारण यह है कि गाँव के लोगों में भी शहरीकरण की प्रवृत्ति अत्यधिक बढ़ी है। इस तरह भारतीय समाज का परम्परित ढाँचा काफी-कुछ बदल चुका है। यह बदलाव रेणु के अपने समय में भी काफी कुछ हो चुका था। उनकी एक कविता की पंक्तियाँ हैं–

वह बोला–*"चस्का नाटक का अब भी लगा हुआ है*
जहाँ कहीं हो रहा डरामा, वहीं दौड़ जाता हूँ
लेकिन भाई कहाँ बात वह, अपना हाय जमाना!
पाट द्रौपदी का करती है अब तो खूद जनाना!"
नाटक से फिर बात दीन-दुनिया की ओर मुड़ी तो
उसके मुखड़े पर छन-भर मायूसी फैल गई थी
लम्बी साँस छोड़ बोला था, "सब फाँकी है यार
सभी चीज में यहाँ मिलावट, खाँटी कहीं नहीं है
कुछ भी नहीं पियोर, प्यार भी खोटा ही चलता है
गाँवों में भी अब विलायती मुर्गी बोल रही है।

समय के बदलाव का तीखा एहसास रेणु को था। तेजी से बदलते हुए जीवन के साथ वे चलने की कोशिश करते थे। परिवर्तन की एक-एक बारीक-से-बारीक बातों को वे पकड़ते थे और अपने अनोखे अन्दाज में अभिव्यक्त करते थे। बदलती हुई जीवन परिस्थितियाँ चूँकि ह्रासमूलक ज्यादा थीं, इसलिए उनमें गहरा अवसाद-बोध भी था। भारतीय राजनीति आजादी के बाद लगातार पतनशील होती चली गई, जनता की निर्धनता भी बढ़ती गई, किसानों और मजदूरों की क्रान्तिकारी चेतना लुप्त हो गई, लेखकों में 'बौद्धिक जुगाली' की प्रवृत्ति बढ़ती गई और वे भोगवादी प्रवृत्ति के शिकार होते गए। लोक-संस्कृति जो भारतीय जीवन की पहचान थी, छिन्न-भिन्न होकर रह गई। प्रकृति का निरन्तर दोहन के कारण वह नष्ट-भ्रष्ट हो गई। यह रेणु के जीवन-काल में ही हुआ, और इसका तीखा एहसास उनके रिपोर्ताजों में जगह-जगह दिखलाई पड़ता है। इसलिए रेणु की ये कृतियाँ कोई बहुत पुराने लेखक की लिखी नहीं ज्ञात होतीं, उनमें स्वातंत्र्योत्तर भारत की बदलती हुई सामाजिक, राजनीतिक, आर्थिक एवं सांस्कृतिक पतन के वे तमाम दृश्य मौजूद हैं, और वह प्रक्रिया आज भी निरन्तर जारी है। इसलिए प्रासंगिकता के नामवर सिंह द्वारा उठाए सवालों के बरक्स रेणु की ये कृतियाँ बासी ही नहीं पड़ी हैं कि प्रासंगिकता का सवाल हल कर उसे ताजा या समकालीन किया जाए। उनकी जीवन्तता इस बात में है कि इन रिपोर्ताजों में अभिव्यक्त रेणु की जो जीवन-दृष्टि और जीवन-जिज्ञासा है, वह वर्तमान समय में भी जागरूकता पैदा करने, राजनीति के छल-छद्म को पहचानने, सामाजिक अन्तर्विरोधों से जूझने और आर्थिक बदहाली से उबरने की क्रान्तिकारी चेतना से सम्पन्न है। आज भी प्राकृतिक आपदाएँ समय-समय पर उपस्थित होती हैं

और देश की गिरी हुई व्यवस्था के कारण हृदय-विदारक दृश्य देखने को मिलते हैं। बाढ़ और अकाल के महातांडव में विनाश-लीला का दृश्य रेणु ने अपने रिपोर्ताजों में जिस प्रकार अभिव्यक्त किया है, वह अब भी ताजा है। इसलिए रेणु के रिपोर्ताज जब बासी ही नहीं पड़े, तो उन्हें प्रासंगिक सिद्ध करने की आवश्यकता नहीं। महत्त्वपूर्ण है उसकी प्रेरक शक्तियों को पहचानना और अपने समय एवं समाज को सही दिशा की ओर ले जाना।

बहुत सारा लिखा गया साहित्य अपने ही समय में अप्रासंगिक हो जाता है, क्योंकि उसका राष्ट्रीय जीवन एवं उसकी समस्याओं से कुछ लेना-देना नहीं होता। देश-काल को ओझल कर शाश्वत मूल्यों को उकेरने के क्रम में न वह समकालीन बन पाता है, न कालातीत। कोई भी साहित्य-समयबद्ध और जीवनबद्ध होकर ही समकालीन बनता है, प्रासंगिक बनता है और उसकी प्रासंगिकता आगे भी बरकरार रहती है।

रेणु अपने रिपोर्ताजों में इतने जीवन-प्रसंगों, विभिन्न सन्दर्भों, साहित्य और लोक-गीत और लोक-जीवन को समेटते हैं जिससे उनकी रचना अधिक जीवन्त, सार्थक और पठनीय हो जाती है। ये सभी प्रसंग इस तरह प्रयुक्त होते हैं कि कहीं भी असंगत और पैबन्द नहीं लगते। उनके रिपोर्ताजों में कुछ भी व्यर्थ नहीं है। रेणु इनका ऐसा रचनात्मक उपयोग करते हैं कि उनमें नई कलात्मकता तथा नई अर्थवत्ता पैदा हो जाती है। भले वह फिल्मी ही क्यों न हो। बाढ़ का फोटो लेने पहुँचे किसी फोटोग्राफर को किसी लड़के के द्वारा अपने पैंट के अग्रभाग के एक विशेष स्थान की ओर संकेत करके कहना–'इसका फोटो लो।' सब कुछ अर्थवान, सन्दर्भयुक्त। वे ऐसी भाषा का प्रयोग भी करते हैं, जिससे सारे प्रसंग जीवन्त एवं प्राणयुक्त हो उठते हैं।

रेणु के रिपोर्ताजों में विविध प्रकार के जीवन-प्रसंग हैं। ये प्रसंग इतने जीवन्त एवं रसग्राही हैं कि यही प्रसंग उनके रिपोर्ताजों को प्रासंगिक बनाते हैं। जिस साहित्य में विविध प्रसंगों का अभाव होता है, वह प्रासंगिक भी नहीं बन पाता। बकौल मैनेजर पांडेय, "ग्राम्शी ने लिखा है कि एक ही ऐतिहासिक यथार्थ की अभिव्यक्ति करनेवाले दो लेखकों में से एक उस यथार्थ का कलाकार सिद्ध होता है और दूसरा केवल प्रवक्ता। आखिर क्यों? क्यों सूखा और बाढ़ पर लिखी रेणु की रपट रचना बन जाती है और अनेक लेखकों की रचनाएँ-कहानियाँ और यहाँ तक कि कविताएँ भी निरी रपट लगती हैं? प्रत्येक महत्त्वपूर्ण कथाकार के सामने अपने युग के यथार्थ, जीवनानुभव और इन दोनों को जीनेवाले कथा के पात्रों के व्यक्तित्व को अधिक से अधिक संवेद्य और सम्प्रेष्य बनाने की समस्या होती है। दूसरे महत्त्वपूर्ण कथाकारों की तरह रेणु भी इस समस्या का सामना अपने ढंग से करते हैं। उनके इस निजी ढंग को जानना ही उनकी कला के मर्म को पहचानना है।"

रेणु का उद्देश्य जन-जीवन के यथार्थ, संघर्ष, अनुभव और मानवीय सम्बन्धों की अभिव्यक्ति है। रचनाकार के रूप में उनके सामने समस्या है—इस अभिव्यक्ति को अधिकाधिक प्रामाणिक और प्रभावशाली बनाने की। जनजीवन के यथार्थ और अनुभव की प्रामाणिक अभिव्यक्ति के लिए रेणु ने उस यथार्थ और अनुभव-संसार से अभिन्न रूप से जुड़ी हुई भाषा के सहारे अपने रिपोर्ताजों को नए ढंग से सृजित किया है। उनका कथा कहने का अन्दाज कुशल कथाशिल्पी का है। यही कारण है कि उनके रिपोर्ताज मात्र वृत्तान्त बनकर सपाट और नीरस नहीं होते। उनमें रसमयता, संगीतात्मकता और मर्म को छूने की अद्भुत क्षमता है इसलिए उनमें पठनीयता के साथ-साथ रमणीयता भी है। ये वस्तुनिष्ठ और भावनिष्ठ या आत्मनिष्ठ दोनों हैं। रेणु का सक्रिय जीवन भी उसमें प्रस्तुत हुआ है, जिससे उनकी प्राणवत्ता और भी अधिक बढ़ गई है। रेणु के रिपोर्ताज इसीलिए प्रासंगिक और जीवन्त हैं। प्रकाशचन्द्र गुप्त के शब्द लेकर कहें तो ''आज के अनेक कथाकार हारे, थके, मनमारे और कुंठित दिखाई देते हैं, क्योंकि वह पराजय और विफलताओं से भरे अपने दुखी और त्रस्त जीवन को ही देखते हैं। रेणु के साहित्य में बाढ़ में नद-सा हुंकार भरता जन-जीवन हम देखते हैं, हम सोचते हैं, इस देश में नए जीवन की व्याकुल अकुलाहट भरी है और हमारा मन एक विचित्र उल्लास से भर जाता है।'' रेणु में कला और शिल्प के अनूठे प्रयोग के साथ ही जीवन की उद्दाम शक्ति और गहरी मानवीयता के प्रकटीकरण का गुण भी है।

रेणु के ये रिपोर्ताज यह गहराई से अभिव्यंजित करते हैं कि हम कौन हैं और हमें क्या होना चाहिए। जो हैं उससे बेहतर की आकांक्षा ही वह प्रेरक शक्ति है, जो उनकी रचनाओं को प्रासंगिक और प्राणवान बनाए हुए है। वह विशिष्ट भी है और अलग भी। अपने समकालीनों से ही नहीं, अपने पूर्वज शब्द-शिल्पियों से भी और परवर्ती लेखकों के लिए वह आदर्श है, प्रेरक है। वह जितना आंचलिक है, उससे बढ़कर राष्ट्रीय। उसकी स्थानीयता कहीं भी राष्ट्रीयता का विरोधी नहीं।

परिशिष्ट

फणीश्वरनाथ रेणु का जीवन और साहित्य

रेणु के लेखन की तरह ही उनका जीवन भी बहु-आयामी है। उसमें विरोधी भावों का सामंजस्य है। 'मैला आँचल' की भूमिका में उन्होंने लिखा है–''इसमें फूल भी है, शूल भी। धूल भी है, गुलाब भी। कीचड़ भी, चन्दन भी। सुन्दरता भी है, कुरूपता भी–मैं किसी से भी दामन बचाकर निकल नहीं पाया।'' इसे ही रामचन्द्र शुक्ल ने 'विरुद्धों का सामंजस्य' कहा है। 'मैला आँचल' की इस स्पष्टोक्ति को हम रेणु की अधिकांश कृतियों में पाते हैं। वैसा ही उनका व्यक्तित्व जीवन के दो विरोधी छोरों को एक साथ अपने में समाहित किए था। इस बात को वे स्वयं स्वीकार करते थे। अपने आत्म-चरित का लेखा-जोखा करते हुए उन्होंने 'एक बलन्द खुदी...उर्फ मशहूर नकबेसर का किस्सा' में लिखा है–''जो सुर और असुर, सुन्दर और असुन्दर, पापी और विवेकी, दुरात्मा और सन्त, आदमी और साँप, जड़ और चेतन-सब कुछ होगा।'' यह चित्रगुप्त महाराज ने जन्म के समय ही उनके ललाट पर लिख दिया था। इसलिए उनके जीवन की अनेक विरोधी छवियाँ है, उसके अनेक रंग हैं।

रेणु के पूर्वज उत्तर बंगाल के मालदा जिले के हरिश्चन्द्रपुर स्थान के निवासी थे। उनमें से कुछ लोग पूर्णिया जिले में आकर बस गए थे। कृषि का पेशा अपनाने के कारण कूर्मवंशीय क्षत्रिय का उनका कुल धानुक जाति के नाम से जाना जाता है। धानुक यानी धान की खेती करनेवाला। धानुकों में दो भेद होते हैं–मंडल और विश्वास। 'विश्वास' लोग आर्थिक रूप से सम्पन्न होते हैं जबकि मंडल, जिसका तद्भव 'मडर' है–गरीब होते हैं। रेणु के पूर्वज 'मंडल' थे, किन्तु सम्पन्न किसान। रेणु के पूर्वजों में से कोई जमीन-जायदाद के मोह में पूर्णिया आकर बसे थे। रेणु के पिताजी का नाम शिलानाथ मंडल था। उनके प्रपितामह जानकी मंडल थे, जिनके तीन भाई थे-रतन मंडल, श्याम मंडल, सत्तल मंडल। जानकी मंडल के तीन पुत्र हुए-सनफूल मंडल, लैमड़ू मंडल और अमृत मंडल। अमृत मंडल रेणु के दादा थे। उनकी दो पत्नियाँ थीं। प्रथम पत्नी से गोविन्दनाथ मंडल का जन्म हुआ एवं द्वितीय पत्नी से शिलानाथ मंडल तथा दिलानाथ मंडल का। शिलानाथ मंडल के तीन पुत्र हुए–फणीश्वरनाथ मंडल, हरिहरनाथ मंडल एवं महेन्द्रनाथ मंडल। 1950 ई. में महेन्द्र का एवं 1953 ई. में हरिहर का देहान्त हो गया।

रेणु का जन्म 4 मार्च, 1921 को शुक्रवार के दिन हुआ था। पिता ने उनका नाम फणीचन्द्र रखा। गाँव-घर के लोग उन्हें फनीन्दर, फुनेसर आदि कहकर बुलाते। कुछ लोग उन्हें फुलेसर कहकर बुलाते। उनके जन्म के समय तक दादाजी गुजर चुके थे। दादी लम्बी उम्र की होकर रेणु के जवान होने के बाद गुजरी। दादी प्यार से उन्हें रिनुवा कहती। वह बताती कि इसके जन्म लेते समय पहली बार कर्ज लेना पड़ा है, इसलिए इसका नाम 'रिनुवा' है। अपने इस उपनाम की कहानी बताते हुए रेणु कहते हैं–जनमते ही घर में ऋण हुआ, इसलिए दादी प्यार से 'रिनुवा' कहने लगी। 'रिनुवा' से 'रुनु' और अन्तत: 'रेणु'। जब तुकबन्दी करने लगा तो छन्द के अन्त में अनायास ही–'कवि रेणु कहे कब रैन कटे, तमतोम हटे...' जुड़ गया।''

रेणु का नामांकन जब अररिया स्कूल में करवाया गया तब उनका नाम लिखवाया गया–फणीश्वरनाथ मंडल। और जब उन्होंने कविता लिखनी शुरू की तो अपने गुरु रामदेनी तिवारी 'द्विजदेनी' की प्रेरणा से अपनी दादी के दिए हुए नाम 'रिनुवा' को 'रेणु' के रूप में रूपान्तरित कर उसे अपने उपनाम के रूप में रख लिया। अब उनका नाम हो गया–फणीश्वरनाथ मंडल 'रेणु'। और बाद में चलकर उन्होंने अपने नाम से 'मंडल' को भी हटा दिया। इस तरह उनका नाम फणीश्वरनाथ रेणु निर्मित हुआ। लेकिन उनके साथी-दोस्त उन्हें ताउम्र फनीसर, फनीसरा, फुनेसर या फुनेसरा या रेनुवा आदि कहते रहे। क्योंकि गाँवों में फणीश्वरनाथ रेणु जैसा दिव्य पौराणिक नाम नहीं चल सकता। ऐसे नाम का उच्चारण गाँव के लोग अब भी नहीं कर पाते।

हिन्दी साहित्य में प्रसिद्धि प्राप्त करने के बाद वे बचपन में जहाँ पढ़ते थे, वहाँ गए तो उनके बचपन का मित्र सनिचरा मिला। उसने रेणु को फनीसरा कहकर पुकारा। उस कविता की कुछ पंक्तियाँ इस प्रकार है–

लम्बी सीटी देकर गाड़ी खुलने ही वाली थी
तभी किसी ने प्लेटफॉर्म से लम्बी हाँक लगाई
''अरे फनीसरा!'' सुनकर मेरी जान निकल आई थी
और उधर बाहर पुकारनेवाला लपक पड़ा था
चलती गाड़ी का हत्था धर झटपट लटक गया था
हाँक लगाता लेकर मेरा नाम पुन: चिल्लाया–
''अरे फनीसरा, अब क्यों तू हम सबको पहचानेगा!''
गिर ही पड़ता, अगर हाथ धर उसे न लेता खींच।
अन्दर आया, तब मैंने उसकी सूरत पहचानी।
'अरे सनिचरा!' कहकर मैं सहसा ही किलक पड़ा था।

रेणु बचपन से ही कुशाग्र बुद्धि के थे। उनके पिताजी अपने घर में हिन्दी एवं बँगला की अनेक पत्र-पत्रिकाएँ एवं पुस्तकें पढ़ने के लिए मँगवाते थे। वे नित्य बँगला के कृतिबास रामायण, काशीदास कृत महाभारत एवं तुलसीदास के

'रामचरितमानस' का पाठ करते। वे रेणु को बँगला एवं हिन्दी के इन महाकाव्यों की पंक्तियाँ रटवाते रहते। रेणु उन्हें तुरन्त याद कर लेते। उनके पिताजी शिलानाथ मंडल का पूर्णिया जिले के अधिकांश शिक्षित एवं स्वाधीनता-संघर्ष से सम्बन्ध रखनेवाले लोगों से मिलना-जुलना था। लोग उनके घर आते रहते थे। जब भी कोई उनके घर आता, उनके पिताजी उन्हें बुलाते और बँगला तथा हिन्दी रामायण की पंक्तियों का रेणु के द्वारा सस्वर पाठ सुनकर आश्चर्यचकित रह जाता।

रेणु के गाँव में दो टोले हैं—औराही और हिंगना। हिंगना टोले में कुसुमलाल मंडल नामक एक शिक्षक रहते थे। उन्होंने ही पाँच वर्ष की उम्र में उनको अक्षर लिखना सिखलाया। साक्षर होने के बाद तो उनकी कविता पढ़ने की रफ्तार बढ़ गई। रेणु के लिए बँगला और हिन्दी दोनों भाषाएँ मातृभाषा की तरह थीं। वे इन दोनों भाषाओं को बचपन से ही बोलते-लिखते थे। उनकी बचपन से ही एक विशेषता थी—केरिकेचर करना। वे पशु-पक्षियों की आवाजों की तो नकल उतारते ही थे, किसी आदमी के चाल-ढाल, बोली का भी 'केरिकेचर' किया करते थे।

छह साल की उम्र में उनका नामांकन अररिया मध्य विद्यालय में करवाया गया। इस विद्यालय में पाँचवीं तक की पढ़ाई कर वे सिमरबनी में रामदेनी तिवारी 'द्विजदेनी' द्वारा स्थापित विद्यालय में 1931 ई. में पढ़ने चले गए। इस विद्यालय का वातावरण सांस्कृतिक और साहित्यिक था। 'द्विजदेनी' जी उस समय पूर्णिया जिले के अधिकांश विद्यार्थियों के प्रेरणास्रोत थे। वे आशु कवि थे। बात-बात पर दोहा, कवित्त, सवैया बनाकर सुना देना उनकी रचनात्मक क्षमता को दर्शाता था। वे नाटक और उपन्यास भी लिखते थे। एक पत्रिका भी उन्होंने निकाली थी। रेणु ने अपनी आत्म-रचना 'पांडुलेख' में उन्हें इन शब्दों के द्वारा स्मरण किया है : "रामायण, महाभारत, प्रेमसागर, पंचतंत्र आदि मोटे ग्रन्थों के अलावा हर सप्ताह आनेवाली पत्र-पत्रिकाओं की याद आती है।...बेंकेटेश्वर समाचार, रंगपुर पत्रिका (बँगला), सैनिक, प्रताप, प्रवासी (बँगला) हिन्दू पंच, विश्वमित्र, विशाल भारत और हितैषी। 'हितैषी' हमें इसलिए प्रिय थी कि वह हमारे गाँव से आठ मील पश्चिम-सिमरबनी गाँव से प्रकाशित होती थी। हस्तलिखित नहीं—सुमुद्रित सचित्र मासिक पत्रिका! जिसके ग्राहक और पाठक अफ्रीका, फिजी और मॉरिशस में भी थे। और, इसके सम्पादक श्री रामदेनी तिवारी 'द्विजदेनी' से मेरे पिताजी का घनिष्ठ परिचय था। पिताजी उनके सम्बन्ध में बहुत बातें करते—तिवारीजी कवीश्वर हैं। सुराजी हैं। नाटक लिखते हैं। नाटक खेलते हैं। किस्सा लिखते हैं। हास्यरसावतार है। जहाँ रहते हैं—सभी को हँसाते रहते हैं।...यह देखो, उनकी नई किताब—'भैयाजी की घोड़ी।'

दिन दहाड़े खेत उजाड़े बचे न मड़ुवा, तोड़ी,
भैयाजी से बढ़कर निकली भैयाजी की घोड़ी।

भैयाजी अर्थात् जमींदार का पटवारी। जमींदारों के प्रबल-प्रताप के जमाने में, जमींदारी-प्रथा तथा जमींदारों पर ऐसा करारा व्यंग्य–ऐसी यथार्थवादी कहानी? और, यही था वह पहला उपन्यास, जिसे मैंने जीवन में पहली बार पढ़ा था।''

रेणु जब 1930 ई. में अररिया मध्य विद्यालय में पाँचवीं कक्षा में पढ़ रहे थे, तभी उनके जीवन में कई घटनाएँ घटीं, जिससे उनके जीवन की धारा ही बदल गई। उनके घर में अंग्रेजी सरकार के द्वारा प्रतिबन्धित पुस्तक 'भारत में अंग्रेजी राज' और 'चाँद' पत्रिका का 'फाँसी अंक' भी था, जिसके लिए पुलिस के द्वारा उनके घर की तलाशी हुई थी। रेणु की समझदारी की वजह से वह बला टल गई थी। 1930 ई. में ही छात्रों द्वारा स्थापित 'वानर-सेना' का सक्रिय अंग बनकर स्वाधीनता के संघर्ष में भाग लेना शुरू किया था। 1930 ई. में नमक-सत्याग्रह के समय जब महात्मा गांधी को गिरफ्तार किया गया था, उसकी खबर मिलते ही सारा बाजार बन्द हो गया था और स्कूल के सभी छात्र बाहर निकल आए। इस घटना का बयान रेणु इन शब्दों में करते हैं : ''दूसरे दिन भी हम हड़ताल पर रहे। चूँकि मैं खद्दरधारी था, इसलिए हड़ताल के अलावा 'पिकेटिंग' भी कर रहा था। अतिरिक्त उत्साह में मैंने स्कूल के असिस्टेंट हेडमास्टर साहब को भी रोका। उन्होंने झुँझलाकर बँगला में कहा था–तुम लोग चूल्हे-भाड़ में जाते हो, जाओ, मुझे क्यों खींचते हो।'' दूसरे दिन सभी विद्यार्थियों को आठ आने का जुर्माना लगाया गया एवं रेणु को सभी विद्यार्थियों एवं शिक्षकों के सामने दस बेंत लगाने की सजा सुनाई गई। नोटिस निकलने के बाद 'रेणु' पूरे स्कूल के विद्यार्थियों के 'हीरो' हो गए। पहली बेंत खाकर उन्होंने 'बन्देमातरम्' का नारा लगाया। दूसरी बेंत खाकर 'महात्मा गांधी' का एवं तीसरी बेंत पर 'जवाहरलाल नेहरू की जय' का नारा लगाया। कचहरी और बाजार के लोग भी तब वहाँ जमा होकर छात्रों के साथ नारे लगा रहे थे। रेणु इस सन्दर्भ में आगे लिखते हैं–''इलाके के मशहूर सुराजी चुन्नीदास गुसाँई उस भीड़ को चीरकर न जाने कहाँ से आ गए। जनता नारे लगाने लगी। लेकिन, भीड़ बढ़ती ही गई और नारे बुलन्द होते रहे। सारा कस्बा उमड़ पड़ा। इसके बाद मुझे किसी ने कन्धे पर चढ़ा लिया और लोग जुलूस बनाकर निकल पड़े।''

और छात्रों का तीव्र आन्दोलन शुरू हो गया। रेणु वहाँ से फारबिसगंज चले गए और वहाँ आन्दोलन करते हुए गिरफ्तार हुए एवं पहली बार जेल-यात्रा की। इस प्रसंग में वे बताते हैं : ''वानर-सेना में था तब। तब मैं नौ वर्ष का था। हर बार पूर्णिया जेल में ही गया। क्योंकि मैंने जब भी, कुछ भी किया है, अपने इलाके फारबिसगंज में जाकर ही। उन किशोरों के दल को घोड़ागाड़ी पर चढ़ाकर जेल के फाटक तक ले जाया गया। तब हमारा नारा था–'बन्देमातरम्' और 'भारतमाता की जय'।...ज्यों ही हमने जेल के दरवाजे पर पहुँचकर नारा दिया–'बन्देमातरम्'-दोनों तरफ लगे वटवृक्षों पर से असंख्य चमगादड़ों ने किचमिच की आवाजों के साथ

आकाश ढँक दिया। हम लोग इसके लिए तैयार नहीं थे। इस अजीब-सी घटना से हम सारे लड़के पलभर के लिए आतंकित हो गए। अचानक ब्लैंक-फायर हुआ। सारे चमगादड़ वापस (पेड़ की) टहनियों पर झूलने लगे। तब इन चमगादड़ों को चुप कराने के लिए जेल में यही आदेश था।...वानर-सेना सहित गिरफ्तार होकर क्या नाम-ठिकाना बताया था—नाम जवाहरलाल, बाप का नाम—मोतीलाल, पता आनन्द भवन। कोई-कोई यह भी कहता—नाम—बन्दर, बाप का नाम—चुकन्दर, घर जेल के अन्दर।" रेणु को चौदह दिनों की अन्य छात्रों के साथ जेल की सजा हुई थी। यह उनकी पहली जेल-यात्रा थी। इस तरह बहुत कम उम्र में ही उनमें स्वाधीनता की चेतना जाग्रत् हो गई थी।

उन्हें अररिया स्कूल से निकाल दिया गया। वे सिमरबनी नामक गाँव में स्थित स्कूल में पढ़ने चले गए, जिसे रामदेनी तिवारी 'द्विजदेनी' चलाते थे। स्कूल में पढ़ाई के साथ-साथ साहित्यिक एवं सांस्कृतिक कार्यक्रम भी होते। वर्ष में तीन-चार बार द्विजदेनी जी के नाटकों का मंचन भी होता। रेणु भी इनमें अभिनय करते। रेणु बताते हैं—"जब स्कूल में पढ़ता था तो नाटकों में कृष्ण या अभिमन्यु बना करता था। एक बार जब अभिमन्यु दूसरा हुआ तो मैं उसकी पत्नी बन गया था।

रेणु का तभी काव्यारम्भ शुरू हुआ। उनके गुरु ने उन्हें छन्द लिखना सिखाया। उन्होंने ही उनको नाटकों में अभिनय की शिक्षा दी। 1934 ई. में कुछ युवकों ने मिलकर एक हस्तलिखित पत्रिका निकालने की योजना बनाई—'खंगार-सेवक'। इस पूरी पत्रिका को रेणु स्वयं लिखते और अपने चित्रों से उसे सुसज्जित करते। हर महीने इसका अंक निकलता। इसके हर अंक में रेणु की कविताएँ प्रकाशित होतीं। कभी-कभी कहानी भी। सिमरबनी के इस साहित्यिक वातावरण ने उनके रचनाकार को पुष्पित-पल्लवित किया। 1932 ई. में आठवीं कक्षा में उनका नामांकन फारबिसगंज के 'ली अकादमी' नामक हाई स्कूल में करवाया गया। 1936 ई. में वे आगे की पढ़ाई करने के लिए विराटनगर के आदर्श विद्यालय में चले गए। इस विद्यालय को कोइराला-बन्धुओं के पिता कृष्णप्रसाद कोइराला चलाते थे। वे उन्हीं के घर में रहते थे। कृष्णप्रसाद कोइराला के पाँच पुत्र थे—मातृकाप्रसाद कोइराला, विश्वेश्वरप्रसाद कोइराला, तारिणीप्रसाद कोइराला, केशवप्रसाद कोइराला और गिरिजाप्रसाद कोइराला। रेणु की उम्र के तारिणीप्रसाद कोइराला थे, जिनसे उनकी घनिष्ठ मित्रता हो गई। कोइराला-परिवार में रहते हुए रेणु की साहित्यिक और राजनीतिक प्रतिभा का तीव्र गति से विकास हुआ। दूसरे शब्दों में कहें तो रेणु के व्यक्तित्व के निर्माण में कोइराला-बन्धुओं का सर्वाधिक योगदान था। वे उन्हें अपने भाई की तरह मानते। कहते, हम पाँच नहीं छह भाई हैं।

उस समय नेपाल में मैट्रिक की परीक्षा के लिए कोई बोर्ड नहीं था। आदर्श विद्यालय तब नेपाल का इकलौता स्कूल था। 1937 ई. में रेणु इस स्कूल के अन्य

विद्यार्थियों के साथ बनारस गए और वहीं से बोर्ड की परीक्षा दी। 1937 ई. में ही उन्होंने इंटर में प्रवेश किया और 1939 ई. में इंटर पास किया। वे 1940 ई. तक बनारस में रहे। उनके व्यक्तित्व के निर्माण में बनारस के तत्कालीन परिवेश का महत्त्वपूर्ण योगदान था। 1941 ई. में वे घर आ गए और बिहार के किसान-आन्दोलन में अपनी सक्रियता बढ़ा दी। इस क्रम में वे गाँव-गाँव घूमते। जगह-जगह चल रहे जन-संघर्षों में भाग लेते। 1942 ई. के अगस्त आन्दोलन में वे अपने अंचल में स्थापित आजाद-दस्ता की क्रान्तिकारी गतिविधियों में सक्रिय थे। सितम्बर महीने में वे गिरफ्तार हुए और पुलिस की भीषण यंत्रणा के कारण उनका फेफड़ा क्षत-विक्षत हो गया। उन्हें पूर्णिया जेल भेज दिया गया। कुछ महीने के बाद वहाँ से भागलपुर जेल में उन्हें स्थानान्तरित कर दिया गया। इस जेल में वे लगभग डेढ़ वर्ष रहे। यहीं उनके गुरु रामदेनी तिवारी 'द्विजदेनी' एवं सतीनाथ भादुड़ी भी जेल में थे। भादुड़ी जी भागलपुर जेल में ही 'जागरी' नामक उपन्यास की रचना कर रहे थे और रेणु कहानियों का सृजन कर रहे थे। 1944 ई. के प्रारम्भ में उनके फेफड़े में प्लुरिसी हो गई, जिससे उनकी तबीयत बहुत बिगड़ गई। उन्हें पटना हॉस्पिटल में भर्ती किया गया। पटना अस्पताल में ही उनका लतिका राय चौधरी से प्रथम परिचय हुआ और आगे चलकर यह परिचय गहन प्रेम में बदल गया। रेणु जब स्वस्थ हुए तो उन्हें रिहा कर दिया गया। वे अपने घर आ गए और दो-तीन वर्षों तक जन-आन्दोलन में भाग लेना बन्द कर लेखन कार्य करते रहे। 1944 ई. से उनकी रचनाएँ पत्र-पत्रिकाओं में प्रकाशित होने लगीं। उनकी प्रारम्भिक रचनाएँ कलकत्ते के साप्ताहिक 'विश्वमित्र' नामक पत्रिका में ही ज्यादा छपीं, जिनका विवरण निम्नवत् है–

साप्ताहिक 'विश्वमित्र' (कलकत्ता) में प्रकाशित कहानियाँ–

1. बटबाबा–27 अगस्त, 1944
2. पहलवान की ढोलक–11 दिसम्बर, 1944
3. कलाकार–22 जनवरी, 1945
4. प्राणों में घुले हुए रंग–5 मार्च, 1945
5. न मिटनेवाली भूख–23 अप्रैल, 1945
6. रखवाला–21 मई, 1945
7. इतिहास, मजहब और आदमी–19 नवम्बर, 1947
8. दैनिक विश्वमित्र के अक्टूबर, 1945 ई. के दीपावली विशेषांक में 'पार्टी का भूत' नामक कहानी प्रकाशित।
9. मासिक विश्वमित्र के फरवरी, 1946 के अंक में 'रसूल मिसतिरी' नामक कहानी प्रकाशित।
10. मासिक विश्वमित्र के दिसम्बर, 1946 के अंक में 'बीमारों की दुनिया में' नामक कहानी प्रकाशित।

साप्ताहिक 'विश्वमित्र' में ही उनका पहला रिपोर्ताज–'बिदापत नाच' 1 अगस्त, 1945 के अंक में प्रकाशित हुआ। इसे प्रकाशित करते हुए सम्पादक ने प्रारम्भ में अपनी एक छोटी-सी टिप्पणी लिखी है, जो इस प्रकार है–"मैथिल-कोकिल कवि-सम्राट विद्यापति के सरस गीतों को दरभंगा, भागलपुर और पूर्णिया जिले की निम्न श्रेणी की ग्रामीण जनता किस प्रकार भाव-नाट्य का रूप देकर सजीव बनाती और मनोरंजन करती है, इसका बड़ा ही सुन्दर वर्णन इस लेख में किया गया है। आर्ट, टेकनिक और ड्रामा से अनभिज्ञ जनता उन गीतों को कितना उच्च कलात्मक रूप दे सकती है, पाठक इस लेख को पढ़कर स्वयं समझ सकते हैं।"

यहाँ गौर करने की बात है कि साप्ताहिक विश्वमित्र के सम्पादक ने इसे रिपोर्ताज नहीं कहकर लेख कहा है। इससे स्पष्ट है कि तब तक रिपोर्ताज विधा से अधिकांश हिन्दी साहित्य अनभिज्ञ था।

1946 ई. से श्रीरामवृक्ष बेनीपुरी के सम्पादन में पटना से साप्ताहिक 'जनता' का पुनः प्रकाशन शुरू हुआ। इस पत्र में रेणु के रिपोर्ताज विपुल संख्या में प्रकाशित हुए। इनमें से कुछ रिपोर्ताज हैं–सरहद के उस पार, जै गंगा, डायन कोसी, एक टू आस्ते-आस्ते, रामराज्य, हड्डियों की सड़क, हड्डियों का पुल, हिल रहा हिमालय आदि। जनवरी 1950 के 'जनवाणी' (वाराणसी) में उनका किसान-मार्च पर लिखा गया हिन्दी का इकलौता रिपोर्ताज 'नए सवेरे की आशा' का प्रकाशन हुआ।

इस तरह हम पाते हैं कि 'मैला आँचल' के प्रकाशन (1954) के पूर्व रेणु का विपुल साहित्य पत्र-पत्रिकाओं में प्रकाशित होकर प्रशंसित हो चुका था। उनकी लेखन-शैली परिपक्व हो चुकी थी। साथ ही, वे अनेक जन-संघर्षों में भाग लेकर अपार जीवनानुभव प्राप्त कर चुके थे। 1950 ई. के अन्त में नेपाल में राणाशाही के विरुद्ध जो मुक्ति-संग्राम शुरू हुआ, उसमें उन्होंने सक्रिय भाग लिया और 1951 ई. के मार्च में अत्यधिक बीमार हो गए। उन्हें पटना मेडिकल अस्पताल में भर्ती करवाया गया। पुनः लतिकाजी ने उनकी सेवा-सुश्रुषा की। लम्बे समय के बाद वे स्वस्थ हुए और लतिकाजी से उनका विवाह हुआ। 1952 ई. में उन्होंने 'मैला आँचल' की रचना की, जिसका प्रकाशन स्वयं किया और प्रकाशन का नाम रखा–समता प्रकाशन, पटना। 9 अगस्त, 1954 को इसका प्रकाशन हुआ। 'मैला आँचल' पर पहली समीक्षा आचार्य नलिन विलोचन शर्मा ने पटना रेडियो से की एवं इस उपन्यास की पहली लिखित चर्चा 1954 ई. में ही लिखित 'समाज, साहित्य और लेखक का व्यक्तित्व' नामक निबन्ध में डॉ. नामवर सिंह ने की। इस निबन्ध को उन्होंने अपनी प्रसिद्ध आलोचना-पुस्तक 'इतिहास और आलोचना' में भी संकलित किया है। डॉ. नामवर सिंह लिखते हैं : "अभी-अभी एकदम नए-नए लेखक फणीश्वरनाथ रेणु का उपन्यास 'मैला आँचल' निकला है। उपन्यास पढ़ते ही कौतुकी लोग चौंक उठे और विस्मयादि बोधक स्वर में 'प्रतिभा प्रतिभा' चिल्लाने लगे। कुछ

लोगों ने तो यहाँ तक भविष्यवाणी कर दी कि रेणु अब ऐसी अथवा इससे अच्छी रचना न कर सकेंगे। इनके कहने से भी ऐसा ही लगता है गोया यह कृति अचानक बन पड़ी है। परन्तु रेणु का यह उत्थान क्या सचमुच आकस्मिक है?''

नामवर सिंह ने यह निबन्ध दिसम्बर, 1954 में लिखा था और उनकी उपर्युक्त बात से इस बात का पता चलता है कि 'मैला आँचल' के छपते ही उस पर देश भर में साहित्यिक चर्चा चलनी शुरू हो गई थी एवं अधिकांश हिन्दी के साहित्यकारों ने यह मान लिया था कि इतना सर्वोत्कृष्ट उपन्यास किसी भी लेखक के लिए लिखना मुश्किल है, यहाँ तक कि रेणु के लिए भी। यह उपन्यास रेणु की परम अभिव्यक्ति है, साथ ही स्वातंत्र्योत्तर भारत की सर्वाधिक महत्त्वपूर्ण औपन्यासिक कृति। इस उपन्यास के छपते ही रेणु को हिन्दी के महान लेखकों की पंक्ति में बैठा दिया गया। कुछ आलोचकों ने रेणु को आंचलिक कथाकार के रूप में प्रतिष्ठित किया। 1957 ई. में रेणु का दूसरा उपन्यास 'परती : परिकथा' का प्रकाशन राजकमल प्रकाशन से हुआ। इस उपन्यास को खारिज करनेवाले कुछ लेख छपे। श्रीपत राय ने 'कल्पना' पत्रिका में एक लम्बी समीक्षा लिखकर यह साबित किया कि यह उपन्यास ही नहीं है। नलिन विलोचन शर्मा ने भी इसे खारिज कर दिया। रामविलास शर्मा ने 'मैला आँचल' को महत्त्वपूर्ण माना, किन्तु 'परती : परिकथा' में पतनशील प्रवृत्तियों को रेखांकित करते हुए उसे प्रयोगशील उपन्यास माना और इसे प्रेमचन्द की परम्परा से विचलन बताया। आचार्य नन्ददुलारे वाजपेयी ने इसे 'मैला आँचल' से भी महान उपन्यास माना। इस तरह रेणु के दूसरे उपन्यास को लेकर हिन्दी के आलोचकों में तीव्र बहसें चलीं।

रेणु इन बहसों से अलग हटकर तब चुपचाप कुछ कहानियों की रचना कर रहे थे। 'कहानी' पत्रिका में उनकी 'लालपान की बेगम', 'निकष' में 'रसप्रिया', 'कल्पना' पत्रिका में 'सिरपंचमी का सगुन', 'कृति' पत्रिका में 'ठेस' एवं 'अपरम्परा' पत्रिका में लम्बी कहानी 'तीसरी कसम अर्थात् मारे गए गुलफ़ाम' प्रकाशित हुई। ये सभी क्लासिकी गरिमा की कालजयी कहानियाँ थीं, जिनके प्रकाशन से हिन्दी कहानी समृद्ध हुई। इन कहानियों का संग्रह 'ठुमरी' नाम से 1959 ई. में राजकमल प्रकाशन से प्रकाशित हुआ। तब रेणु आकाशवाणी, पटना में नौकरी कर रहे थे। 1959 ई. में ही उन्होंने अपना तीसरा उपन्यास 'पल्टूबाबू रोड' लिखना शुरू किया, जो धारावाहिक रूप में 1959-60 ई. के पटना से ही प्रकाशित मासिक 'ज्योत्स्ना' में प्रकाशित हुआ।

1960 ई. में राजकमल प्रकाशन से मोहन राकेश के सम्पादन में 'पाँच लम्बी कहानियाँ' नामक संकलन छपा, जिसमें संकलित रेणु की 'तीसरी कसम अर्थात् मारे गए गुलफ़ाम' कहानी को पढ़कर फिल्मी दुनिया के प्रसिद्ध गीतकार शंकर शैलेन्द्र ने उस पर फिल्म बनाने का निर्णय लिया। राजकपूर और वहीदा रहमान द्वारा अभिनीत यह फिल्म साहित्यिक कृतियों पर निर्मित फिल्मों की परम्परा में मील का पत्थर

साबित हुई। 1960 ई. में ही 'मैला आँचल' का रूसी भाषा में अनुवाद हुआ। फिर धीरे-धीरे इसका अनेक यूरोपीय भाषाओं में भी अनुवाद हुआ।

1963 ई. में रेणु का चौथा उपन्यास 'दीर्घतपा' का प्रकाशन हुआ। 1965 ई. में पाँचवें उपन्यास 'जुलूस' का प्रकाशन हुआ। 1966 ई. में छठे उपन्यास 'कितने चौराहे' एवं दूसरे कहानी संग्रह 'आदिम रात्रि की महक' का प्रकाशन हुआ। 1966 ई. में ही शंकर शैलेन्द्र की मृत्यु हो गई, जिससे रेणु के मन पर गहरा आघात लगा। 1965 ई. से 1967 ई. तक 'दिनमान' पत्रिका के बिहार के प्रतिनिधि के रूप में उन्होंने रपटें एवं रिपोर्ताज लिखे। 1969 ई. में वे भीषण रूप से बीमार पड़े। 1970 ई. के मार्च महीने में उन्हें भारत सरकार के द्वारा पद्मश्री प्रदान किया गया। 1973 ई. में निर्दलीय रूप में उन्होंने फारबिसगंज से विधानसभा का चुनाव लड़ा और हार गए। 1974 ई. में बिहार आन्दोलन में उन्होंने सक्रिय रूप से भाग लिया और 1974 ई. में जन-आन्दोलन करते हुए गिरफ्तार हुए। 74 दिनों तक वे पूर्णिया जेल में बन्द रहे। उनकी गिरफ्तारी पर देश भर में तीव्र विरोध हुआ। 1975 ई. में इमरजेंसी के दौरान वे कुछ दिनों तक नेपाल में रहे। 1976 ई. के अन्त में वे पुनः भीषण रूप से बीमार पड़े और 11 अप्रैल, 1977 को ऑपरेशन के बाद उनका पटना अस्पताल में देहावसान हो गया।

रेणु की मृत्यु के बाद राजकमल प्रकाशन से उनके रिपोर्ताज की दो पुस्तकें प्रकाशित हुईं—'ऋणजल-धनजल' एवं 'नेपाली क्रान्तिकथा'। रेणु ने अपने जीवन-काल में काफी कुछ लिखा था, जो पत्र-पत्रिकाओं में तो प्रकाशित हुआ था, किन्तु पुस्तक रूप में नहीं छपा था। डॉ. रामवचन राय ने उनके 'पल्टूबाबू रोड' उपन्यास को 'ज्योत्स्ना' के अंकों से निकालकर अनुपम प्रकाशन से 1979 ई. में प्रकाशित किया। मैंने अर्थात् खोजीराम ने बरसों तक खोज-कार्य कर रेणु की अनुपलब्ध रचनाओं को पुस्तक रूप में संकलित-सम्पादित किया, जिनका विवरण निम्नवत् हे—

राजकमल प्रकाशन, नई दिल्ली से प्रकाशित पुस्तकें—

1984 ई. में प्रकाशित

1. वन-तुलसी की गन्ध (स्केच एवं संस्मरण)
2. एक श्रावणी दोपहरी की धूप (कहानी-संग्रह)
3. श्रुत-अश्रुत-पूर्व

1986 ई. में प्रकाशित

4. अच्छे आदमी (कहानी-संग्रह)
5. एकांकी के दृश्य (रपट एवं रिपोर्ताज)

1988 ई. में प्रकाशित

6. आत्म-परिचय (निबन्ध, संस्मरण)
7. उत्तर नेहरू चरितम (व्यंग्य)
8. कवि रेणु कहे (कविता-संग्रह)

1991 ई. में प्रकाशित

9. समय की शिला पर (रिपोर्ताज)

1994 ई. में प्रकाशित

10. रेणु रचनावली (पाँच खंडों में)

मेरे द्वारा संकलित-सम्पादित एवं वाणी प्रकाशन द्वारा प्रकाशित रेणुजी की रचनाओं की पुस्तकें निम्नवत् हैं–

1. रेणु से भेंट (1987), बाद में यह 'रेणु के साथ' नाम से प्रकाशित हुआ।
2. प्राणों में घुले हुए रंग (रेणु की प्रारम्भिक कहानियाँ एवं रिपोर्ताज)
3. फणीश्वरनाथ रेणु : चुनी हुई रचनाएँ (तीन खंड)
4. चिठिया हो तो हर कोई बाँचे (1998)

रेणु के जीवन एवं साहित्य पर वाणी प्रकाशन से मेरे सम्पादन में दो पुस्तकें प्रकाशित हुईं–

1. फणीश्वरनाथ रेणु अर्थात् मृदंगिए का मर्म (1991)
2. रेणु का जीवन (2002)

इन पुस्तकों के अलावा खोजीराम के सम्पादन में नेशनल बुक ट्रस्ट से 'रेणु की श्रेष्ठ कहानियाँ' (1992) एवं साहित्य अकादेमी से 'फणीश्वरनाथ रेणु : रचना-संचयन' (2000) भी प्रकाशित हुआ।

रेणु के देहावसान के बाद हिन्दी के अनेक महान साहित्यकारों ने उनके ऐतिहासिक-साहित्यिक महत्त्व को प्रतिपादित करते हुए आलेख लिखे। जिनमें से कुछ की यहाँ चर्चा की जा रही है। अज्ञेय लिखते हैं–''रेणु मुझे बड़े भाई-सा मानते थे और मैं उन्हें अनुज-सा, पता नहीं भाई-भाई के बीच की सहज प्रतिस्पर्धा का अनुभव कभी हुआ या नहीं, पर मुझे तो कभी-कभी अवश्य ईर्ष्या होती थी उनके इन चरित्रों को अपने सामने पाकर–कितनी वैविध्य भरी, कितनी समृद्ध और कितनी खरी थी रेणु की यह दुनिया–जिसे वह कितने निरायास ढंग से सामने मूर्त कर देते थे–कैसी निरायास लेकिन कितनी अचूक और दृढ़ थी उनकी पकड़! साई बाबा लोग, सुना है, हवा में से चुटकी भर भभूत ले आते हैं, पर हर बार वही भभूत तो आती है। और रेणु थे कि हर बार हवा में हाथ बढ़ाते थे और पकड़ लाते थे एक नया और अभूतपूर्व पंछी...और ऐसा पंछी जिसे देखकर हम कहें कि 'इसे हमने पहले नहीं देखा', लेकिन पहचानें कि 'अरे, इसे तो हम रोज देखते हैं।' यही होती है कारयित्री, भावयित्री, रूपयित्री प्रतिभा–जो पहचाने को नया और अजनबी की पहचान करती हुई सामने ला खड़ा करती है।'' स्वाधीन नेपाल के प्रथम प्रधानमंत्री विश्वेश्वर प्रसाद कोइराला ने रेणु से अपने सम्बन्धों को याद करते हुए लिखा है–''लेकिन सबसे बढ़कर रेणु मेरा छोटा भाई था। उसकी क्रान्तिकारी प्रवृत्ति और अन्याय तथा दमन का विरोध करने की उग्रता मेरी जैसी ही थी। उसके विचार मेरे

अपने जैसे लगते थे। वास्तव में वह मेरा ही था। वह स्वतंत्रता का प्रचंड योद्धा था। नेपाल में प्रजातंत्र के संघर्ष में उसने हमसे कन्धे से कन्धा मिलाया। राणा शासन को अपदस्थ करने के हेतु नेपाली कांग्रेस ने 1950 ई. में जो सशस्त्र क्रान्ति छेड़ी थी उसमें रेणु भी शामिल हो गया और मुक्ति सेना की फौजी वर्दी में मेरे साथ बन्दूक लेकर मोर्चे पर कूद पड़ा। क्रान्ति के समय उसने नेपाली कांग्रेस के प्रचार प्रकाशन तथा विराटनगर में स्थापित एक 'गैरकानूनी' आकाशवाणी के संगठन में महत्त्वपूर्ण भूमिका अदा की।'' हिन्दी के प्रसिद्ध कवि भवानी प्रसाद मिश्र रेणु के महत्त्व को इन शब्दों के साथ रेखांकित करते हैं—''हिन्दी भाषा और देश के भविष्य में जिसे थोड़ी भी रुचि है, वह श्री रेणु के लेखन और तदनुसार संघर्षशील जीवन से भली-भाँति परिचित है। 'मैला आँचल' और 'परती : परिकथा' में उन्होंने मातृभूमि की मर्मभेदी पीड़ा को, जिस संयम से सँभालकर ठीक अनुपात में तीव्रता के साथ कथा के माध्यम से प्रस्तुत किया, वह संसार के साहित्य में भी दुर्लभ है। मेरा खयाल है पूरी दुनिया में बिहारी, गालिब और रेणु को छोड़कर इतना कम लिखकर इतना सटीक किसी और ने नहीं लिखा।''

रेणु के समकालीन कथाकार निर्मल वर्मा रेणु के व्यक्तित्व में एक 'सन्त' को पाते थे। वे लिखते हैं—''जिस तरह कुछ साधु-सन्तों के पास बैठकर ही असीम कृतज्ञता का अहसास होता है, हम अपने भीतर घुल जाते हैं, स्वच्छ हो जाते हैं, रेणु जी की मूक उपस्थिति हिन्दी साहित्य में कुछ ऐसी ही पवित्रता का बोध कराती थी। वह समकालीन हिन्दी साहित्य के सन्त लेखक थे।'' उसी निबन्ध में आगे निर्मल वर्मा रेणु के कथा-साहित्य की विशेषता को इन शब्दों में रूपायित करते हैं—''रेणु ने जिस तीली से किसान के उदास, धूल-धूसरित क्षितिज में छिपी नाटकीयता को आलोकित किया था उसी तीली से हिन्दी के परम्परागत यथार्थवादी उपन्यास के ढाँचे को भी एकाएक ढहा दिया था। मेरे विचार में यह रेणु की अविस्मरणीय देन और उपलब्धि है।''

सर्वेश्वरदयाल सक्सेना ने रेणु की साहित्यिक महत्ता को इन शब्दों में रूपायित किया है—''ये निर्विवाद है कि प्रेमचन्द के बाद वे हिन्दी के ग्रामीण मानस से जुड़े सबसे महत्त्वपूर्ण कथाकार थे। 'मैला आँचल', 'परती : परिकथा' हिन्दी उपन्यास की अमूल्य निधियाँ हैं और 'ठुमरी' तथा 'आदिम रात्रि की महक' हिन्दी कहानियों का नया क्षितिज उद्‌घाटित करती हैं। हिन्दी गद्य को उन्होंने विचारों और भावों की मार्मिकता से ही नहीं भाषा और जुबान की ध्वनियों से भी झंकृत किया है। अपनी अद्वितीय शैली के बल पर वे हिन्दी कथाकारों में सदा याद किए जाएँगे।''

रेणु के व्यक्तित्व का मोहक चित्र खींचते हुए जनकवि नागार्जुन ने लिखा है—''शाहखर्च, मिलनसार, कलाप्रेमी, रसिक, सुकंठ, धीर-ललित नायक के जो लक्षण बतलाए गए हैं, वे सारे के सारे रेणु में विद्यमान थे। सूरत साँवली थी, श्याम सुन्दर।

पतले होंठों से झाँकते हुए मोतिया दाँत चेहरे को और भी आकर्षक बना देते थे। मैथिली और भोजपुरी के पचासों लोकगीत याद थे।...लोकगीत, लोकलय, लोककला आदि जितने भी तत्त्व लोकजीवन को समग्रता प्रदान करते हैं उन सभी का समन्वित प्रतीक थे फणीश्वरनाथ रेणु।''

रेणु की दुनिया में प्रवेश कर बाहर निकलने के बाद हममें बहुत-कुछ घटित होता रहता है, सुगबुगाता रहता है—जो हमारे जीवन में नए-नए रंग भरता है, हमें सजाता और सँवारता है, जीवन में और गहरे उतारता है। रेणु के जीवन की अन्तरंग कथा से परिचित होकर हमें यह अभिमान होता है कि हिन्दी का यह लेखक कितना अद्‌भुत है, कितना अपूर्व है, कितना विराट है, कितना पारदर्शी है और कितना मानवीय एवं संवेदनशील है। रेणु क्रान्तिकारी हैं, आन्दोलनकारी हैं, किसान हैं, साहित्यकार हैं और इन सबको मिलाकर ही बना है उनका एक प्रेरक व्यक्तित्व।...जीवन-पथ का ऐसा पथिक, जीवन-संग्राम का ऐसा योद्धा कभी-कभी ही इस धरती पर अवतरित होता है।

इस तरह हम पाते हैं कि रेणु का जीवन और उनका साहित्य हिन्दी वालों के लिए धरोहर है, साथ ही कालजयी महत्त्व का है। काल ने उसे जीर्ण-शीर्ण नहीं किया है, अपितु वह बाद की पीढ़ी के लिए प्रेरणा-स्तम्भ बनकर आज भी खड़ा है। आज अपने देश और विदेश में भी उनके साहित्य का अवगाहन, अनुशीलन और पठन-पाठन हो रहा है। शोधकर्ताओं ने उन पर गहन चिन्तन किया है। हिन्दी के निर्माता साहित्यकारों के बीच उनका साहित्य देदीप्यमान नक्षत्र की तरह है, समय के साथ जिसकी महत्ता एवं प्रासंगिकता बढ़ती ही जाती है।

कथा-रिपोर्ताज

जै गंगा...

—फणीश्वरनाथ रेणु

[इस पुस्तक के पूरा होने के बाद रेणु के दो कथा-रिपोर्ताज प्राप्त हुए हैं, 'जै गंगा' और 'डायन कोसी'। इन्हें परिशिष्ठ में दिया जा रहा है।

'जै गंगा' फणीश्वरनाथ रेणु का एक दुर्लभ कथा-रिपोर्ताज है, जो 'जनता' साप्ताहिक के 7 नवम्बर, 1948 के अंक में प्रकाशित हुआ। यह असंकलित है। इसके साथ सम्पादकीय टिप्पणी छपी है—"इस वर्ष जो बाढ़ आई उससे भीषण क्षति हुई है। बाढ़ पीड़ितों के लिए सरकार की ओर से जो रिलीफ पहुँचाए गए, रिलीफ कमेटी का काम जिस ढंग पर हुआ उनका रोचक और तथ्यपूर्ण वर्णन प्रस्तुत रिपोर्ताज में पढ़िए।" यह कथा-रिपोर्ताज 'जनता' के दो पृष्ठों में प्रकाशित है। दूसरे पृष्ठ के अन्तर्गत एक उपशीर्षक दिया गया है—'सेवा के ठेकेदारों की कहानी!' 'डायन कोसी' 1952 ई. में प्रकाशित है।

—भारत यायावर]

जै गंगा...

उस दिन आधी रात को 'मनहरमा दियारा' के बिखरे गाँवों और दूर-दूर के टोलों में अचानक एक सम्मिलित करुण पुकार मची, नींद में माती हुई हवा काँप उठी—'जै गंगा मैया की जै...!'

अँधेरी रात में गंगा मैया की क्रुद्ध लहरें हहराती, घहराती, पछाड़ खाती और फुफकारती हुई तेजी से बढ़ रही थीं।

लहरें उग्र होती गईं, कोलाहल बढ़ता गया—"जै गंगा मैया...मैया रे...दुहाई गंगा मैया...भगवान...।"

"...गाय-बैलों का बन्धन काटो...औरतों को चुप करो भाई, कुछ सुनने भी नहीं देती हैं, बच्चों को देखो, ऊँचला बाँध पर औरतों को भेजो, अरे बाप रे, पानी बढ़ रहा है, रे बाप!...दुहाई..."

पानी ऊपर की ओर बढ़ रहा था, मानो ऊपर की ओर उठती हुई क्रन्दन-ध्वनि को पकड़ना चाहता हो।...

"दुहाई गंगे..."

"कलकल-कलकल छहर-छहर—"

"बचाओ बाबा बटेश्वरनाथ..."

"ओसारे पर पानी!"

"बाप रे, दुहाई गंगा..."

लहरें असंख्य फण फैला कर गाँव में घुसीं। घर के कोने-कोने में छिपे हुए पापों को खोजती हुई पतितपावनी माता अट्टहास कर उठी। शस्य श्यामला धरती रो पड़ी। गूँगे प्राणियों की आखिरी आवाज, घिघियाती हुई पुकार, गंगाजल के कलकल छलछल में डूब गई।...दुहाई...!

शाम को भी मनहरना घाट से रेलवे स्टीमर को हटाकर 'केसलया बँड' के पास लाया गया था। स्टीमर के सभी कर्मचारी, रेलवे नावों के मल्लाह, बंड ओवरसियर, बंड कर्मचारीगण, कुलियों का एक विशाल जत्था, बंड पर मेला लगा हुआ था। पानी-खलासी रह-रहकर जरा नाटकीय ढंग से चिल्ला कर रिपोर्ट देता-"दो फीट...।"

"अरे धुत्त साला...कान फाड़ डाला।"-सब हँस पड़ते। गंगा चिढ़ जाती इस हँसी को सुनकर। पानी बढ़ता, लकड़ी के सुफेद खम्भे के काले-काले दाग धीरे-धीरे पानी के नीचे डूबने लगे। सब हँसते रहे। स्टीमर रह-रहकर हिल उठता। बंड पर कोई कमर मटका-मटकाकर गाता-"छोटी-सी मोरी दिल की तलैया, अरे हाँ डगमग डोले अरे, हाँ, डगमग डोले..."

"चुप हरामी का बच्चा!"-स्टीमर पर से बूढ़ा फैजू चिल्ला उठता। फैजू के दिमाग में तूफान चल रहा था। स्टीमर के छत पर वह अकेला ही टहल रहा था। डेढ़ सौ से ज्यादा सरकारी कुली, स्टीमर और पचीस नावें। सब बेकार पड़े हैं। हुक्म है स्टीमरों और नावों को सुरक्षित रखो। कुलियों को तैयार रखो। जब तक कि हुक्म न मिले, कुछ मत करो। डी.टी.एस. साहब कंठहारपुर जंकशन के आरामदेह बँगले में मजे से रेडियो प्रोग्राम सुन रहे होंगे। जिला मैजिस्ट्रेट को शायद खबर भी न मिली हो कि दर्जनों गाँव के सैकड़ों प्राणी किसी भी क्षण मौत के मुँह में समा जा सकते हैं। आज पाँच दिनों से दरिया की हालत खराब है। ओवरसियर से बार-बार कहा कि इस बार पूरब दियारा के गाँवों पर आफत है। दरिया के रुझान को भला मैं नहीं समझूँगा। ओवरसियर हँसता था। उसने पढ़-लिखकर पास जरूर किया है, लेकिन मेरा जन्म ही नाव पर हुआ है।...

"घहर-घहर...छहर-छरर..." गंगा गरजती।

फैजू के कानों में पूरब दियारा की, खून को सर्द कर देनेवाली, क्रन्दन-ध्वनि रह-रहकर सुनाई पड़ती थी। उसकी बेबसी! वह कुछ नहीं कर सकता। वह चाहे तो उन गाँवों के बच्चे को बचा सकता है, लेकिन कानून?...उसकी आँखों के आगे कितने ही डूबते हुए प्राणियों की तस्वीरें नाच जातीं। वह बचपन से ही जलचर है। मिट्टी से उसे बहुत कम नाता रहा है। बहुत बार डूबते हुए यात्रियों की करुण पुकार को सुनकर उसने अनसुनी कर दी है। नावों को डूबते छोड़कर भागा है। स्टीमर में

खतरे का भोंपा बजाने के पहले 'लाइफ बेल्ट' उसने सँभाला है। लेकिन, उस दिन आधी रात को उसका दिमाग गरम हो रहा था।...हुक्म है, दुनिया डूबती रहे, तुम पानी मापते रहो। रिपोर्ट दो। अजीब कानून है।...

"ट्रान...ट्रान, ट्रान...ट्रान।"

बिरौली के स्टेशन मास्टर साहब की जान आफत में है। एक ओर घाट स्टेशन के बाबू हैं, दूसरी ओर चकमका के। एक जनाब घबड़ाए हुए मिनट-मिनट पर रिपोर्ट देते हैं और दूसरे साहब बेवजह की बहुत-सी बातें पूछने की आदत से लाचार हैं।..."ओ, एई घाटवाला तार बाँचने नहीं देगा।..."

"हल्लो...चकमका। हाँ, मनहरवा घाट का इस्टार्न साइड का गाँव सबमें पानी चला गया। स्टेशन मास्टर का क्वार्टर में पानी चला आया। कंठहारपुर बोलिए।...क्या? गोडाउन? आरे हमारा गोडाउन में कहाँ जगह है! सामान से भर्ती है। सो काहे?...गोडाउन का बात काहे वास्ते पूछा?...अच्छा। हाँ।"

रात भर के जगे मास्टर बाबू कुर्सी पर ही सो गए हैं। प्लेटफॉर्म पर कोलाहल हो रहा है। घाट स्टेशन के स्टेशन मास्टर साहब बाल-बच्चों और स्टाफ को लेकर ट्रॉली से भाग आए हैं। उनकी आसन्न-प्रसूता स्त्री डर से नीली पड़ गई है। बच्चे रो रहे हैं। स्टेशन मास्टर साहब शरणार्थियों की-सी मुद्रा बनाए हुए टहल रहे हैं।

हाँफता हुआ आता है बड़का चौकीदार–"मास्टर बाबू कहाँ है, मास्टर बाबू? ओवरसियर भेजिन हैं। फैजू बिला हुकुम के पैंतीसो नाव और दोनों स्टीमर ले के चला गया है। कुली और मल्लाह लोग तैयार नहीं होता था। कसम धरा के ले गया है। हिन्दू को गाय कसम, मुसलमान को क्या जाने कौन कसम,...सब महात्मा जी की जै बोल के स्टीमर खोल दिया। बोला–'जो रोकेगा उसको बस गंगा मैया को...' टेलीफून कर दीजिये बाबू डी.टी.एस. साहब को..."

"लेकिन उधर तो मुसलमानों की एक बस्ती भी नहीं है?"–बिरौली स्कूल के हेड पंडित जी की समझ में फैजू की यह हरकत एकदम नहीं आती।

भननन्...गडरर...गरगर...

टूटे हुए झोंपड़ों के छप्परों और पेड़ों पर बैठे हुए अर्धमृतकों की निगाहें ऊपर की ओर उठती हैं। हवाई जहाज,...हाँ, हवाई जहाज ही है–उनके जीने की इच्छा प्रबल हो उठती है। वे चाहते हैं, चिड़ियों की तरह...हवाई जहाज से उड़कर हरे-भरे मैदानों वाली दुनिया में जाना।

फड़रर...गरगरर...

हवाई जहाज बहुत नीचे उतरकर आसमान में चक्कर काटने लगा। लोगों की निगाहें अचानक चमक उठीं। मुँह से अचानक ही एक साथ निकल पड़ा–'दुहाई

गंगा मैया!' लेकिन हवाई जहाज दो-तीन बार चक्कर काटकर एक ओर चला गया। सब के चेहरे मुरझा गए। उन्हें कौन समझाए कि हवाई जहाज पर जनाब जिला मैजिस्ट्रेट साहब स्थायी बाढ़ कमेटी के मंत्री के साथ बाढ़ पीड़ित इलाकों का दौरा कर रहे थे।

धू...धू...धू...भू...

जहाज! जहाज!! छप्परवालों ने पेड़वालों से कहा, "देखो-देखो, जहाज ही है क्या?" कदम्ब के पेड़ पर से एक ही साथ दर्जनों गले की आवाज़ आई–"हाँ, जोड़ा जहाज! बहुत-सी नावें भी हैं...जहाज आ रहा है, इधर ही...।"

"आ रहा है? अरे नहीं, कजरोटिया जा रहा होगा। क्या कहा, बहुत धीरे-धीरे चलता है? अरे भाई, सब एक ही साथ क्यों हल्ला करते हो! कुछ सुनने भी नहीं देते।"

कुछ देर के बाद छप्पर पर के लोगों ने भी देखा कि गंगा की तरंगों पर खेलती हुई, तीर की तरह तेजी से बहुत-सी नावें उनकी ओर आ रही हैं। खलबली मच गई।

छर्रर छपाक्...

एक झोंपड़ा पानी में गिरा। फिर कोलाहल।..."माधो का सारा परिवार डूब रहा है रे बाप!...हाय रे...वह देखो फुलमतिया को, बेचारी ऊब-डूब कर रही है।...हे भगवान..."

किसी तरह माधो ने अपनी जान बचाई। बुढ़िया भी बची। लेकिन माधो की एकलौती प्यारी बच्ची फुलमतिया डूब गई।

नावें करीब आती गईं। लोगों ने अगली नाव पर देखा कप्तान साहब हैं। फैजू कप्तान...। सुनो, कप्तान जी कुछ कह रहे हैं...

"भाइयो! जहाज यहाँ नहीं आ रहा! नावों पर एक-एक कर बैठो!"

बाढ़ कचहरी।

चकमका मिडल स्कूल में अफसरों की भीड़ लगी हुई है। एक सिनियर डिपुटी मैजिस्ट्रेट साहब बाढ़ इंचार्ज होकर आए हैं, ओवरसियर, डॉक्टर, डि.ओ. के चेयरमैन, कम्पाउंडर। सब साहबों के अलग-अलग दफ्तर हैं, स्टेनो हैं, अर्दली और चपरासी हैं। स्कूल के सभी कमरों को सरकारी कर्मचारियों ने दखल कर लिया है। हॉस्टल में जिला, सबडिविजनल और थाना कांग्रेस कमेटियों के दफ्तर हैं। सभी दफ्तरों के सभापति, मंत्री, ऑफिस मंत्री और पिउन हैं। हॉस्टल के सभी कमरे अर्ध-सरकारी साहबों के कब्जे में हैं। कॉमन रूम को संयुक्त बाढ़ रिलीफ कमेटी की मीटिंग के लिए सुरक्षित रखा गया है। स्वयंसेवकों के लिए सामने मैदान में कुछ तम्बू दिए गए हैं। सब मिला-जुलाकर एक भयावह वातावरण की सृष्टि हो गई है। जनता इस ओर भय और सम्मान की निगाह से देखती हैं।...बाढ़ कचहरी।

सभी दफ्तर मशीन की तरह चल रहे हैं–"देखिए सभी दरखास्तें प्रापर चैनल से

आनी चाहिए। सबसे पहले उस पर थाना कांग्रेस कमेटी के दफ्तर का मुहर होना चाहिए, फिर स.डि. कांग्रेस और जिला कांग्रेस वालों का नोट। समझते हैं तो? हाँ, नहीं तो पीछे मुश्किल हो जाएगा। सीधे दरखास्त मत लीजिए। जरा-सा कुछ हो जाने से ही मामला प्राइम मिनिस्टर तक...हाँ, समझते हैं तो!...और हाँ, सुनिए। जिला कांग्रेस कमेटी के मंत्री...और हाँ, हाँ धर्मदेव बाबू, उनके नोट को ठिकाने से पढ़िएगा।''

चपरासी आकर सलाम करता है–''हजोर, दो कांगरेसी बाबू आए हैं।'' साहब कुर्सी छोड़कर उठे–''नमस्ते, आइए।''

''हम लोग सोशलिस्ट पार्टी के कार्यकर्ता हैं। बाढ़ पीड़ियों की सहायता करने आए हैं। कल कलक्टर साहब से बातें हुईं। उन्होंने आपसे मिलने को कहा। हम लोगों के साथ तीस विद्यार्थी हैं।''

''ओ, सोशलिस्ट पार्टी के वर्कर हैं आप लोग!''–साहब को गुस्सा आ रहा था अपने चपरासी पर। बदतमीज ने सोशलिस्टों को भी कांग्रेसियों में शुमार कर दिया। नहीं तो मुझे कुर्सी छोड़कर उठने की क्या जरूरत थी। बोले–''ठीक है, कहिए।''

''हम लोग स्टेशन, प्लेटफॉर्म पर पड़े हैं। हमारे रहने के लिए जगह का इन्तजाम कर दीजिए और स्वयंसेवकों के भोजन का...''

''देखिए, जगह की तो बड़ी दिक्कत है। वहाँ तो देख ही रहे हैं।...धर्मदेव बाबू के लिए अभी तक अलग रसोईघर...''

''स्टेशन के प्लेटफॉर्म पर तो...अच्छा देखा जाएगा।''

''और एक बात पूछनी है। विरौली स्टेशन के पास रिलीफ कैम्प नहीं रखकर चकमका रखने से कोई खास सुविधा है क्या?''

''जी?...जी हाँ, यहाँ के स्टेशन का माल-गोदाम अभी एकदम खाली है। रिलीफ कमेटी का गोदाम ठहरा...।''

''नमस्ते!''

''नमस्ते! अरे हाँ, सुनिए! कांग्रेस से अलग हो गई है न आपकी पार्टी?...''

''...हाँ, सो तो ठीक है। लेकिन फिर भी...। आपकी पार्टी के जन्मदाता तो मालवीया जी थे न? नहीं? अरे, हाँ साहब, आपको पता नहीं। आखिर हम लोग भी तो कुछ पढ़ते-लिखते हैं।...नेशनलिस्ट पार्टी? हाँ, हाँ, मालवीया जी नेशनलिस्ट पार्टी के थे। ठीक-ठीक! अरे साहब, रोज-ब-रोज इतनी पार्टी हो रही है कि याद रखना मुश्किल है।...ओ, मार्क्स साहब...कोई पारसी थे?...ओ ठीक ठीक। नमस्ते!''

''हजोर सेठ कुन्दनमल आए हैं।''

''आइए सेठ जी! कहिए, क्या खबर लाए?''

''हुजुर उदर तो ठीक है। कडक्टर साब तो पहले कंगरेस सुवापति (सभापति) पर बात फेंक दीहिन। मैंने कहा हुजुर तीन-तीन सुवापति की बात है। फिर बाढ़

कुमेटी के शिकरेटरी साथ हैं। भोत हंगामा है। खैर, करक्टर साब तो राजी हो गए। अब परस्तुती (परिस्थिति) है कि सिपढ़ाई आपिसर (सप्लाई ऑफिसर) को राजी करनी है। हुजुर से...''

''ठीक है। सब ठीक हो जाएगा। बताइए, फिर कलकत्ता कब जा रहे हैं। मुझे एक रेडियो मँगाना है। खुद तो जा नहीं सकता...''

''हुजुर कोई बात नहीं। सब ठीक हो जाएगा। हम आज ही कड़कत्ता गिद्‌दी (गद्दी) में खबर देते हैं। डालिमचन्द कड़कत्ते में है।...उसके लिए आप बेफिक्र रहिए। कंट्रोल के समय में डालिमचन्द ने इतना रेडियो खरीदा है कि एकदम उस्ताद हो गया है।...जी? जानीवाकर? आज ही भेज देता हूँ।...जी उसके लिए आप बेफिक्र रहिए। म्हारा शिवदास नौकर एकदम उस्ताद है। पाँच बरस में एकदम उस्ताद हो गया है।''

''आइए धर्मदेव बाबू।''

''हुजूर, ये सोशलिस्ट पार्टी वाले यहाँ आए थे?...लेकिन सवाल है कि सहायता वे रिलीफ कमेटी की करने आए हैं या बाढ़ पीड़ितों की?...तो गाँव में जाएँ...ये लोग खामख्वाह हर जगह अड़ंगा डालने पहुँच जाते हैं।''

''स्टेनो बाबू को सलाम हो।''

''हाँ देखिए। लिखिए...टु द मैनेजर...नहीं, सेक्रेटरी सोशलिस्ट पार्टी। योर सर्विस...!''

''अरे, आप यह क्या कर रहे हैं?''—धर्मदेव बाबू रोकते हैं। ''लिखा-पढ़ा की क्या जरूरत है। चपरासी से खबर दे दीजिए...।''

मोहनपुर कैम्प!

मोहनपुर हाट जरा ऊँची जगह पर है। यहाँ कैम्प है। हजारों की तादाद में लोग पड़े हैं। कुछ झोंपड़े पड़े हैं, कुछ बन रहे हैं। रिलीफ कमेटी वाले यहीं आकर चीजें बाँटते हैं। हर काम में अड़ंगा डालनेवाले सोशलिस्टों ने भी यहीं कैम्प बनाया है। बँटवारे के समय, रोज जो हल्ला होता है सो इन्हीं लोगों के चलते। अकेला भोलंटियर। बेचारा करे तो क्या! लोगों को यह बराबर समझाता था कि सुराजी सरकार के दो दुश्मन। मुसलिंग और सुशलिंग। मुसलिंग तो हार गया, अब सुशलिंग है। लोग न सुनें, ऊपर भगवान त है। सबने देख लिया न! सुशलिंग वाले जिन लोगों की सिफारिश करते हैं उनकी दरखास्तें नामंजूर हो जाती हैं।...

रात में नारायणपुर वालों और कुरसा कांटावालों में लड़ाई होते-होते बच गई। नारायणपुर वाले कह रहे थे कि कुरसा कांटा वालों को सुराजी सदावर्त लेने का कोई हक नहीं। 'डिसटीबोट' चुनाव में कांगरेस को भोट नहीं दिग्ग था। कुरसा

कांटावालों का कहना है कि बँटवारा मुँह देखकर होता है, जाति पूछकर होता है। कुरसाकांटा में भूमिहार नहीं है न। नारायणपुर वालों को कल पाँच टीन किरासन तेल मिला और कुरसा कांटा वालों के समय मोमबत्ती भी घट गई। राजधाम के सभी मुसहर बगैर कपड़े के हैं और चैनपुर वालों को जोड़ा धोती मिली है। बात बहुत बढ़ गई।

...और खामख्वाह अड़ंगा डालनेवाले सुशलिंग लोग क्या करेंगे? खुद उनके भोलंटियरों को खाना नहीं मिलता। सुकुमार लड़के क्या खाकर भोलंटियरी करेंगे। ज्यादातर बीमार हैं। वैसे ही ये डाक्टर लोग। प्रान्त से आए हैं। चेयरमैन साहब के हुक्म के खिलाफ काम करते हैं। कहते हैं कि वे चेयरमैन के नौकर नहीं। अपने मन से सब दवा बाँटते हैं। पार्टी वालों से बड़ा हेलमेल है। जग्गू भोलंटियर के इस रिपोर्ट को जिला कांग्रेस कमेटी के ऑफिस मंत्री जी बहुत ध्यान से सुनते।

सोशलिस्ट पार्टी के इंचार्ज साहब खाट पर लेटे-लेटे खत लिखवा रहे हैं–'ध्रुव जी! अब मैं भी पड़ गया। एक दर्जन से ज्यादा लोग बीमार हैं। भोलानाथ भाई को खबर दीजिए। पैसे, स्वयंसेवक...खुद लावें। मामला कुछ अजीब हो रहा है। पिजारी के जमींदार साहब बाढ़ कमेटी में लिये गए हैं। उनके आठ दस लट्ठधर सिपाही आज मोहनपुर आए हैं। यहाँ अन्धाधुन्ध चल रहा है। लूट मची हुई है। सेठ कुन्दनमल और जमींदार साहब में गुटबन्दी हुई है। कपड़े, अनाज और किरासन का ठेका सेठ जी को मिला है और बाँस-फूस का जमींदार साहब को।

'जै गंगा मैया की जै!'

पानी घट गया। जमीन धीरे-धीरे सूख रही है। गंगा की काली मिट्टी खेतिहरों को बुला रही है–'आओ, बोओ और पाँच गुना उपजाओ। आज आखिरी बँटवारा था। बाँस, फूस, रस्सी, अनाज, बीज और पैसे। लोग अपने अपने गाँवों को वापस जा रहे हैं। बीमार, बेघरबार सर्वहारा की टोली बचे-खुचे मवेशियों के झुंड के साथ जा रही है। जिन्हें सहायता मिली है, वे खुश हैं। जिन्हें नहीं मिली उनके मन में गुस्सा है। जग्गू भोलंटियर सबसे कहता फिरता है–"किस्सा खतम और पैसा हजम।"

पार्टी वालों का भी कैम्प टूट रहा है। एक दर्जन से ज्यादा बीमार स्वयंसेवकों को एक ही बैलगाड़ी पर लादकर चकमका भेजा जा रहा है।

मनहरना घाट के बाबू अपने परिवार के साथ घाट स्टेशन को लौट गए। चिरौली स्टेशन के मास्टर बाबू का बेटा टायफायड से मर गया। बेचारे का दिमाग खराब हो रहा है, शोक से। लेकिन छुट्टी नहीं मिली।

खुद फैजू अपने पैंतीस मल्लाहों और बीस कुलियों के साथ बर्खास्त कर दिया गया है। गंगा शान्त है। जहाज धू-धू कर कजरोटिया की ओर जा रहा है और फैजू पैदल गाँवों की ओर जा रहा है।

डॉक्टरों से जवाब तलब किया गया है। क्यों नहीं उन लोगों ने दवाइयों का स्टॉक सरकारी मालगोदाम में रहने दिया। चेयरमैन साहब से अभद्र व्यवहार क्यों किया और डिस्ट्रिक्ट मैजिस्ट्रेट के अनुरोध करने पर भी रिलीफ कमेटी के साथ काम क्यों नहीं किया। नौजवान डॉक्टरों की टोली स्वस्थ हँसी हँसती है। ठहाका मारकर।

केसलया बंड के ओवरसियर साहब की तरक्की हो गई। चकमका का माल गोदाम आज फिर खाली हुआ। चकमका के स्टेशन मास्टर ने डेढ़ महीने की छुट्टी ली है। उन्हें बहुत काम करना है। लड़का की शादी, जमीन खरीद से लेकर और भी बहुत छोटे-बड़े काम।

बाढ़ कचहरी बरखास्त हुई। जोधन कबाड़ी ने बैरा से बहुत सी चीजें सस्ते दर में खरीदी है—पोलसन मक्खन के कई पैकेट भी। किस्म-किस्म के तरह-तरह के लोगों की लिखी और टोकरी में फेंकी हुई दरखास्तें और कपड़े के चार बंडल थान।

खराब जलवायु के सेवन से धर्मदेव बाबू का स्वास्थ्य काफी गिर गया है। वे किसी पहाड़ पर जा रहे हैं।

जै गंगा...

सेठ कुन्दनमल ने, कठहारपुर में अपने मिल के अन्दर अखंड गंगा कीर्तन की व्यवस्था की है। इस अवसर पर एक भारी प्रीतिभोज का आयोजन किया गया है। जिले भर के छोटे-बड़े हाकिमों को दावत दी गई है। इसी अवसर पर जिला कांग्रेस कमेटी वालों ने कठहारपुर में बैठक का प्रबन्ध किया है। सेठजी के बँगले के सामने सैकड़ों कुर्सियाँ लगीं हुई हैं। एक ओर विभिन्न कीर्तन समाज वाले चिल्ला-चिल्ला कर गा रहे हैं और नाच रहे हैं। एक बंगाली कीर्तन मंडली बड़े सुरीले स्वर में गा रही है—बन्दो माता सुरधुनी, पतित पावनी पुरातनी, गंगे गंगे...,

मेहमान आ रहे हैं। कांगरेसी मेहमान को देखकर एक मंडली ने 'राम धुन' शुरू किया—'रघुपति राघव राजा राम।'

सेठजी हँस-हँसकर आगन्तुकों का स्वागत कर रहे हैं। आज वे हाथ जोड़कर नया अभिवादन करते हैं—"जै गंगा! जै गंगा...!"

डायन कोसी

–फणीश्वरनाथ रेणु

हिमालय की किसी चोटी की बर्फ पिघली या किसी तराई में घनघोर वर्षा हुई और कोसी की निर्मल धारा में गँदले पानी की हलकी रेखा छा गई। 'कोसी मैया' का मन मैला हो गया। कोसी के किनारे रहनेवाले इनसान 'मैया' के मन की बात नहीं समझते, लेकिन कोसी के किनारे चरनेवाले जानवर पानी पीने के समय सब कुछ सूँघ लेते हैं। नथुने फुलाकर वे सूँघते, 'फों-फों' करते और मानो किसी डरावनी छाया को देखकर पूँछ उठाकर भाग खड़े होते। चरवाहे हैरान होते। फिर एक नंग-धड़ंग लड़का पानी की परीक्षा करके घोषणा कर देता–'गेरुआ पानी!'

'गेरुआ पानी?'

मूक पशुओं की आँखों में भयानक भविष्य की तस्वीर उतर आती है।

गेरुआ पानी। खतरे की घंटी। धुँधला भविष्य। मौत की छाया।

आस-पास के गाँवों से दिन-रात लकड़ी और बाँस काटने की आवाजें आतीं। घर-घर में खूँटे गड़ते, मचान बनते और घर की पुरानी 'टाटियों' की मरम्मत होने लगती, मानो किसी अखिल भारतीय संस्था के कॉन्फ्रेंस की तैयारी हो रही हो।

गेरुआ पानी! गर्भवती औरतों के लिए मौत का पैगाम! कोसी मैया गर्भवती औरतों को बर्दाश्त नहीं करती, पहले वेग में गर्भवतियों को ही समेटती है। हालाँकि सैकड़ों निन्यानबे कोखें उन्हीं की मनौती के बाद भरती हैं। इसलिए 'मैया' के कोप को शान्त करने के लिए इलाके के 'सिद्ध ओझा, प्रसिद्ध गुणी' चक्र सजाकर दिन-रात मंत्र जाप करते हैं। धूप-दीप, अड़हुल के फूल, सामने सजा हुआ 'चक्र', चक्र के चारों ओर बैठी हुई पीली-पीली गर्भवतियाँ। भक्तमंडली झाँझ-मृदंग बजाकर गाती, 'पहले बन्दनियाँ बन्दौ तोहरी चरनवाँ हे! कोसी मैया!'

प्राइमरी स्कूल के पंडितजी पत्रकारिता का परिचय देते हैं। इस बार उनके संवाद को अवश्य स्थान मिलेगा, सम्पादकजी! कोसी अंचल की त्रस्त जनता की पुकार। भीषण बाढ़ की आशंका। सरकार शीघ्र ध्यान दे।

लेकिन जानवरों का नथुना फुलाकर फों-फों करना, नंग-धड़ंग चरवाहे की घोषणा, सिद्ध ओझा जी का चक्र-पूजन और पंडितजी के भीषण त्रस्त आशंकापूर्ण संवाद का कोई शुभ फल नहीं निकलता। न कोसी का कोप शान्त होता और न अखबारों के प्रथम पृष्ठ पर मोटी सुर्खियाँ ही लगतीं। और कोसी मैया के मन का मैल बढ़ता ही जाता। सबसे पहले किनारे का ठूँठा बबूल, फिर झरबेर की झाड़ी पानी में डूब जाती। इठलाती हुई लहरें खेतों और खलिहानों में खेलने लग जातीं। युगों से किनारे पर खड़ा 'पुराना पीपल' पानी मापता। कुदरती मीटर। लोग ताज्जुब करते हैं, पिछले साल दोनों ओर के कछार कटकर पानी में गिर गए, बूढ़ा बरगद और इमली के तीनों पेड़ कटकर बह गए, मगर पुराना पीपल आज भी खड़ा है। पुराना पीपल पहले भुतहा समझा जाता था। भुतहा, जिसकी डाल-डाल पर भूतों का बसेरा था, जिसके पत्ते-पत्ते पर प्रेतनियाँ नाचती थीं। अब यह 'देवहा' समझा जाता है। कोसी मैया भी जिसे नष्ट नहीं कर सकी। इसलिए पुराने पीपल के पत्तों पर मंत्र लिखकर ओझाजी ने जंत्र बनाकर गाँव में बाँट दिया है।

रात के सन्नाटे में छिन्नमस्ता कोसी अपने असली रूप में गरजती हुई आती हैं। आ गई...मैया आ गई। जय, कोसी महारानी की जय...। विक्षुब्ध उत्ताल तरंगों और लहरों का तांडव नृत्य...मैया की जय-जयकार हाहाकार में बदल जाती है। इनसान, पशु, पक्षियों का सह रुदन। कोसी की गड़गड़ाहट, डूबते और बहते हुए प्राणियों की दर्द भरी पुकार रफ्ता-रफ्ता तेज होती जाती है मगर आसमान बच्चों का बैलून नहीं जो यूँ ही बात-बात में फट जाए। सुबह को पुराने पीपल की फुनगी पर बैठा हुआ 'राजगिद्ध' अपनी व्यापक दृष्टि से देखता है और पैमाइश करता है। पानी...पानी...पानी। और, इस बार तो सबसे ऊँचा गाँव बलुआटोली भी डूब गया। उँह। पीपल की फुनगी पर बैठकर जल के फैलाव का अन्दाज लगाना असम्भव। राजगिद्ध पंखों को तौलकर उड़ता है। चक्कर काटता हुआ आसमान में बहुत दूर चला जाता है, फिर चक्कर काटने लगता है, मानो कोई रिपोर्टर कोसी की विभीषिका का आँखों-देखा हाल ब्रॉडकास्ट करने के लिए हवाई जहाज में उड़ रहा है। पानी...पानी...। जहाँ तक निगाहें जाती हैं, पानी ही पानी। हम अभी सहरसा जिले के उत्तरी छोर पर उड़ रहे हैं। नीचे धरती पर कहीं भी हरियाली नजर नहीं आती। हाँ, वह धब्बा...धब्बा नहीं...आम का बाग है, जो यहाँ से 'चिड़िया का नहला' सा मालूम होता है। हम और नीचे जा रहे हैं...और नीचे...पेड़ों पर भी लोग लदे-फदे नजर आ रहे हैं। कुछ किश्तियाँ...शायद रिलीफ की हैं...और वहाँ रेंगता हुआ क्या आगे बढ़ रहा है...अजगर...नहीं, पानी बढ़ रहा है...हाँ...पानी ही है...बाँध पर लोगों को बड़ा भरोसा था शायद। अभी गाँव में भगदड़ मची हुई है...साँप को देखकर चिड़ियों की जो हालत होती है...सुखसर नदी का पानी अब गाँवों में घुस रहा है...वह डूबा...गाँव...हरे भरे खेत सफेद हो गए...अब हम पूर्णिया और सहरसा

जिले के बॉर्डर पर हैं...पानी-पानी-पानी...बहते हुए झोंपड़े...और वह?...शायद लाशें हैं...तो अब मुर्दे फूलकर पानी पर तैरने लगे...!

दुर्गंधमांसरुधिरमेदागृद्धस्यालस्वनं! राजगिद्ध की आँखें खुशी से चमक उठती हैं। कोसी की निर्मल धारा में गँदले पानी की गन्ध को पहले-पहले सूँघकर भीषण भविष्य की कल्पना से भयभीत पशुओं के झुंड शायद बह गए होंगे। गेरुए पानी की परीक्षा करके घोषणा करनेवाला बालक किसी पेड़ की डाली पर बैठकर पत्तियाँ चबा रहा होगा और पत्रकार पंडितजी अपने टूटे हुए मचान पर कराहती हुई आसन्न-प्रसूता पत्नी के साथ रिलीफ की नावों का इन्तजार कर रहे होंगे।

और 'रिलीफ' आती है। खाली नावों की रिलीफ, लाइफबोट। फिर रिलीफ की चीजों से भरी हुई नावें...अनाज, कपड़े, तेल, दवा। ऊँची जगहों पर बाँस-फूस के झोंपड़ों, टेंटों के कैम्प। कोई नई बात नहीं। यह तो हर साल की बात है। हर साल बाढ़ आती है बर्बादियाँ लेकर। रिलीफें आती हैं सहायता लेकर। कोई नई बात नहीं। पानी घटता है। महीनों डूबी हुई धरती। धरती तो नहीं, धरती की लाश बाहर निकलती है। धरती की लाश पर लड़खड़ाती हुई जिन्दे नरकंकालों की टोली फिर से अपनी दुनिया बसाने को आगे बढ़ती है। मेरा घर यहाँ था...वहाँ तुम्हारा...पुराना पीपल मेरे घर के ठीक सामने था...देखो। न मानते हो तो नक्शा लाओ...अमीन बुलाओ, वर्ना फौजदारी हो जाएगी...। फिर रोज वही पुराने किस्से। और जमीन सूखने नहीं पाती कि बीमारियों की बाढ़ मौत की नई-नई सूरतें लेकर आ जाती है। मलेरिया, काला आजार, हैजा, चेचक, निमोनिया, टायफॉइड और कोई नई बीमारी जिसे कोई डाक्टर समझ नहीं पाते। चीख, कराह, छटपटाते और दम तोड़ते हुए अधर में इनसान। पुराने पीपल की डालियों में 'घंटियाँ बाँधने की जगह नहीं मिलती।' धरती की लाश पर बसनेवाले अजीबो-गरीब बाशिन्दे। हाँ, धरती की लाश जिसे कोसी का पदचिह्न कह लीजिए। एक बार जो धरती कोसी की बाढ़ में डूबी, वह मर जाती है। सुजला-सुफला धरती वन्ध्या हो जाती है। सोना उपजानेवाली मिट्टी बालू का ढेर बनकर रह जाती है। सफेद बालू, सफेद कफन की तरह। पूर्णिया जिले में सिमराहा से लेकर कटिहार तक की वीरान धरती, कफन से ढँकी हुई लाखों एकड़ धरती की लाश, जिस पर दूब भी नहीं पनप पाती है, आज से करीब सौ वर्ष पहले मिस्टर बुकानन ने अपनी रिपोर्ट में जिस भूभाग को जिले का मशहूर उपजाऊ हिस्सा बतलाया है।

न मालूम कोसी मैया कब अपने मायके पहुँचेगी। जब तक मायके नहीं पहुँचती, मैया का गुस्सा शान्त नहीं होता। पूरब मुलुक बंगाल से अपने ससुराल से रूठकर, झगड़कर, मैया पश्चिम की ओर अपने मायके जा रही है। रोती-धोती, सिर पीटती हुई जा रही है और आँसुओं से नदी-नाले बनते जाते हैं। सफेद बालू पर उनके पदचिह्न हैं। एक बार ससुराल से निकली हुई कलंकिनी वधू फिर ससुराल न आ

सके, इसलिए उसकी झगड़ालू सास, बबूल, झरबेर, कास, घास, पटेर, झौआ, झलास, कँटैया, सेमल वगैरह जंगली और कुकाठों से राह बन्द करती जाती है। न मालूम कोसी मैया कब अपने मायके पहुँचेगी! मैया के मायके पहुँचने की उम्मीद में कोसी अंचल की जनता बैठी हुई है। क्योंकि गुस्सा शान्त होने पर जब वह उलटकर देखेगी तो धरती फिर जिन्दा हो जाएगी, फिर सोने की वर्षा होगी! बस, यही एक आशा है जिस पर वे मर-मर कर जिए जाते हैं। कोसी अंचल की जनता के दिलों में कोई उम्मीद नहीं बस सकती। मरी हुई धरती पर बसनेवाले इनसान जिनके एहसास मर चुके है, जिनकी नस्ल में घुन लग गए हैं और जिनकी आशा में कोई रंग नहीं। कास के फूलों की तरह सफेद और कमजोर उनकी आशा, जो हवा के हलके झोंके से ही बिखर कर उड़ने लगते हैं। विश्वास जमने भी नहीं पाता कि कोसी बहा ले जाती है।

साल में छह महीने बाढ़, महामारी, बीमारी और मौत से लड़ने के बाद बाकी छह महीनों में दर्जनों पर्व और उत्सव मनाते हैं। पर्व, मेले, नाच, तमाशे! साँप-पूजा से लेकर सामा-चकेवा, पक्षियों की पूजा, दर्द-भरे गीतों से भरे हुए उत्सव! जी खोलकर गा लो, न जाने अगले साल क्या हो। इसलिए कोसी अंचल में बड़े-बड़े मेले लगते हैं। सिर्फ पौष-पूर्णिमा में कोसी के किनारे, मरी हुई कोसी की सैकड़ों धाराओं के किनारे भी सौ से ज्यादा मेले लगते हैं। कोसी नहान मेला! और इन मेलों में पीड़ित प्राणियों की भूखी आत्माओं को कोई स्पष्ट देख सकता है। काला-आजार में जिसके चारों जवान बेटे मर गए, उस बूढ़े किसान को देखिए, कार्निवल के अड्डे पर चार आने के टिकट में ही ग्रामोफोन जीत लेने के लिए बाजी लगाता है, वह जवान विधवा कलेजे के दाग को ढँकने के लिए पैरासूट का ब्लाउज खरीदकर कितनी खुश है! इलाके का मशहूर गोपाल अपनी बची हुई अकेली बुढ़िया गाय को बेचकर सपरिवार नौटंकी देख रहा है...लल्लन बाई गा रही है, 'चलती बेरिया नजर भरके देख ले।' आकाश में पौष-पूर्णिमा का सुनहला चाँद मुस्कराकर उग आया, कोसी-भक्त जनता डुबकी लगाती है, 'जय, कोसी मैया की जय!'

और सफेद बालुओं की ढेर में डेग भर की पतली-सी सिमटी, सिकुड़ी धारा! कोसी मैया चुपचाप बहती जाती है। डायन!

❑❑❑